Leben LERNEN
Klett-Cotta

Zu diesem Buch

Wenn Eltern minderjähriger Kinder sich trennen, sind Konflikte vorprogrammiert, die oft sehr emotional und kontrovers ausgetragen werden. Doch wie finden zerstrittene Eltern zu individuell passenden Lösungen für die Neuorganisation der Familie? Beraterinnen und Berater sind herausgefordert, einen hilfreichen Prozess in Gang zu setzen, in dessen Ergebnis die getrennten Eltern wieder mehr Selbstwirksamkeit und Autonomie erlangen. Das Praxishandbuch bietet eine Vielzahl konkreter Interventionsvorschläge und ausführliche Fallbeispiele für den gesamten Beratungsprozess von der Anmeldung bis zum Abschluss.

Die Reihe »Leben Lernen« stellt auf wissenschaftlicher Grundlage Ansätze und Erfahrungen moderner Psychotherapien und Beratungsformen vor; sie wendet sich an die Fachleute aus den helfenden Berufen, an psychologisch Interessierte und an alle nach Lösung ihrer Probleme Suchenden.

Alle Bücher aus der Reihe ›Leben Lernen‹ finden Sie unter:
www.klett-cotta.de/lebenlernen

Sabine Holdt
Marcus Schönherr

Lösungsorientierte Beratung mit getrennten Eltern

Ein Praxishandbuch

Klett-Cotta

Leben Lernen 280

Klett-Cotta
www.klett-cotta.de

Printed in Germany
Grafiken: Elisa Schönherr
Umschlag: Jutta Herden, Stuttgart
unter Verwendung eines Fotos von © gil on Unsplash
Gesetzt aus der Minion von Eberl & Koesel Studio, Kempten
Gedruckt und gebunden von Esser printSolutions GmbH, Bretten
ISBN 978-3-608-89156-0

Vierte Auflage, 2024

Bibliografische Information der Deutschen Nationalbibliothek
Die Deutsche Nationalbibliothek verzeichnet diese Publikation in der
Deutschen Nationalbibliografie; detaillierte bibliografische Daten
sind im Internet über <http://dnb.d-nb.de> abrufbar.

Inhalt

Vorwort

Als wir einem Vater in der abschließenden Beratungssitzung die Frage stellten, welche Überschrift er der zurückliegenden Trennungsphase geben würde, antwortete er: *miteinander auseinander.* Treffender kann man es nicht ausdrücken, dachten wir. Neun Monate zuvor hatte sich die Mutter an uns gewandt. Sie wollte mit ihm ins Gespräch kommen, um Klarheit zu schaffen und Absprachen für die Zukunft zu treffen. In mehreren gemeinsamen Sitzungen, flankiert von einigen Einzelterminen, war es beiden Eltern möglich, sich über wesentliche Fragen der Trennung zu verständigen und handhabbare Lösungen zu finden.

Bereits 1994 war bei uns die Idee entstanden, ein spezielles Beratungsangebot für getrennte Eltern zu etablieren. Das neue Kinder- und Jugendhilfegesetz war in Kraft getreten, die Kindschaftsrechtsreform stand bevor. Bei der Regelung der Trennungs- und Scheidungsfolgen und der damit verbundenen Konfliktbewältigung sollte die Autonomie der Eltern gestärkt werden. Ein großer Beratungsbedarf war abzusehen.

In einer Befürwortung des zuständigen Jugendamtes zu unserem Beratungsstellenprojekt hieß es im Mai 1995: *Beratung in Fragen der Partnerschaft, Trennung und Scheidung wurde als neues Angebot der Jugendhilfe in den Leistungskatalog des KJHG aufgenommen und ist seit dem 1.1.1995 als Pflichtaufgabe festgeschrieben. Ergebnisse von Längsschnittuntersuchungen weisen darauf hin, dass das »Wie« der Scheidung für das Wohl der Kinder langfristig bedeutsamer ist als die Scheidung als solche.* Das war damals insofern eine wichtige und weitreichende Einschätzung, als dadurch der Fokus darauf gerichtet wurde, **wie** Eltern im Trennungsgeschehen miteinander umgehen, und somit der Ansatz der Beratungsarbeit dort zu suchen ist.

Wir erinnern uns: Im Vergleich zu heute waren noch in den 1990er-Jahren viele Beratungsanliegen und Vorgehensweisen symptomorientiert. Oft meldeten sich die Mütter wegen Verhaltensauffälligkeiten oder psychosomatischer Beschwerden des Kindes und erwarteten eine kindzentrierte Behandlung. Sowohl bei den Eltern als auch bei vielen Beratern wurden erst später die Familienbeziehungen – wie zum Beispiel bestehende Trennungssituationen – als möglicher Stressfaktor gesehen. Inzwischen hat sich die Situation deutlich verändert: Eltern melden sich heute bei den Beraterinnen oft direkt mit dem Beziehungsthema an und sagen: *Wir sind getrennt und können nicht miteinander reden. Wir möchten etwas tun, damit es unsere Kinder gut überstehen.* Berater arbeiten mehr familienorientiert und oft mit systemischem Blick. Etwa die Hälfte der Anmeldungen zur Trennungsberatung erfolgt inzwischen durch die Väter. Andere Eltern werden direkt vom Familiengericht in die Beratung geschickt.

Wenn wir insgesamt auf die Entwicklung der letzten 20 Jahre schauen, hat sich eine deutlich veränderte Beratungssituation ergeben, für die die Mitarbeiter nach passenden Handlungskonzepten suchen. Zwischen den verschiedenen Herangehensweisen zeichnen sich Übereinstimmungspunkte ab, z. B. dass die Beratungsarbeit mit getrennten Eltern eine stärkere Rahmung und Strukturierung braucht. Unterschiedliche Auffassungen existieren bezüglich der Frage, wie sich die Einbeziehung der Kinder sinnvoll gestalten lässt. Hier wird nach einer guten Balance zwischen dem Schutz vor zusätzlicher Belastung einerseits und einer ausreichenden Wahrnehmung und Unterstützung der Kinder andererseits gesucht. Auch bezüglich des Versuches, die Paar- und Elternebene zu trennen, gibt es variierende Ansätze. Inwieweit sollte die Konfliktdynamik des Paares in den Beratungssitzungen unter Kontrolle gehalten werden? Wie kann sich andererseits die notwendige Verarbeitung der gemeinsamen Beziehungsgeschichte vollziehen?

Mit dem vorliegenden Buch wollen wir Beraterinnen und Beratern, die mit getrennten Eltern zu tun haben, methodische Anregungen für das praktische Vorgehen an die Hand geben. Dabei verzichten wir bewusst auf die Unterscheidung des Eskalationsgrades aufseiten der Eltern. Einerseits haben wir die Erfahrung gemacht, dass die beschriebenen Vorgehensweisen bei der Arbeit mit getrennten Eltern durchgängig anwendbar sind. Andererseits wollen wir einer defizitorientierten Kategorisierung entgegenwirken, die die »Hochstrittigen« zu besonders schwierigen Klienten dämonisiert, die Problemorientierung verfestigt und eine gesonderte Herangehensweise impliziert. Sicher machen uns hoch konflikthafte Trennungseltern den Beratungsalltag gelegentlich schwer. Aber wäre es nicht hilfreicher, stattdessen lösungsorientiert den Grad der Kooperationsfähigkeit zu unterscheiden? So betrachtet, könnten wir Eltern, die gerade sehr zerstritten sind, als

Menschen mit erhöhtem Unterstützungsbedarf ansehen. Oder, wie Alfred Winkelmann in seinem Artikel *Ressourcenorientierte Arbeit mit hoch strittigen Trennungseltern* formuliert: als »höchst engagierte Eltern, die um das Wohl ihrer Kinder ringen, so wie sie es nach bestem Wissen und Gewissen verstehen«.

Wenngleich die zerstrittenen Eltern sehr im Fokus stehen, wollen wir die Aufmerksamkeit auch auf die Gruppe von getrennten Eltern lenken, die ebenso in großer Not und mit erheblichem Leidensdruck zu uns in die Beratung kommen: aus einem starken Schuldgefühl ihrem Partner und vor allem den Kindern gegenüber wollen diese Eltern alles Erdenkliche tun, um die Begleiterscheinungen der Trennung möglichst verträglich zu gestalten. Sie sind sehr konsensorientiert. Das ist zwar ein achtenswertes Motiv, aber solche Eltern setzen sich unter einen enormen Druck. Auch sie brauchen unsere Unterstützung.

Wir wollen in diesem Praxishandbuch die Kenntnis des lösungsorientierten und des damit verbundenen systemischen Beratungsansatzes voraussetzen, weil beides in der Fachwelt als hinreichend beschrieben und erklärt angesehen werden kann. Eine entsprechende Vorbildung und Praxiserfahrung in dieser Richtung würde eine günstige Voraussetzung zur Umsetzung der in diesem Buch beschriebenen Vorgehensweise sein, stellt aber keine zwingende Bedingung dar. Gute Erfahrungen haben wir mit der Arbeit im Co-Team, welche ausführlich beschrieben wird.

Wir verbinden mit diesem Buch das Anliegen, konkrete methodische Schritte für den gesamten Beratungsprozess detailliert zu beschreiben. Dabei bevorzugen wir es, zuerst einen Einblick in die Praxis zu geben und später das Vorgehen zu erklären. So können Sie sich als Leserin oder Leser entweder über die methodischen Erläuterungen der Thematik annähern oder auch über die Fallgeschichten.

Die Eltern Esche (die Namen sind frei erfunden) ringen insbesondere um eine Gleichverteilung der Kinderbetreuung sowie um gegenseitige Wertschätzung und die Verarbeitung der Kränkung. Bei den Eltern Kiefer geht es darum, wie sie sich außergerichtlich überhaupt auf irgendetwas einigen können. Die Eltern Linde wollen alles Erdenkliche für eine gute Trennung tun und gehen dabei über ihre eigenen Grenzen. In der Beratung mit den Eltern Weide steht die Kompromissfindung zwischen verbindlichen Regelungen einerseits und flexibler Lebensgestaltung andererseits im Vordergrund. Und schließlich bietet der

Beratungsverlauf von Familie Zeder einen Einblick, wie begleiteter Umgang den Verständigungsprozess der Eltern unterstützen kann.

Die im Buch beschriebenen Praxisbeispiele sollen unterschiedliche Familiensituationen exemplarisch widerspiegeln. Dabei sind wir uns dessen bewusst, dass wir die Vielfalt des Lebens nicht abbilden können und es immer einer Anpassung an die Gegebenheiten bedarf.

Sabine Holdt & Marcus Schönherr

Einstiegskonstellation

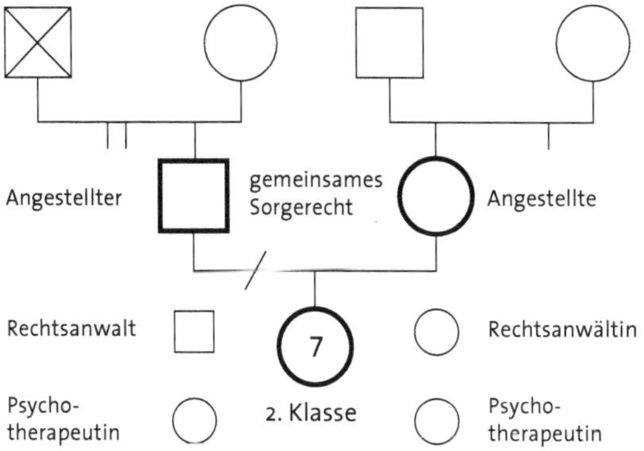

Abbildung 1: Konstellation Familie Esche

Nach 12 Jahren Beziehung lebt das Elternpaar Esche seit über einem Jahr getrennt voneinander ohne neue Partner. Die Initiative zur Trennung ging von Frau Esche aus. Die Scheidung ist beantragt. Für die siebenjährige Tochter üben die Eltern das gemeinsame Sorgerecht aus. Sie wohnen nah beieinander und praktizieren ein wochenweises Wechselmodell, wodurch es einen gegenseitigen Unterhaltsverzicht gibt. Die Tochter wechselt von einem zum anderen Elternteil, meist über die Schule. Die Tasche der Tochter wechselt auf der Arbeit der Eltern von einem zum anderen, da diese in der gleichen Firma in unterschiedlichen Abteilungen beschäftigt sind. Die Eltern wollen die Beratung nutzen, um sich in Zukunft wieder mit mehr Wertschätzung und gegenseitiger Akzeptanz begegnen zu können. Dem Vater ist es zudem wichtig, mit der Mutter Erziehungsfragen abzugleichen. Die Mutter möchte das Wechselmodell anpassen.

Die Elternpaarsitzungen erfolgen mit weiblich-männlichem Co-Team, bis auf einen Termin, an dem nur die Beraterin zur Verfügung stand.

Beratungsverlauf

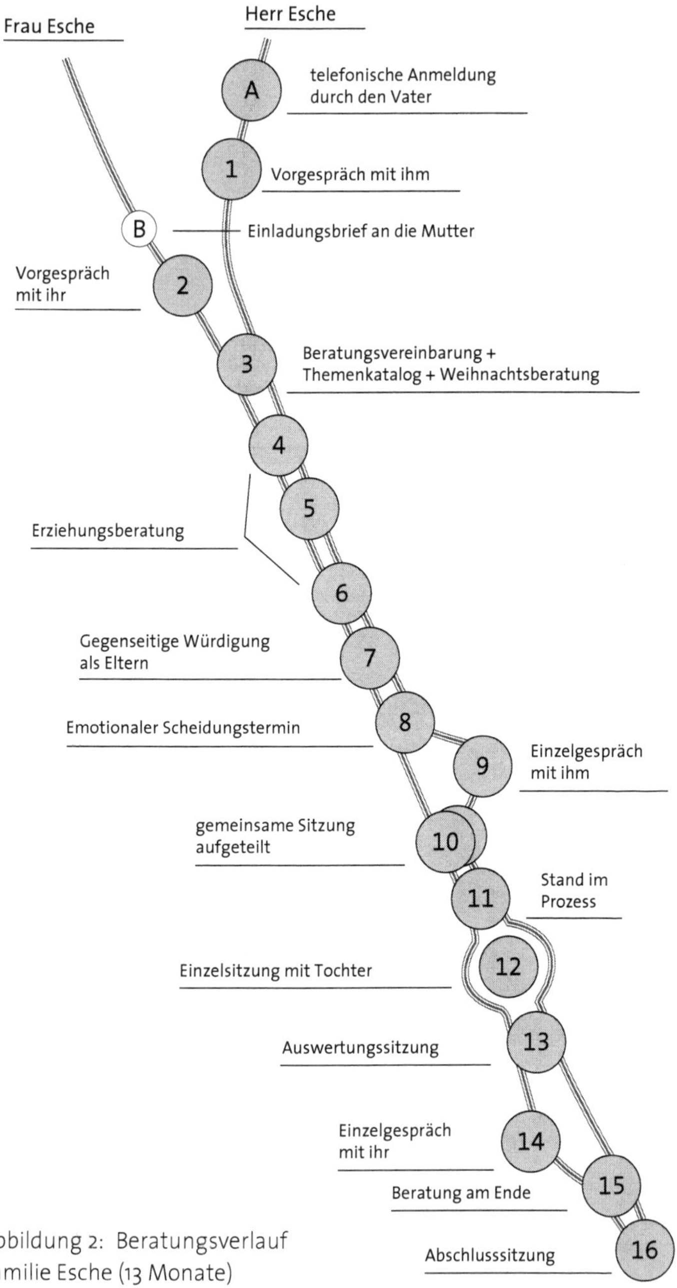

Abbildung 2: Beratungsverlauf Familie Esche (13 Monate)

A **Telefonische Anmeldung durch den Vater:** Herr Esche meldet sich auf Empfehlung seines Rechtsanwalts in der Beratungsstelle. Er beschreibt den Umgang zwischen den Elternteilen als sehr schwierig und äußert sich besorgt über ihre unterschiedlichen Erziehungsansätze.

1 **Vorgespräch mit Herrn Esche:** Der Vater beschreibt seine aktuelle Lebenssituation. Ein Jahr nach der Trennung seien die Abläufe, welche das Wechselmodell betreffen, gut organisiert. Die Eltern fänden jedoch keinen entspannten Umgang miteinander. Herr Esche möchte mit der Beratung mehr gegenseitige Akzeptanz zwischen den Elternteilen erreichen und Absprachen zu bestimmten Erziehungsprinzipien treffen. Er sei sich unsicher, ob die Mutter auch zur Beratung bereit sei. Der Berater erstellt zusammen mit dem Vater ein Genogramm und bildet damit die Familienkonstellation ab (siehe auch S. 31 ff.). Unser Vorgehen wird erläutert und das Angebot unterbreitet, dass von unserer Seite ein Einladungsbrief an die Mutter gehen kann. Herr Esche bekommt ein Muster der Beratungsvereinbarung (siehe auch S. 34 ff.) ausgehändigt und erhält von unserer Seite Bedenkzeit. Diese will er nutzen, um sich mit seinem Rechtsanwalt zu beraten. Nach kurzer Zeit meldet er sich telefonisch und gibt sein Einverständnis, dass die Mutter von uns eine Einladung zum Vorgespräch bekommen kann.

Wir schreiben einen **Einladungsbrief an Frau Esche** (Text siehe S. 29). Die Mutter meldet sich prompt, nachdem sie den Brief erhalten hat, und vereinbart einen Termin für ein Vorgespräch.

2 **Vorgespräch mit Frau Esche:** Die Mutter sei auf Initiative des Kindesvaters hier und bereit zur Mitarbeit, obwohl sie denke, sie könnten es auch allein schaffen. Sie möchte etwas tun, damit sie als Eltern entspannter miteinander umgehen und sich gegenseitig wieder mehr wertschätzen können. Frau Esche wäre froh, wenn sie es schaffen würden, das Wechselmodell flexibler an die Gegebenheiten des Alltags anzupassen und sich mehr über grundlegende Erziehungsprinzipien auszutauschen. Außerdem empfinde sie starke Spannungen zwischen dem Ex-Mann und ihren Eltern, was das Zusammentreffen der beiden Parteien, z. B. bei Geburtstagsfeiern, fast unmöglich mache. Die Beraterin erstellt zusammen mit der Mutter ebenfalls ein Genogramm über die aktuelle Familienkonstellation. Frau Esche bekommt eine Beratungsvereinbarung ausgehändigt und erhält Bedenkzeit, ob sie die Beratung hier in Anspruch nehmen möchte.

Herr Esche meldet sich nach kurzer Zeit und vereinbart in Absprache mit der Kindesmutter einen ersten gemeinsamen Termin.

3 Einstieg in Beratung – Themenkatalog – Weihnachtsberatung: Beide Eltern haben sich für die Beratung entschieden. Frau Esche wirkt zu Beginn der Sitzung etwas aufgeregt, berichtet als Erstes, dass sie mit ihrem Auto gerade ein parkendes Auto gestreift habe, was ihre innere Aufregung unterstreicht. Auch Herr Esche ist unruhig, versucht sich aber zu kontrollieren. Die Stimmung ist angespannt. Ein gemeinsames Gespräch auf neutralem Boden hat nach Aussage der Klienten das letzte Mal vor fast einem Jahr stattgefunden. Beide hatten vor der gemeinsamen Sitzung bekräftigt, dass es ihnen möglich sei, in einem Raum zusammenzutreffen.

Das Elternpaar wird aufgefordert, sich darüber zu einigen, welches der vorhandenen Genogramme im weiteren Beratungsverlauf genutzt werden soll. Dies gelingt problemlos. Für den weiteren Verlauf werden Gesprächsregeln erläutert (siehe auch S. 45 f.), und die Berater holen sich die Erlaubnis, gegebenenfalls zu unterbrechen, wenn die Richtung des Gesprächs unkonstruktiv wird. Die Beratungsvereinbarung wird abgeschlossen, und es werden vorerst fünf Sitzungen verabredet.

Im weiteren Verlauf der Beratungsstunde entsteht gemeinsam am Flipchart der folgende Themenkatalog (siehe auch S. 37 ff.):

Was sind grundsätzliche Erziehungsregeln für uns?
Wie könnte eine angemessene und passende Gesprächskultur zwischen uns aussehen?
Wie können wir uns als Eltern gegenseitig in Zukunft besser akzeptieren und respektieren?
Vermuteter Auftrag der Tochter: »Vertragt euch!«

Aktuell stehen allerdings folgende Fragen an: *Wie gestalten wir die Kontakte an den Weihnachtsfeiertagen?* und *Sollen wir dem Kind zuliebe ein gemeinsames Weihnachtsfest arrangieren?* Im letzten Jahr hatte die Familie den Heiligabend bei der Mutter verbracht. Die Tochter schlage jetzt vor, gemeinsam beim Vater zu feiern, was sich die Mutter allerdings nicht vorstellen könne. Wie soll nun eine gerechte Variante aussehen? Unsere Empfehlungen gehen in Richtung Schutz vor emotionaler

Überforderung, Akzeptanz der eigenen Grenzen und einer, der aktuellen Familiensituation angemessenen, klaren Regelung. Herr Esche verzichtet auf den Anspruch, die Tochter am Heiligabend zu sehen. Die Eltern entscheiden, dass die Tochter am 2. Feiertag zum Vater wechseln und dort über Silvester bleiben wird.

4 Erziehungsberatung – Wo schläft das Kind? Die Eltern kommen zu Beginn des neuen Jahres wieder zur Beratung.

B: *Was hat in der Zwischenzeit funktioniert?*

V: *Ja, die Wechsel von unserer Tochter sind so umgesetzt worden wie hier besprochen.*

M: *Die Tochter hat sich nicht beklagt und den Ablauf der Feiertage und Ferien an den verschiedenen Orten gut verkraftet. Die Übergabe an der Wohnungstür, die sich durch die Feriensituation ergab, verlief unproblematisch. Ich bevorzuge allerdings die Übergabe über die Schule, fühlt sich für mich entspannter an.*

V: *Das kann ich nur bestätigen. Mich hat allerdings das Telefonat am Heiligabend sehr verärgert. Ich kann nicht verstehen, wie du das machen konntest. Überhaupt gibt es einiges, was infrage zu stellen ist.* Zur Beraterin gewandt: *Sie sieht überhaupt nicht, wie es ihrer Tochter geht, kann sich weder in sie geschweige denn in mich hineinversetzen.*

Die Mutter setzt zur Widerrede an.

B: *Wenn ich Sie kurz stoppen darf? Ich würde vorschlagen, dass Sie sich vorerst nur auf mich beziehen und nicht aufeinander. Die Frage »Wie gehen wir in der Zukunft mit gegenseitigen Anrufen um?« nehmen wir mit in den Themenkatalog auf. Sie berührt die Frage, wie es gelingen kann, sich gut abzugrenzen und gleichzeitig in ausreichendem Kontakt zu sein.*

Beide Elternteile beruhigen sich wieder und stimmen dem Vorgehen zu.

B: *Um welches Thema soll es heute gehen?*

Der Vater möchte sich über Erziehungsfragen austauschen, im Besonderen zu der Frage: *Wo soll unser Kind schlafen?* Die Mutter lässt sich darauf ein.

Die Eltern beschreiben die Situation. Seit der Trennung komme die

Tochter nachts wieder gehäuft ins elterliche Bett bzw. schlafe bei der Mutter sogar in diesem ein.

Herr Esche vertritt die Meinung, dass die Tochter im eigenen Bett schlafen soll, fühlt sich aber in der Durchsetzung dieses Anliegens durch die Mutter behindert, da diese der Tochter den Zugang zum Elternbett erlaube. Frau Esche räumt ein, dass sie im Zuge der Trennung oft nicht die Kraft für konsequentes Handeln der Tochter gegenüber besitzt, und beginnt zu weinen. Der Vater nimmt diese Aussage als Beweis für seine Vermutung, dass die Mutter nicht ausreichend in der Lage ist, gut für das Kind zu sorgen. Seine Kränkung zeigt sich deutlich: *Du wolltest doch die Trennung, nun sieh, wie du klarkommst.* Seine Stimme wird lauter.

Die Beraterin bezieht sich bei ihrem Abschlusskommentar auf beide Eltern als Team. Die Erregung des Vaters deutet sie in besorgtes Verhalten eines engagierten Vaters einer heranwachsenden Tochter um. Die Mutter wird für ihre Bereitschaft gelobt, sich in der Beratung zusammen mit dem Vater Gedanken zu machen, wie sie als Eltern ihrer Tochter helfen können, wieder im eigenen Bett zu schlafen. Das Verhalten der Tochter ordnet sie als Reaktion auf das Trennungsgeschehen ein. Die Beraterin plädiert dafür, nicht zu schnell Veränderungen anzuschieben. Sie empfiehlt, vorerst das Schlafplatzthema nicht mehr mit der Tochter zu besprechen. Stattdessen sollten die Eltern die Tochter unterstützen, Selbstvertrauen in anderen Bereichen (Schule, Freizeit) aufzubauen und ihre Selbständigkeit anzuregen. Die Eltern sollten erst dann handeln, wenn sie sich eine klare gemeinsame Haltung erarbeitet hätten.

Herr Esche zeigt sich enttäuscht vom Ergebnis der Sitzung.

5 **Erziehungsberatung – Thema Schlafplatz:** Am Anfang der Sitzung ist die Stimmung im Raum sehr angespannt. Der Vater zeigt sich unzufrieden und ärgerlich, auch über die letzte Sitzung. Die Mutter versucht, die Haltung zu bewahren. Sie berichtet, dass sie einige Anregungen aus der letzten Sitzung mitgenommen habe, um ihre Tochter zu stärken. Die Berater versuchen eine Orientierung für die Stunde zu bekommen: *Wozu wollen Sie die Sitzung heute nutzen?*

Das Gespräch darüber, wie die Tochter in ihr eigenes Bett kommt, soll fortgesetzt werden. Die Eltern können sich darauf einigen, dass der 8. Geburtstag ihrer Tochter als Anlass genommen werden soll, die Entwöhnung zu beginnen. Es bleibt ein Monat der Vorbereitung auf diesen Entwicklungsschritt – für die Tochter, die Mutter und den Vater. Im weiteren Verlauf der Sitzung kommen das Abendritual und die Neugestaltung des Schlafplatzes der Tochter in den Fokus des Gesprächs. Jeder Elternteil wird mit eigenen Worten der Tochter gegenüber die gleiche Linie vertreten. Die Eltern gehen mit einem gemeinsamen Plan aus der Sitzung.

6 **Erziehungsberatung – Thema Fernsehen und Anrufzeiten:** In der nächsten Sitzung berichten beide Eltern von mehr Gelassenheit, mehr innerer Ruhe. Herr Esche zeigt sich jedoch im Verlauf der Sitzung wieder zunehmend erregt und ärgerlich. Dem Vater fällt es schwer, die gemeinsame Position, welche die Eltern bereits gefunden hatten, als Erfolg zu werten, und formuliert immer wieder abwertende Äußerungen gegenüber der Frau und deren Kompetenz als Mutter. Der Berater erinnert ihn an die Gesprächsregeln.

Ein weiteres Thema ist der Fernsehkonsum der Tochter. Auch hier wird wieder die Kritik des Vaters der Mutter gegenüber deutlich. Nach kurzem Abgleich der Positionen finden die Eltern jedoch schnell zu einer gemeinsamen Haltung. Zusätzlich einigen sie sich in der Frage, wie oft das Kind angerufen wird, wenn es beim anderen Elternteil ist (siehe auch S. 98 f.). Zum Ende der Sitzung loben die Berater die Klienten für dieses Ergebnis.

7 **Gegenseitige Würdigung als Eltern:** Einen Monat später erzählen die Eltern in der Beratung vom gelungenen Kindergeburtstag ihrer Tochter, den sie zusammen gestaltet haben und bei dem sogar beide Großelternpaare aufeinandertrafen. Die Berater würdigen die Entwicklung. Der Vater berichtet außerdem von der Umsetzung ihres gemeinsam beschlossenen Vorhabens, die Tochter in ihr eigenes Bett zu bekommen, und gibt eine kleine Inkonsequenz zu (was wir in seinem Fall als Erfolg bewerten). *Was hat diese Entwicklung möglich gemacht?* Beide Eltern sind sich einig, dass es die bessere Abstimmung untereinander war.

Wir trauen uns an dieser Stelle, die Frage aus dem Themenkatalog: *Was können wir tun, um uns in unserer Rolle als Eltern gegenseitig wieder mehr zu akzeptieren und wertzuschätzen?*, in den Fokus zu rücken. Wir wählen die Form der gegenseitigen Würdigung (siehe auch

S. 120 ff.). Es geht dabei um Fragen wie: *Was kann der andere Elternteil gut?* oder *Was finde ich, gibt er der Tochter Gutes mit auf den Weg?*

Frau Esche spricht davon, dass der Vater die Tochter gut versorge, ihr gegenüber aufmerksam sei und sehr liebevoll mit ihr umgehe. Er kümmere sich sehr um die Belange der Schule und könne gut mit der Tochter toben. Sie könne sich auf ihn verlassen.

Herr Esche betont ebenfalls die gute Grundversorgung durch die Mutter und die Bedeutung der Mutter für die weibliche Identifikation der Tochter.

Frau Esche empfindet es als versöhnlich, wenn der Vater eine ruhige unaufgeregte Tonlage am Telefon hat, sie weniger Vorwürfe zu hören bekommt und er mehr von dem erzählt, was gut gelaufen ist. Ihn befriedet, wenn er Anerkennung von Frau Esche erhält und seine Leistung durch sie gewürdigt wird. Und, wenn er merkt, dass die Mutter etwas mit ihm abstimmt, z. B. mit der Frage: *Was meinst du dazu?* Versöhnlich stimmt den Vater weiterhin, wenn die Mutter zeitnah ausstehende Kosten begleicht.

Die Eltern erhalten eine Beobachtungsaufgabe für zu Hause: *Achten Sie bitte in nächster Zeit darauf, welche Momente Sie im Alltag entdecken, die ansatzweise in die richtige Richtung gehen.*

8 **Emotionaler Scheidungstermin:** In der nächsten Sitzung berichtet das Elternpaar, dass sich die Beobachtungsaufgabe nicht umsetzen ließ. Stattdessen erzählen sie vom amtlichen Scheidungstermin in der vergangenen Woche. Die Beratungssitzung wird zum emotionalen Scheidungstermin. Herr Esche äußert seinen Ärger über die Trennung und deren Verlauf. Der Berater interpretiert das Geschehen als einen »Verdauungsprozess« und wertet die Heftigkeit als notwendig, um voneinander loszukommen. Die Traurigkeit beider Eltern wird deutlich spürbar.

Die Beobachtungsaufgabe nehmen wir zurück, bewerten sie als überfordernd in der aktuellen Situation. Es deutet sich die Frage nach dem passenden Informationskanal zwischen beiden an. Auf Vorschlag der Berater werden Einzeltermine vereinbart, um die emotionale Betroffenheit auf beiden Seiten abzufangen.

9 **Einzelgespräch mit dem Vater:** Herr Esche nutzt das Gespräch, um noch einmal ausführlich seine Version der Trennungsgeschichte zu

erzählen und seine daraus resultierende Position deutlich zu machen. Es zeigt sich, dass er in der Beziehung weit über seine Grenzen gegangen ist, sich verausgabt hat und dafür keinen Dank erhielt, sondern eher die Botschaft, seine Partnerin eingeengt zu haben. Der Klient kann in dem geschützten Rahmen des Einzelgesprächs mithilfe des Beraters dieses Thema als ein eigenes identifizieren und sich eingestehen, dass die erfahrene Kränkung noch verdaut werden muss (siehe auch S. 40 ff.). Der Berater tippt die Themen an: *Was heißt zu viel des Guten in Bezug auf die Tochter? Wie kann sie sich gut weiterentwickeln? Welche Signale braucht sie von den Eltern, um beruhigt zu sein?* Der Vater kann die Fragen hören, aber ihnen nur bedingt nachgehen. Vielleicht ist er zu einem späteren Zeitpunkt offener dafür.

10 Gemeinsame Sitzung in zwei Einzelgespräche umgewandelt: Die Einzelsitzung mit Frau Esche war aufgrund von Krankheit der Beraterin ausgefallen. Die Klientin bittet deshalb zu Beginn der gemeinsamen Beratungsstunde um die Aufteilung in Einzelsitzungen. Da die Beratung im Co-Team stattfindet, ist dies leicht möglich. Die Berater gehen mit jeweils einer Person in unterschiedliche Räume.

Gespräch mit der Mutter: Im Einzelkontakt berichtet die Mutter, dass sich die Situation zwischen den Eltern nicht wirklich verbessert hat und der Ton rau und verletzend bleibt. Die Bewältigung des Schlafthemas ist gelungen. Die Tochter schläft bis auf wenige Ausnahmen bei beiden Elternteilen in ihrem eigenen Bett. Die Beraterin würdigt diesen Erfolg. Im Moment gestalte sich die Übergabesituation der Tasche in der Firma schwierig. Frau Esche möchte mit dem Vater weniger per Telefon und mehr über E-Mail kommunizieren, um die Tonlage nicht hören zu müssen und sich auf den sachlichen Inhalt konzentrieren zu können. Sie möchte weniger Beratungssitzungen, da sie das Gefühl hat, dass sich im Moment nicht mehr entwickeln könne. Die Mutter fühlt sich durch die Sitzungen belastet und wie in der Beziehung bevormundet und eingeengt.

Gespräch mit dem Vater: Herr Esche beschreibt, dass er seine Bemühungen von der Kindesmutter nicht gewürdigt sieht. Er hat das Gefühl, dass es kein gemeinsames Vorgehen als Eltern gibt und die Mutter ihrer Tochter gegenüber zu nachgiebig ist. Der Vater beschreibt den Impuls, mehr Verantwortung übernehmen zu wollen. Er denke darüber nach, das Aufenthaltsbestimmungsrecht zu erkämpfen. Herr

Esche weint vor Erschöpfung und Verzweiflung. Der Berater nimmt die Idee auf und geht, zusammen mit dem Klienten, in der Vorstellung den juristischen Weg entlang. Die Aussichtslosigkeit dieses Weges wird schnell deutlich. Der Berater wertet die Idee als Ausdruck der Sehnsucht nach Ruhe und Abstand zur ehemaligen Partnerin. Die Möglichkeiten und Grenzen der Beratung kommen zur Sprache. Der Berater geht auf die Sorge um die Tochter ein und schlägt vor, für sie einen Einzeltermin einzurichten. Er würde sich einen Eindruck von der Tochter verschaffen und den Eltern daraufhin eine Rückmeldung geben können. Außerdem informiert der Berater über die Möglichkeit, dass die Tochter an einer Gruppe für Kinder aus Trennungsfamilien teilnehmen könnte. Auch wird angeboten, das praktizierte Wechselmodell auf den Prüfstand zu stellen. Er orientiert den Vater darauf, diese Ideen in die nächste gemeinsame Sitzung einzubringen. Weiterhin ist zu klären, ob, und wenn ja, wie lange die Beratung weitergeführt werden soll. Die Anzahl der vereinbarten Sitzungen ist bereits überschritten. Die Verarbeitung der Trennung gehört eher in die eigene Therapie, die er inzwischen begonnen hat.

11 Standortbestimmung im Beratungsprozess: In der darauffolgenden Sitzung erzählen die Eltern nichts Konkretes aus den Einzelsitzungen, sodass die Berater vorschlagen, gemeinsam den Stand im Beratungsprozess zu erkunden (siehe auch S. 196f.). Ziel ist es, eine gemeinsame Orientierung für den weiteren Verlauf der Beratung zu bekommen. Herr Esche bringt zum Ausdruck, dass sie sich als Eltern, seiner Meinung nach, noch am Anfang der Beratung bewegen würden. Frau Esche sieht sie als Elternpaar fast am Ende des Beratungsprozesses. Auf Nachfrage haben es beide ungefähr so voneinander erwartet.

Herr Esche verbindet mit dem, was mithilfe der Beratung schon geschafft wurde, dass er in der Abstimmung gemeinsamer Erziehungsfragen etwas gelassener geworden ist, d. h. nicht erwartet, dass beide Eltern immer genau übereinstimmen. Konkret äußert sich das darin, dass er Unterschiede im Vorgehen der Eltern der Kindesmutter gegenüber schon mal unkommentiert lassen kann und sich weniger aufregt. Bezüglich der Abstimmung zwischen den Eltern sieht der Vater weiterhin großen Handlungsbedarf, da er sonst das Wohl der Tochter gefährdet sieht.

Frau Esche sieht wichtige Fortschritte. Sie hat das Gefühl, von ihm mehr in Ruhe gelassen zu werden, und meint, dass beide Eltern mit ihren Erziehungsprinzipien gar nicht so weit auseinander liegen. Sie fühlt sich selbst sicherer im Umgang mit ihrer Tochter, die inzwischen unproblematisch in ihrem eigenen Bett schläft. In der Frage, wie sie sich als Eltern gegenseitig wieder mehr akzeptieren und entspannter miteinander kommunizieren können, sieht die Mutter kein Vorankommen. Für sie wäre ein guter nächster Schritt, wenn Herr Esche die Abwertung ihres Verhaltens gegenüber ihrer Tochter unterlassen könnte, da sie damit das Wohl des Kindes gefährdet sieht. Insgesamt plädiert sie für eine Beratungspause.

Am Ende der Sitzung besteht ein Konsens darin, dass es für die Tochter eine Einzelsitzung beim Berater geben soll, der sie kennenlernt, sich einen Eindruck darüber verschafft, wie es ihr geht, und dazu ein Auswertungsgespräch mit den Eltern führt (siehe auch S. 132 ff.). Weiterhin wollen die Eltern ihre Tochter in der Gruppe für Kinder aus Trennungsfamilien anmelden, um ihr einen Raum zu bieten, in welchem sie sich kindgemäß mit ihrer Lebenssituation auseinandersetzen kann. Es gibt insgesamt eine Beratungsverlängerung, vorerst aber eine Sommerpause. Danach sollen noch drei Elternpaarsitzungen stattfinden, um z. B. das bestehende Wechselmodell unter die Lupe zu nehmen.

12 **Einzelsitzung mit Tochter:** Es erscheint eine aufgeschlossene Achtjährige mit gutem Selbstvertrauen. Im diagnostischen Spiel zeigt sie sich überdurchschnittlich intelligent, hoch motiviert und sehr leistungsorientiert. Sie äußert Traurigkeit über die Trennung der Eltern und formuliert ihren Wunsch, dass beide wieder zusammenkommen mögen. Gleichzeitig wird deutlich, dass die Tochter sich in einem Loyalitätskonflikt befindet, sehr sensibel die jeweiligen Kränkungen der Elternteile wahrnimmt und sie versucht auszugleichen. Sie vermeidet den Konflikt mit den Eltern und ist sehr bemüht, es beiden recht zu machen. *Hoffentlich schaffe ich das alles mit der Trennung* ist ein Satz von ihr in der Sitzung.

13 **Auswertungssitzung:** In der Sitzung mit den Eltern formuliert der Berater den Eindruck, den er von der Tochter gewonnen hat, und weist auf die Tatsache hin, dass sie sich in einem massiven Loyalitätskonflikt befindet. Herr Esche beginnt sofort die Schuld bei der Mut-

ter zu suchen. Der Versuch, ihn für die Situation der Tochter zu sensibilisieren, schlägt fehl. Erst die Aussage, dass die derzeitige Qualität der Elternbeziehung für die Entwicklung der Tochter bedenklich erscheint, erreicht ihn. Der Berater versucht Möglichkeiten aufzuzeigen, wie die Eltern die Verantwortung für ihren Konflikt wieder übernehmen und das Kind entlasten können. Dazu gehöre z. B., dass die Eltern über den Aufenthaltsort des Kindes entscheiden und nicht das Kind gefragt werde, wo es gerade sein möchte. Günstig wäre auch, wenn Informationen direkt von einem zum anderen Elternteil gelangen könnten und so das Kind nicht ausgefragt werden müsste. Der Vater fühlt sich kaum in der Lage, in diese Richtung zu denken. Es wird deutlich, dass es den Eltern schwerfällt, eine kooperativere Beziehung zu entwickeln.

14 Einzelgespräch mit der Mutter: Frau Esche hatte sich vor dem ersten gemeinsamen Gespräch nach der Sommerpause ein Einzelgespräch gewünscht. Sie beschreibt wiederholt schwierige Situationen zwischen den Eltern, einen Streit um die Aufteilung der Urlaubstage und eine Androhung gerichtlicher Regelung, die dann nicht stattgefunden habe. Sie vermutet, dass der Vater ein Residenzmodell anstrebe, bei dem das Kind seinen Lebensmittelpunkt bei ihm haben würde und die Mutter nur besucht. Die Beraterin verweist auf das Vorhaben, das Wechselmodell im Detail anzuschauen, und berichtet von der Möglichkeit des integrierten Wechselmodells (siehe auch S. 92 ff.). Die Mutter macht sich Sorgen um ihre Tochter, die in letzter Zeit sehr nachdenklich wirke und besonders durch die vereinbarten Telefonzeiten gestresst sei. Es habe auch einen Rückfall gegeben, was die Schlafsituation betreffe. Die Themen werden auf die nächste gemeinsame Sitzung verschoben, und die Mutter erhält Lob und Würdigung dafür, dass sie sich nicht so leicht verunsichern lässt.

15 Beratung am Ende: Die Atmosphäre der nächsten Beratungsstunde ist durch hohe Anspannung geprägt. Anschuldigungen gehen hin und her, die Eltern lassen sich gegenseitig kaum ausreden und belächeln die Aussagen des anderen. Die Berater stellen die Frage, ob Beratung an dieser Stelle überhaupt noch sinnvoll ist. Zwischen den Eltern scheint im Moment nicht mehr möglich zu sein, und der Versuch weiterzuarbeiten verkehrt sich eher ins Gegenteil. Die Mutter erhofft sich mehr Ruhe mit Beendigung der Beratung. Herr Esche bewertet ein Beratungsende zum jetzigen Zeitpunkt eher als Scheitern und findet es bedauerlich, dass sie als Eltern nicht in der Lage seien, die Dinge zu klären.

Die Berater bestärken noch einmal die Idee der Eltern, die Tochter in einer Gruppe für Kinder aus Trennungsfamilien anzumelden. Das Elternpaar hatte sich bereits informiert und auch der Tochter den Vorschlag unterbreitet, die Interesse bekundet habe. Gemäß Beratungsvereinbarung wird ein Abschlussgespräch verabredet, zu dem beide einwilligen.

16 **Abschlussgespräch:** Das Abschlussgespräch (siehe auch S. 178 ff.) findet 14 Tage nach der letzten Sitzung statt. Das Elternpaar zeigt sich entspannt, kann sogar zum Ende der Sitzung miteinander scherzen. Sie berichten, dass es ihnen in den letzten zwei Wochen möglich war, kleine Nachrichten auf der Arbeitsstelle auszutauschen. Frau Esche ist froh, dass die Beratung zu Ende ist. Herr Esche ist eher enttäuscht und ratlos, nimmt es aber hin.

Wir fragen nach der Einordnung der zurückliegenden Zeit, in der die Beratung stattgefunden hat: *Unter welcher Überschrift würde das letzte Jahr in Ihre Lebenschronik eingehen, wenn Sie diese später einmal schreiben sollten?*

M: *Auflösung*
V: *Zerfall der Familie*
B: *Was verbinden Sie damit?*
M: *Ich meine die Auflösung der Familie und meine eigene Auflösung, meine Unsicherheit bezogen auf den Umgang mit der Situation, mit der Tochter und mit der Wut von ihm.*
V: *Es ärgert mich, dass sie unsere Familie kaputt gemacht hat und ich nichts mehr machen konnte.*
B: *Wenn Sie in fünf Jahren an die Beratung zurückdenken, an was glauben Sie, werden Sie sich erinnern?*
M: *Ich werde mich an die innere Aufregung vor den gemeinsamen Treffen erinnern und daran, wie unwohl ich mich in den Sitzungen gefühlt habe.*
V: *Ich erinnere mich wahrscheinlich an das Gefühl, die Frau nicht erreichen zu können, auf verlorenem Posten zu stehen und die Endgül-*

tigkeit der Trennung, weil ich die Beziehung jetzt selber nicht mehr will.

B: *Was wird in der Zukunft die Möglichkeit, wie hier in diesem Rahmen Dinge zu besprechen, in minimaler Form ersetzen können?*

Die Eltern einigen sich auf einen kurzen Absprachetermin dienstags am Telefon zur Organisation des Musikunterrichtes der Tochter und wollen ein Verbindungsheft anlegen, wo sie die wichtigsten Infos vermerken. Dieses Heft soll die Tochter bei sich tragen, wenn sie von einem zum anderen wechselt.

B: *Welchen Satz wollen Sie sich jeder für die nächste Zeit selbst mit auf den Weg geben, als Erinnerungsstütze?*

M: *Es ist, wie es ist, und es kommt, wie es kommt, leben und leben lassen.*

V: *Nimm die Menschen, wie sie sind, es gibt eh keine anderen.*

Lachen.

Draufsicht

Bei diesem Praxisbeispiel wurde ein typischer Einstieg in die Beratung mit getrennten Eltern beschrieben: Ein Elternteil hat die Idee zur Beratung, der andere ist skeptisch, kann sich auf Einladung durch die Beraterin aber dann doch darauf einlassen.

Oft kann danach, wie bei diesem Elternpaar, ein Beratungsprozess beginnen. Die Situation zwischen den Eltern war von Anfang an sehr angespannt, die Tendenz, den anderen Elternteil infrage zu stellen, sehr hoch. Die Dynamik, welche das Paar vermutlich schon in ihrer Beziehung belastend erlebt hatte, setzte sich nach der Trennung fort und wurde im Beratungskontext deutlich spürbar. Als Berater damit einen Umgang zu finden, ist oft sehr kräftezehrend und verlangt viel Geduld.

Die Beratung fand bei Familie Esche innerhalb der ersten zwei Jahre nach der Trennung und über den offiziellen Scheidungstermin hinweg statt und flankierte damit eine der schwierigsten Phasen im Trennungsprozess. Eine grundlegende Befriedung zwischen den Eltern ließ sich nicht erreichen, jedoch konnte eine weitere Eskalation, einschließlich eines Gerichtsprozesses, verhindert werden.

Die Eltern entwickelten einige Fragen weiter. Punktuell war es ihnen sogar möglich, der Tochter gegenüber eine Linie zu vertreten und damit ein Stück Elternidentität zurückzugewinnen.

Trotz der angespannten Atmosphäre entstanden einige friedliche

Momente, Momente der Nachdenklichkeit und des Innehaltens. Vielleicht gab es zu wenig Raum für die Trauer über das Ende der ursprünglichen Familienform. Der Ärger über die Trennung und die persönliche Kränkung standen besonders beim Vater sehr im Vordergrund und konnten nicht in Traurigkeit verwandelt werden. Diese hätte vielleicht helfen können, innerlich etwas zu beenden, um sich dann neu begegnen zu können. Die Mutter zeigte sich eher hilflos und unsicher. Den Zugang zum eigenen Anteil am Trennungsgeschehen fanden die Elternteile nur schwer. Sie waren im Streit noch sehr miteinander verbunden und weit entfernt davon, wirklich getrennt zu sein. Diesen Status wollten und konnten die Eltern noch nicht aufgeben.

Als klar wurde, dass die Weiterentwicklung der Elternbeziehung ihre Grenzen hat, fiel der Blick am Ende der Beratung noch einmal direkt auf die Tochter. Die Eltern konnten ansatzweise für die Situation ihres Kindes sensibilisiert werden. Sie entschieden sich, das Mädchen an einer Gruppe für Trennungskinder teilnehmen zu lassen und ihr damit einen Raum zur Neuorientierung zu geben. So konnte das Kind darüber Hilfe und Unterstützung bekommen.

Als wir das Mädchen fünf Jahre später erneut sahen, war sie zu einer Zwölfjährigen herangewachsen, die sehr motiviert die Schule meisterte, aktiv ein Instrument in einem Orchester spielte und recht klare Vorstellungen von ihrer Zukunft hatte. Sie wollte später gern im Diplomatischen Dienst der EU in Brüssel arbeiten.

1 Die ersten Schritte

Wenn Sie den Beratungsverlauf von Familie Esche gelesen haben, konnten Sie bereits beispielhaft sehen, wie der Einstieg in die Beratung gestaltet sein kann. Im Folgenden wollen wir die methodischen Schritte detailliert beschreiben.

1.1 Erstkontakt am Telefon

Klienten melden sich üblicherweise telefonisch zur Beratung an. Aus unserer Erfahrung ist es sehr vorteilhaft, wenn die Beraterin oder der Berater bereits am Telefon selbst mit dem Elternteil spricht. Das kann entweder realisiert werden, indem die Ratsuchenden zurückgerufen werden, oder es gibt Telefonzeiten, in denen die Berater die Anrufe der Klienten persönlich entgegennehmen können. Der Vorteil ist dabei, dass unmittelbar ohne Zeitverzug am vertraulichen Beziehungsaufbau und an der Motivations- und Auftragsklärung gearbeitet werden kann. Hier sind bereits erste lösungs- und ressourcenorientierte Interventionen möglich.

Wichtige Fragen können direkt besprochen werden:

- *Wie kam das Beratungsanliegen zustande? Aus eigener Initiative oder zum Beispiel auf Empfehlung des Familiengerichts?*
- *Wie steht der Ex-Partner dazu? Gibt es Einvernehmen bezüglich der Beratungsabsicht oder nicht?*
- *Wie ist der Kontakt zwischen den Elternteilen derzeit? Besteht noch ein Gesprächsfaden oder herrscht Funkstille oder besteht gar ein Annäherungsverbot?*
- *Wie können Sie sich den ersten Beratungskontakt vorstellen? Zusammen oder besser getrennt?*
- *Gab es schon andere Versuche, eine beratende Hilfe in Anspruch zu nehmen? Wann war das und was war hilfreich dabei?*
- *Wie ist die Familienkonstellation derzeit? Wer lebt wo mit wem? Welche Kinder sind involviert – Alter, Geschlecht?*

- *Worin besteht das Anliegen? Was wäre ein wünschenswertes Ergebnis der Beratung?*

Im Laufe des Telefonats ist je nach Ausgangslage das weitere Vorgehen zu klären. Bei einer angespannten Situation empfehlen wir, getrennt einzusteigen. Das heißt, die Elternteile bekommen zunächst unabhängig voneinander Termine für ein oder mehrere Vorgespräche.

Wenn die Initiative klar bei dem anrufenden Elternteil liegt und der andere einer Beratung gegenüber vermutlich abwartend bzw. skeptisch eingestellt ist, dann bieten wir an, dieses Elternteil selbst einzuladen. Dazu lassen wir uns die entsprechende Adresse geben.

Wenn das Familiengericht der »Auftraggeber« der Beratung ist, bitten wir um die Zusendung des Gerichtsprotokolls bzw. -beschlusses, um zu erfahren, wie die Beratung innerhalb des Verfahrens verankert ist.

1.2 Einladung des anderen Elternteils

Wenn die Initiative zur Beratung von einem Elternteil ausgeht, übernehmen wir gern die Einladung der anderen Seite. Wir versuchen damit zu erreichen, dass diese Kontaktanbahnung nicht der angespannten Beziehungsdynamik des Paares zum Opfer fällt. Erfahrungsgemäß ist es für das angeschriebene Elternteil leichter, auf die persönliche Einladung einer außenstehenden Fachkraft einzugehen.

Hier als Beispiel der Einladungsbrief an Frau Esche:

> Sehr geehrte Frau Esche,
> Sie werden vielleicht überrascht sein, dass ich mich an Sie wende. Herr Esche hat sich aus Sorge um die gegenwärtige Situation bei uns gemeldet und bereits einen Termin bei meinem Kollegen in Anspruch genommen. Dabei signalisierte er, dass er einige der anstehenden Fragen gemeinsam mit Ihnen klären möchte und dass eine vermittelnde Unterstützung durch uns wünschenswert wäre.
>
> Ich bin ohnehin der Meinung, dass Sie als Mutter Ihres gemeinsamen Kindes ein Recht haben, von vornherein informiert und einbezogen zu sein. Damit wollen wir beiden Elternteilen gleichermaßen unsere Unterstützung anbieten.

Erfahrungsgemäß ist die Trennung der Eltern für die Kinder am wenigsten belastend, wenn beide Elternteile kooperieren und gleichermaßen erreich- und ansprechbar bleiben.

Ihre Sichtweise ist mir sehr wichtig. Deshalb möchte ich Sie zu einem persönlichen Gespräch mit mir in unsere Beratungsstelle einladen. Eventuell kann es dann später zu gemeinsamen Gesprächen mit Herrn Esche und meinem Kollegen kommen. Der erste Termin ist immer ein unverbindliches Vorgespräch. Sie entscheiden erst anschließend, ob und welches unserer Angebote Sie in Anspruch nehmen wollen.

Sie erreichen mich zu unseren Telefonzeiten dienstags und donnerstags zwischen 13 und 14 Uhr unter Tel.:

Mit freundlichen Grüßen
Dipl.-Psych. Sabine Holdt

Und eine etwas kürzere Variante an Herrn Kiefer:

Sehr geehrter Herr Kiefer,
Frau Kiefer hat sich mit der Bitte um Beratung an meine Kollegin Frau Holdt gewandt. Offenbar möchte sich Frau Kiefer mit Ihnen auf neutralem Boden verständigen und damit auch Ihren gemeinsamen Sohn entlasten.

Ich möchte Sie gern zu einem Einzelgespräch mit mir einladen, da ich denke, dass im momentanen Geschehen beide Sichtweisen wichtig sind. Eventuell kann es später gemeinsame Gespräche geben.

Der erste Termin ist immer ein unverbindliches Vorgespräch. Mir wäre wichtig, die Basis für eventuelle Elterngespräche abzuklären. Sie entscheiden erst anschließend, ob und welches unserer Angebote Sie in Anspruch nehmen wollen.

Zur Terminabsprache erreichen Sie mich zu unseren Telefonzeiten dienstags und donnerstags zwischen 13 und 14 Uhr unter Tel.:

Mit freundlichen Grüßen
Dipl.-Psych. Marcus Schönherr

Ein Großteil der Eltern, die auf diese oder ähnliche Weise angeschrieben wurden, ging auf unsere Einladung ein. Form und Inhalt dieser Einladung sollten wir besondere Aufmerksamkeit schenken. Dass sich beide Elternteile an der Beratung beteiligen, ist schließlich die Voraussetzung für alles Weitere.

1.3 Vorgespräche

Im Beratungsalltag hat es sich bewährt, mit den Klienten unverbindliche Vorgespräche zu führen. Im Konkreten heißt das, es gibt ein erstes Gespräch, danach Bedenkzeit, und erst, wenn die Klienten telefonisch ihre Entscheidung für die Beratung mitgeteilt haben, werden Termine vereinbart. Im darauf folgenden Gespräch wird dann die Beratungsvereinbarung abgeschlossen und unterschrieben. Der eigentliche Beratungsprozess kann beginnen. Wenn die Eltern ausreichend kooperativ eingestellt sind, kann das Vorgespräch gemeinsam erfolgen.

In der Arbeit mit getrennten Eltern werden Vorgespräche jedoch oft separat mit den Elternteilen durchgeführt (siehe auch S. 40). Wenn die Beratung auf Anordnung des Familiengerichts erfolgt, fällt die Bedenkzeit weg. Stattdessen stellt das erstmalige Erscheinen der Eltern den Beginn des Beratungsprozesses dar. Die Kinder nehmen an den Elterngesprächen nicht teil (siehe auch Kapitel 6).

Wozu dienen diese Vorgespräche?

Kontaktaufbau zwischen Klient und Berater: Die Qualität der Beziehung zwischen dem Klienten und dem Berater ist eine wichtige Säule für die Beratung. Fühlt sich ein Klient durch die Beraterin gut unterstützt, kann er entspannter in den Kontakt mit dem ehemaligen Partner gehen und ist eher bereit, seine Sichtweise zu erweitern bzw. die des anderen besser nachzuvollziehen.

Klienten kommen oft mit der Erfahrung der anwaltlichen Vertretung in die Beratung, verbunden mit dem Gefühl, sich im Kampf mit dem anderen zu befinden. Sie müssen erst die Andersartigkeit der außergerichtlichen Vermittlung erfahren, bei welcher es mehr um die Suche nach dem kleinsten gemeinsamen Nenner und die Annäherung der Positionen im Sinne der Kinder geht.

Vorgeschichte erfassen: Getrennte Paare kommen an unterschiedlichen Punkten im Trennungsprozess in die Beratung. So sehen wir Paare kurz nach der Trennung, nach längerem juristischen Kampf oder Jahre nach ihrer Trennung. Sie bringen verschiedene Trennungsgeschichten und ein bestimmtes Maß an Kooperationsfähigkeit mit. Sie kommen aus eigenem Antrieb in die Beratung oder sind vom Gericht geschickt. Beratung wird von dort empfohlen oder neuerdings sogar verordnet. Je nachdem gab oder gibt es bereits eine Anzahl von Helfern, welche die Situation des Paares flankieren. An der Stelle empfiehlt sich die Frage: *Welche Erfahrungen haben Sie mit den bisherigen Hilfen machen können? Was war dabei hilfreich? Was sollte sich in unserer Beratung auf keinen Fall wiederholen?*

Die Erfassung des Familien- und Helfersystems (involvierte Institutionen und Fachkräfte) erfolgt mithilfe eines Genogramms am Flipchart, was einen Überblick über alle direkt oder indirekt am Geschehen Beteiligten ermöglicht.

Das Genogramm wird in jeder weiteren Sitzung verwendet. Alles auf einem Blatt vor Augen zu haben, kann einen integrierenden Effekt für die Eltern mit sich bringen, weil es verdeutlicht, dass die Familie auf jeden Fall in anderer Form weiterbesteht.

Ziele und Motivationen der Klienten erfassen: Warum und wozu jemand eine Beratung in Anspruch nehmen möchte, kann sehr unterschiedlich sein. Das Vorgespräch bietet einen guten Rahmen, um die Erwartungen der Klienten und die Möglichkeiten der Beratung abzugleichen. Die Frage zu den Zielen lautet: *Woran würden Sie merken, dass die Beratung für Sie hilfreich war?* Bedient man sich der Kategorien nach de Shazer und teilt die Klienten in Besucher, Klagende oder Kunden ein (de Shazer 1989), hilft dies einzuschätzen, was die Klienten brauchen, um sich auf einen Prozess einlassen zu können. In der Arbeit mit getrennten Eltern werden wir sehr oft mit Ambivalenzen konfrontiert. Ambivalenzen gegenüber der Trennungsentscheidung, dem Partner und auch gegenüber der Tatsache, Beratung in Anspruch zu nehmen bzw. nehmen zu müssen. Die Frage *Was könnte schlimmstenfalls passieren, wenn Sie sich auf die Beratung einlassen?* ist an dieser Stelle nützlich, um mögliche Befürchtungen aufseiten der Klienten ins Gespräch zu bringen.

Die Bedenkzeit soll dazu dienen, dass Klienten ihre Entscheidung für eine Beratung noch einmal überprüfen. Wer sich dann dafür entscheidet, bringt oft eine ausreichende Motivation mit. Die Beratungsprozesse sind durch dieses Vorgehen stabiler geworden. Abbrüche gibt es kaum.

Informationen und Orientierung geben: In der Arbeit mit getrennten Eltern ist die Rahmung des Prozesses von besonderer Bedeutung (siehe auch S. 66). Sie bietet Sicherheit und Orientierung und kann einen Schutzraum für die Klienten eröffnen, in dem Entwicklung möglich werden kann. Besonders wichtig ist es, den Klienten die deeskalierenden Möglichkeiten innerhalb der Sitzungen aufzuzeigen (siehe Kapitel 2).

Die Berater erläutern die Regeln der Zusammenarbeit, klären spezielle Rahmenbedingungen und beschreiben das weitere Vorgehen. Die Klienten müssen darauf hingewiesen werden, dass eine vermittelnde Elternberatung nicht aussichtsreich durchzuführen ist, wenn gleichzeitig das familiengerichtliche Verfahren oder eine Begutachtung läuft.

Zum Ende des Vorgespräches können die Eltern ihre Fragen loswerden und erhalten ein Muster der Beratungsvereinbarung, die kurz besprochen wird.

Vertraulichkeit und Transparenz: Es sind Fragen der kollegialen Vernetzung und Transparenz zu klären, also wer erfährt wann was von wem? Geschieht die Beratung auf gerichtliche Anordnung, erfolgt die Information der involvierten Institutionen als fachliche Stellungnahme während oder nach Beendigung der Beratung auch ohne Auftrag. Dabei sehen die Berater das getrennte Elternpaar weiterhin als Ganzes hinsichtlich ihrer gemeinsamen Möglichkeiten und Grenzen an (siehe auch S. 71 ff.). Über den Inhalt werden beide Eltern in Kenntnis gesetzt (siehe auch S. 180 ff.). Berichte ans Gericht.

1.4 Die Beratungsvereinbarung

Um das Arbeitsbündnis für die Beratung auch formell zu besiegeln, empfiehlt es sich, während der ersten gemeinsamen Sitzung eine Beratungsvereinbarung mit den Klienten abzuschließen. Sie soll dazu beitragen, die Verbindlichkeit des Vorhabens zu manifestieren. Dabei schließen sowohl die Elternteile untereinander diesen Vertrag als auch die Eltern mit den Beratern.

Die Berater haben die Gelegenheit, im Vereinbarungstext grundsätzliche Bedingungen der Beratung zu fixieren und so neben der Verbindlichkeit auch für eine gute Rahmung des Vorhabens zu sorgen. Die Punkte werden mit den Ratsuchenden im Einzelnen durchgegangen und erklärt. Wichtig sind erfahrungsgemäß unter anderem folgende Regelungen:

- Spezielle Schutzregeln für den Umgang miteinander in der Beratung,
- der Passus, dass während der Beratungsphase auf neue oder weitere familienrechtliche Schritte zu verzichten ist, weil sie den Beratungsprozess stören würden,
- Verabredung von zunächst fünf Sitzungen, verbunden mit dem Hinweis darauf, dass ein nachhaltig wirksamer Beratungsprozess eine längere Zeit beansprucht,
- Regelung bezüglich der Berichterstattung durch die Berater, z. B. an das Familiengericht,
- Festlegung darüber, dass in jedem Fall eine Abschlusssitzung stattfinden soll.

Hier ein möglicher Vereinbarungstext als Beispiel:

BERATUNGSVEREINBARUNG
für getrennte Eltern

zwischen ______________________________
(nachfolgend Berater genannt)

und den Eltern Frau ______________________________
wohnhaft ______________________________
Telefon/E-Mail ______________________________

Herr ______________________________
wohnhaft ______________________________
Telefon/E-Mail ______________________________

wird folgende Beratungsvereinbarung geschlossen:

1. Grundlagen

Die Eltern wurden in einem unverbindlichen Vorgespräch über die Rahmenbedingungen der Beratung informiert. Zwischen Vorgespräch und Vereinbarung gab es eine Bedenkzeit.

2. Tätigkeit

Die Eltern beauftragen die Berater mit der Durchführung einer Beratung. Es werden zunächst 5 gemeinsame Sitzungen vereinbart. Über eine Fortführung der Beratung wird in einem gemeinsamen Gespräch beraten und entschieden. Maximal sind ..... Elternberatungen inklusive einer Abschlusssitzung möglich. Einzelgespräche können nach Absprache individuell vereinbart werden. Eine Abschlusssitzung soll in jedem Fall stattfinden.

3. Ziele

Ziele der Beratung werden zu Beginn gemeinsam erarbeitet und schriftlich festgehalten.

4. Regeln

Geeignete Regeln zur Gewährleistung eines konstruktiven Gesprächs werden vereinbart. Deren Verletzung oder wiederholte Verstöße können zu Unterbrechung, Aufteilung oder Abbruch durch die Berater führen.

Um den Beratungserfolg zu unterstützen, verpflichten sich die Eltern,

- während der Zeit der Beratung auf neue oder weitere familienrechtliche Schritte zu verzichten und
- nach der Beratung keine hier erhaltenen Informationen vor Gericht gegen den anderen zu verwenden.

5. Termine

Beratungstermine finden in der Regel alle 1 bis 3 Wochen statt.

Eine Sitzung dauert jeweils 60–75 Minuten. Terminabsagen sollen mindestens 3 Werktage zuvor erfolgen, damit die Berater den Termin anderen Klienten zur Verfügung stellen können.

6. Kündigung

Die Eltern können die Beratungsvereinbarung jederzeit und ohne Einhaltung einer Kündigungsfrist kündigen. In jedem Fall verpflichten sich die Vertragspartner zu einem Abschlussgespräch als Teil der Beratung. Im Vorfeld vereinbarte Termine entfallen nach zweimaligem unentschuldigtem Nichterscheinen.

7. Vertraulichkeit
Die personenbezogenen Informationen werden gemäß der geltenden Regeln zum Datenschutz, der Schweigepflicht und Vertraulichkeit behandelt. Die Eltern sind mit der Hospitation von Praktikanten einverstanden. Die Berater versichern, dass die Praktikanten auch unter Schweigepflicht stehen.

8. Weitergabe von Informationen
Ein Informationsaustausch zwischen den Fachkräften und Kollegen anderer Institutionen kann erst erfolgen, wenn die Eltern beide von der Schweigepflicht entbunden haben.

Während des Beratungsprozesses erfolgen Berichte zum Sachstand der Beratung nur auf Anforderung von Gericht oder Jugendamt. Geschieht die Beratung auf gerichtliche Anordnung, erfolgt die Information der involvierten Institutionen nach Beendigung auch ohne Auftrag. Über den Inhalt werden die Eltern in Kenntnis gesetzt.

____

Ort, Datum Beraterin Klient

Diese Vereinbarung wird um _____ Sitzungen inklusive Abschlusssitzung verlängert:

____

Ort, Datum Beraterin Klient

Da nicht alles in die Schriftform aufgenommen werden kann, sind darüber hinaus mündliche Absprachen zu den Gesprächsregeln nötig (siehe auch S. 45 f.). Oft ist es sinnvoll, gleich zu Beginn folgende Prinzipien anzukündigen und zu erläutern:

Auszeitregel: Die Klienten dürfen und sollen signalisieren, wenn es ihnen während der Beratung emotional unerträglich wird. Dann wird eine Auszeit möglich gemacht. Diese Unterbrechung reicht vom *Stopp!* über eine Sitzungspause bis zur Aufteilung der Sitzung. Das kann auch gleich zu Beginn einer Sitzung erfolgen, wenn die Ausgangslage durch Ereignisse aus der Zwischenzeit sehr angespannt ist.

Zukunftsorientierung: Die Gesprächsinhalte werden von den Beratern in Richtung Gegenwart und Zukunft gelenkt. Rückwärtsgewandte Vorhaltungen und Aufrechnungen werden gestoppt.

Einzelsitzungen sind möglich: Den Klienten wird angeboten, ihrer Sichtweise und Befindlichkeit in gesonderten Einzelgesprächen Raum zu geben. Innerhalb der Co-Beratung kann jeder Elternteil seine eigene Ansprechpartnerin/seinen eigenen Ansprechpartner bekommen, ansonsten können Einzelgespräche auch nacheinander vorgenommen werden (siehe auch Kapitel 2).

1.5 Der Themenkatalog

Die Formulierung von Beratungszielen als Schwerpunkt des lösungsorientierten Vorgehens bedarf in der Arbeit mit getrennten Eltern besonderer Aufmerksamkeit. Zerstrittene Eltern im Ausnahmezustand neigen dazu, den Ex-Partner im Visier zu haben und dabei die emotionale Lage der Kinder aus dem Blick zu verlieren. Sie sind sehr mit der als berechtigt empfundenen Interessenvertretung gegenüber der anderen Seite beschäftigt und wollen auch die Beratung dazu nutzen. Dieser Zielstellung können wir uns als Berater allerdings nicht anschließen. Stattdessen steht das Wohl der Kinder in unserem Fokus, und wir haben die Aufgabe, den Eltern zu helfen, diese Perspektive zurückzugewinnen.

In der ersten gemeinsamen Sitzung nach dem Vorgespräch steht neben dem Abschluss der schriftlichen Beratungsvereinbarung und der Verabredung von Schutzregeln die Erstellung eines gemeinsamen Themenkataloges an.

Methodisches Vorgehen: Die Frage an die Eltern ist, welche Themen sie im Rahmen der bevorstehenden Beratung klären wollen. Ein wichtiges Prinzip dabei ist, nur Themen aufzunehmen, die für beide Seiten Relevanz haben und über die beide Elternteile zu reden bereit sind. Es empfiehlt sich, daraus Fragen zu formulieren, sie auf einer Flipchart-Tafel aufzulisten und im Beratungsverlauf nacheinander abzuarbeiten. Die Frageform löst bekanntlich beim Adressaten eine Suchhaltung aus, die potentiell zur Kreation von Handlungsoptionen führt. Ein weiterer

Wirkfaktor besteht darin, dass sich die Eltern bei der Formulierung auf den kleinsten gemeinsamen Nenner einigen müssen, was schon einen ersten Schritt hin zu kooperativer Elternschaft darstellt.

Das könnten z. B. folgende Fragen sein:

- *Wie erklären wir unserem Kind die neue Familiensituation? Wie könnte eine gemeinsame Version zu unserer Trennung lauten?*
- *Wie können wir als Eltern in der Zukunft wieder einen achtungsvollen und wertschätzenden Umgang miteinander entwickeln? Wie können wir es schaffen, dass wir uns als Eltern respektvoll begegnen?*
- *Wie können wir als Eltern einen normaleren und entspannteren Kontakt miteinander haben und uns als ehemalige Partner gleichzeitig ausreichend abgrenzen?*
- *Wie kann ein ausreichender Informationsaustausch zwischen uns Eltern gesichert werden? Was wäre ein passender Kommunikationskanal dafür? Was ist informationspflichtig und was nicht?*
- *Was darf jeder allein entscheiden, was sollte oder muss gemeinsam entschieden werden?*
- *Wie können wir immer wieder gemeinsam auf die Entwicklung unseres Kindes schauen und gut auf dessen Bedürfnisse eingehen?*
- *Wie könnte eine für alle Beteiligten passende/passendere Umgangsregelung für die nächste Zeit aussehen? Wie regeln wir Urlaube und Feiertage?*
- *Was können wir als Eltern tun, damit die Übergänge für unser Kind entspannter ablaufen?*
- *Wie können zwischen uns flexible Absprachen funktionieren?*
- *Wie gehen wir damit um, wenn ein Elternteil zum abgesprochenen Zeitpunkt der Betreuung verhindert ist? Welche Betreuungsvarianten rücken nach? Welche weiteren Betreuungspersonen sind im Ersatzfall gegenseitig akzeptiert?*
- *Welche Rolle sollen und dürfen die jeweils neuen Partner für das Kind spielen?*
- *Wie können wir uns als Eltern noch besser absprechen und unterstützen, zum Beispiel in erzieherischen Dingen, Fragen der Freizeitgestaltung, Hobbys etc.?*
- *Wie können wir als Eltern für ausreichend Kontinuität in den Lebensabläufen unseres Kindes sorgen? (Z. B. Freizeitaktivitäten, Verabredungen, Hausaufgaben, Nachhilfe)*

- *Wie könnte sich der Kontakt zwischen Vater/Mutter und Kind in der Zeit zwischen den Umgängen gestalten? Wie gehen wir mit gegenseitigen Anrufen um?*

Bei der Erstellung des Themenkataloges sollte darauf geachtet werden, dass es sich ausschließlich um Wie-Fragen und nicht um Warum-Fragen handelt und dass die Fragen durchgehend konstruktiv formuliert sind. Dabei sind die Berater gefordert, geeignete Umformulierungen anzubieten, z. B. eine Negativformulierung wie *Sich nicht mehr abwerten wollen* durch *Wie können wir uns in Zukunft respektvoller begegnen?* zu ersetzen. Die positiv formulierten Wie-Fragen markieren die gemeinsamen Beratungsziele der Eltern und fokussieren auf den Weg dorthin. In den Fragen dominiert das »Wir«.

Die Fragenübersicht wird in jeder Sitzung sichtbar aufgehängt. Sie gibt den Eltern die Sicherheit, dass an ihren konkreten Anliegen gearbeitet werden wird. Gleichzeitig wird klar die Grenze markiert zu eventuellen Themen, die nicht gemeinsam mit dem anderen Elternteil besprochen werden sollen. Diesen Fragen muss derjenige, den sie bewegen, selbst nachgehen, gegebenenfalls in Einzelgesprächen oder gar einem Einzeltherapieprozess.

Manchmal äußern Elternpaare das Bedürfnis, die Beratung für die Aufarbeitung der Paarbeziehung zu nutzen. Wir können dieses Anliegen mit in den Themenkatalog aufnehmen, obwohl eines der Arbeitsprinzipien in der Zukunftsorientierung besteht. Allerdings machen wir die Klienten auf die damit verbundene emotionale Herausforderung aufmerksam. Erfahrungsgemäß kommt es letztlich nur bei wenigen Eltern zu einem solchen Prozess (siehe Kapitel 7 Vergangenheitsbewältigung).

Als zusätzliche Intervention bietet sich an, dass die Eltern den vermuteten **Auftrag des Kindes** an die Beratung formulieren sollen. Dieser wird in den Katalog aufgenommen und kann sich zum Beispiel so anhören:

»Vertragt euch!«
»Entspannt euch!«
»Redet miteinander!«
»Einigt euch!«
»Tut was, damit ich euch beide behalten kann!«
»Haltet mich raus!«

2 Deeskalierende Möglichkeiten

2.1 Getrennte Einzelsitzungen

Getrennter Einstieg in den Beratungsprozess

Bei Eltern, zwischen denen gerade kein Kontakt gelingt und die Beziehung sehr belastet ist, empfiehlt sich der getrennte Einstieg in die Beratung. Manchmal braucht es mehrere Einzelsitzungen, bevor beide Seiten den Schritt wagen und einer gemeinsamen Sitzung zustimmen, das heißt, Mutter und Vater bekommen jeweils so viele Einzeltermine, wie zur Vorbereitung auf eine gemeinsame Sitzung notwendig erscheinen (siehe auch S. 31 ff.).

Es kann auch so gehandhabt werden, dass jeder Elternteil regulär drei Sitzungen bekommt, in denen er über den anderen klagen kann (vgl. Asen und Fonagy 2014). Dies geschieht mit der Idee, anschließend freier zu sein und über Ansatzpunkte nachzudenken, die ein gemeinsames Gespräch in der Zukunft möglich machen können.

Hypothetisch können verschiedene Sitzungsszenarien besprochen und der eigene Anteil der Einflussnahme auf einen guten Verlauf herausgearbeitet werden. Um ein ausreichendes Gefühl von Schutz und Sicherheit beim Klienten herzustellen, ist zum Beispiel die Ankündigung wichtig, dass eine Beratungssitzung zu jeder Zeit wieder aufgeteilt werden kann.

Einzelsitzungen im Laufe des Beratungsprozesses

Flankierende Einzelsitzungen mit den Elternteilen sind in der Trennungsberatung unverzichtbar und notwendig, um den Beratungsprozess hilfreich und erfolgreich zu gestalten. Je nach Situation des Paares und Zustand der Einzelpersonen variieren Zeitpunkt und Häufigkeit der Termine. Die Berater können in diesen Gesprächen die Klienten noch einmal anders auf das eigentliche Ziel fokussieren und sie motivieren, die Chance der Beratung im Sinne der Kinder zu nutzen.

Der Einzelkontakt zwischen Berater und Elternteil stellt im Laufe des Beratungsprozesses einen besonderen Schutzraum für den Klienten dar. Unter vier Augen kann der Berater meist offener und direkter mit dem einzelnen Klienten arbeiten als in der Elternpaarsitzung. In den Einzelsitzungen ist Raum dafür, die aus der Trennung resultierende persönliche Kränkung und die konfliktbehafteten Themen der Paarebene ins Gespräch zu bringen. Das trägt dazu bei, die Trennung von Paar- und Elternebene zu unterstützen. Mithilfe des Genogramms lassen sich außerdem Bezüge zu Erfahrungen in der Ursprungsfamilie der Klienten herstellen. Fragen können beispielsweise sein: *Gibt es Erfahrungen mit Trennung aus der eigenen Vor- und Familiengeschichte? Wie wurden die Trennungen bewältigt? Was könnten Sie davon für Ihre aktuelle Situation nutzen?*

Die Einzelgespräche dienen auch dazu, eine Paarsitzung vor- oder nachzubereiten. Sie geben dem Elternteil die Möglichkeit, seine eigenen Beweggründe und die des anderen wahrzunehmen und zu reflektieren: *Was gehört in die Elternpaarsitzung und was nicht? Was will ich erreichen und was glaube ich, wird der andere dazu sagen? Wie kann ich mein Anliegen formulieren, damit der andere es gut hören kann?* Lösungsideen und deren mögliche Umsetzung können freier entwickelt und hypothetisch durchgespielt werden. In den folgenden gemeinsamen Sitzungen wird es so wahrscheinlicher, auf sachlicher Ebene zu reden, Vorschläge konstruktiv einzubringen und verbindliche Absprachen zu treffen.

Es kann zusätzlich sinnvoll sein, dem Ex-Partner symbolisch einen Platz im Raum zuzuweisen. Wenn man einen dritten leeren Stuhl in die Runde stellt, wird meist automatisch der nicht anwesende Elternteil dorthin projiziert. Die Berater haben dadurch potentiell die Möglichkeit, mit Positionswechseln zu arbeiten, indem sich der Klient auf den Platz vom Ex-Partner setzt. Der Klient wird angeregt, sich selbst von außen und den anderen von innen zu sehen. Dieses Vorgehen wird im Abschnitt Perspektivwechsel erläutert (siehe S. 124 ff.). Auf ähnliche Weise kann die Kinderperspektive eingebracht werden (siehe S. 129).

Zu beachten ist, dass sich, besonders wenn in Co-Beratung gearbeitet wird, intensive Einzelprozesse entwickeln können, die den Rahmen einer Trennungsberatung deutlich überschreiten. In so einem Fall ist es sinnvoll, diesen Elternteil zu einem geeigneten Zeitpunkt in Einzeltherapie weiterzuverweisen.

2.2 Parallel getrennte Beratung

Getrennter Sitzungseinstieg

Während des Beratungsprozesses kann es immer wieder vorkommen, dass sich die Situation zwischen den Eltern kurzfristig verschlechtert. Möglicherweise erhalten Sie als Berater zwischen zwei Sitzungen Informationen (z.B. E-Mails), die darauf hindeuten. Oder nach einer entspannten Sitzung erscheint das Elternpaar plötzlich in einem sehr angespannten Zustand zum nächsten Termin. Dann kann es sinnvoll sein, die gemeinsame Beratung mit getrennten Einzelsequenzen zu beginnen, um die geladene emotionale Stimmung erst einmal abfangen zu können und wieder eine Basis für die Begegnung der Elternteile zu schaffen.

Aufteilung während der Sitzung

Ist innerhalb einer Beratungsstunde ein konstruktives Gespräch nicht mehr möglich, ist zu empfehlen, die Sitzung spontan aufzuteilen. Die Unterbrechung kann durch ein Elternteil oder den Berater initiiert werden. Wenn Sie allein arbeiten, erfolgen die anschließenden Einzelsequenzen nacheinander, bei der Arbeit im Co-Team parallel. Es ist aufgebrachten ärgerlichen Menschen schwer möglich, sich in andere hineinzuversetzen und kooperativ zu handeln. Um wieder eine Basis für die weitere Arbeit zu schaffen, ist es notwendig, die Erregung abzubauen und für Beruhigung zu sorgen. Es wird angestrebt, dass es nach einer festgelegten Zeit einen gemeinsamen Sitzungsabschluss gibt, bei dem die Berater eine ressourcenorientierte Zusammenfassung der Einzelsequenzen in die gemeinsame Runde einbringen. Ziel ist, kleinste Übereinstimmungen zwischen den Elternteilen hervorzuheben.

Manchmal gelingt eine Zusammenführung jedoch nicht, dann wird die Sitzung einzeln beendet und ein neuer Versuch zu einem nächsten gemeinsamen Termin gestartet.

Shuttle-Verfahren

Hierbei handelt es sich um »Pendeldiplomatie« zwischen den Elternteilen. Wenn die Situation derart angespannt ist, dass sich beide nicht in einem Raum aufhalten können bzw. wollen, bieten wir diese Vorgehensweise an. Es ist der Versuch, einen minimalen Informationsaustausch und kleine Absprachen zwischen den Eltern zu ermöglichen. Beide befinden sich dabei in verschiedenen Räumen, während der oder die Berater sozusagen als Boten zwischen beiden Seiten pendeln. Im Co-Team läuft es so ab, dass nach einer vereinbarten parallelen Einzelsprechzeit nur die Berater an einem dritten Ort zusammenkommen, sich austauschen und anschließend den konstruktiven Gehalt der Information an das andere Elternteil weitergeben. Diese Vorgehensweise kann sich einige Male wiederholen, bis ein Minimalkonsens erreicht ist.

Die verschiedenen Varianten werden je nach Kooperationsfähigkeit des Paares genutzt. Im Laufe des Beratungsprozesses kann es immer wieder zu Rückfällen kommen. Die Berater müssen folglich bei jeder Sitzung wieder neu erfassen, inwieweit das Paar zu einem direkten Dialog in der Lage ist, und das Setting dementsprechend gestalten. Durch die Arbeit als Co-Beraterpaar und die Möglichkeit, verschiedene Räume zu nutzen, ergibt sich eine hohe Flexibilität im Umgang mit der aktuellen Situation des Paares (siehe auch S. 74 ff.).

2.3 Für Sicherheitsabstand sorgen

Wenn sich getrennte Eltern in einem sehr angespannten Zustand befinden, eventuell gar ein Annäherungsverbot existiert, muss für einen angemessenen »Sicherheitsabstand« zwischen beiden gesorgt werden.

Getrenntes Kommen und Gehen

Das Ankommen bzw. Warten in der Beratungsstelle sollte getrennt erfolgen. Der zuerst Kommende wird dazu in einen separaten Raum gelotst, während der andere im Wartebereich Platz nimmt. Dafür muss die Teamassistentin in der Anmeldung über die zu erwartenden Klienten informiert sein.

Am Ende der Sitzung sorgt der Berater dafür, dass die Elternteile die Beratungsstelle in einem angemessenen zeitlichen Abstand verlassen.

Keine direkte Ansprache

Eine wichtige deeskalierende Intervention in gemeinsamen Sitzungen besteht darin, die Eltern aufzufordern, sich nicht direkt anzusprechen. Diese Regel kann bei Bedarf für die ganze erste Phase der Beratung gelten. Die Berater sorgen dafür, dass das Gespräch ausschließlich über sie läuft. Bei der Arbeit im weiblich-männlichen Co-Team spricht die Mutter mit der Beraterin und der Vater mit dem Berater in Anwesenheit der anderen. Diese Abgrenzung kann zusätzlich dadurch unterstützt werden, indem sich die Klientin und die Beraterin in einem Teil des Raumes zusammensetzen und der Klient mit dem Berater in einem anderen. Die Berater fassen jeweils das Gesagte zusammen und verstärken besonders die konstruktiven Ansätze.

Zwei Gesprächskreise

Eine zusätzliche Wirkung wird durch eine symbolische Trennung im Raum erzielt. Beispielsweise werden mit Seilen zwei Kreise markiert. In dem einen sitzen die Mutter und die Beraterin, in dem anderen der Vater und der Berater (oder die eine Beraterin, pendelt hin und her). Jeweils führen die Berater bzw. die Beraterin nacheinander Gesprächssequenzen mit den Elternteilen zu den sie aktuell bewegenden Themen. Die beiden Gesprächskreise nehmen aufeinander Bezug, indem die Beraterin z. B. fragt: *Was von dem gerade Gehörten können Sie nachvollziehen? In welche Richtung gehen diesbezüglich Ihre eigenen Gedanken und Gefühle?*

Dieses Vorgehen ist nicht nur als Schutzmaßnahme zu verstehen. Es kann für Eltern, die in ihrer Trauer oder im Streit noch sehr verbunden sind, eine große Symbolkraft für das Getrenntsein entfalten. Es hilft den Klienten, sich vorübergehend aus dem alten Begegnungsmuster zu lösen bzw. das reflexhafte und oft destruktive Reagieren aufeinander abzulegen. Der Druck, vor dem anderen zu bestehen, tritt zurück, und die Eltern können besser zuhören und sich aus einer anderen Erlebensebene heraus äußern. Dieses Gesprächssetting wird von den Klienten als erleichternd empfunden, auch wenn die Emotionalität mehr zum Ausdruck kommt. Es hat eine ähnliche Bedeutung wie die Einzelgespräche – mit dem Unterschied, dass der andere Elternteil zuhören und mehr Verständnis entwickeln kann.

Empfehlung zur Deeskalation im Alltag

Den Eltern wird empfohlen, strittige Fragen zunächst ausschließlich in den gemeinsamen Sitzungen zu besprechen, angefangen von Terminabsprachen über aktuelle Abstimmungen (z. B. zu einem Kindergeburtstag) bis hin zu grundsätzlichen Themen. Der Sinn dieser Empfehlung besteht darin, die Kommunikation im Alltag auf das Nötigste zu begrenzen, schlechte Erfahrungen miteinander zu minimieren und Ansätze von gelingender Kommunikation mithilfe der Moderation durch die Berater zu verstärken.

2.4 Gesprächsregeln

Eine Aufgabe des Beraters bei der Arbeit mit getrennten Eltern besteht darin, möglichst für eine sachliche und konstruktive Gesprächsatmosphäre zu sorgen und vor destruktiver Eskalation zu schützen. Er hat dazu vielfältige Möglichkeiten. Einige davon sollen im Folgenden dargestellt werden.

Bereits in den Sondierungsgesprächen zu Beginn der Beratung und beim Abschluss der Beratungsvereinbarung geht es darum, mit den Eltern zu besprechen, welche Schutz- und Gesprächsregeln wünschenswert und erforderlich sind, wenn sich beide Seiten begegnen. Grundlegend festzulegen ist der Verzicht auf Beleidigungen, Anschuldigungen und Vorwürfe.

Geklärt werden muss, wie dic Interventionsmittel der Berater, die Unterbrechungskriterien und Konsequenzen bei Regelverstoß aussehen. Üblicherweise lassen sich die Berater von den Eltern die Erlaubnis geben, das Gespräch bei Bedarf zu unterbrechen. Bei wiederholtem Regelverstoß droht die Aufteilung der Sitzung, der Abbruch der Sitzung oder die Beendigung der Beratung. Die Berater kommen hier den Klienten gegenüber durchaus in eine erzieherische Rolle. Das ist nicht besonders angenehm, aber notwendig.

Des Weiteren ist es wichtig, die **Stopp-Regel** einzuführen. Sie bedeutet, dass jeder die Sitzung unterbrechen kann und soll, bevor die Grenze seiner emotionalen Belastbarkeit erreicht ist. Die Klienten werden gebeten, dies deutlich anzuzeigen, damit die Beraterin darauf eingehen kann. Die Sitzung wird dann meist unterbrochen, und es kommt zu separaten Gesprächssequenzen. Diese Vorgehensweise soll dem Klienten im Bedarfsfall Schutz- und Handlungsmöglichkeiten eröffnen und vermeiden helfen, dass er die Beratungsstelle spontan verlässt. Wichtig ist, dass zumindest der Kontakt zum Berater erhalten bleibt.

Außer in den zugespitzten Situationen muss der Berater auch im sonstigen Gesprächsverlauf oft unterbrechen und Klienten »bremsen«. Zum Beispiel, wenn sie die Zukunftsorientierung verlieren und von Geschehnissen aus der Vergangenheit erzählen, was wie schlecht gelaufen ist. Mit seiner höflichen und bestimmten Unterbrechung *Darf ich Sie mal bremsen?* gewinnt der Berater die Initiative zur konstruktiven Ausrichtung des Gesprächs zurück.

2.5 Friedliche Gesten

Guten Tag und Auf Wiedersehen!

Eltern, deren Kooperationsfähigkeit aktuell sehr eingeschränkt ist, sind oft nicht einmal mehr bereit, den anderen Elternteil zu begrüßen bzw. zu verabschieden. Wird dies für den Berater deutlich, kann es in den flankierenden Einzelgesprächen zum Thema werden.

Nachdem jedes Elternteil die Möglichkeit bekommen hat, der Beraterin zu beschreiben, was dazu geführt hat, die minimalen Höflichkeitsformen zu unterlassen, könnten folgende Fragen hilfreich sein, um einen ersten Schritt anzuregen:

Angenommen, Sie würden sich entscheiden, den anderen Elternteil wieder zu begrüßen, wie könnte aktuell eine angemessene Form der Begrüßung aussehen?
Was wäre Ihnen im Moment möglich?
Was wären Vor- und Nachteile einer Begrüßung?

Hypothetisch kann so mit jedem Elternteil einzeln in entspanntem Zustand durchgespielt werden, wie eine Begrüßung/Verabschiedung möglich werden könnte, was sie beim anderen und bei einem selbst auslösen würde und welche Vor- und Nachteile sie für den weiteren Verlauf der Beratung hätte. Danach tut der Berater gut daran, zu bremsen und die Klienten eher in eine Beobachtungshaltung sich selbst gegenüber zu bringen: *Verändern Sie erst einmal nichts. Was sich so lange entwickelt hat, kann nicht einfach verändert werden. Nach Ihrer Beschreibung kann ich auch besser nachvollziehen, warum es so gekommen ist. Jetzt wäre es gut, erst einmal zu beobachten, wann es in nächster Zeit einen Moment gibt, in dem Sie sich schon mal vorstellen könnten, eine minimale Form der Begrüßung/Verabschiedung Ihrem Ex-Partner gegenüber zu wählen.* Anschließend könnte ein »So-Tun-als-ob«-Auftrag sinnvoll sein: *Vielleicht können Sie bei einer der nächsten Begegnungen einmal so tun, als ob Sie mit der Begrüßung einen Schritt weiter wären!* Ein solches Probehandeln ist immer noch besser als Ignoranz oder Abweisung.

Die folgende Geschichte kann gegebenenfalls auch ein Türöffner sein.

Der Tempel der tausend Spiegel

Einst kam ein Hund in den Tempel der tausend Spiegel und erblickte tausend andere Hunde, die ihn anschauten. Da begann er unruhig zu werden und sich misstrauisch umzuschauen, und tausend andere Hunde wurden unruhig und schauten sich misstrauisch um. Da begann er die Augenbrauen zusammenzuziehen und zu knurren, und tausend andere Hunde zogen die Augenbrauen zusammen und knurrten.
Da begann er wütend zu werden und fletschte die Zähne, und tausend andere Hunde wurden wütend und fletschten die Zähne.
Da begann er zu bellen und versuchte zähnefletschend zuzubeißen, und tausend andere Hunde begannen zu bellen und versuchten zähnefletschend zuzubeißen. Da packte ihn die Angst, und er stürzte in Panik aus dem Tempel.
Ein weiterer Hund kam in den Tempel der tausend Spiegel und erblickte tausend andere Hunde, die ihn anschauten. Da erhob er erfreut den Kopf, und tausend andere Hunde hoben erfreut den Kopf. Da begann er freundlich zu schauen, und tausend andere Hunde schauten ihn freundlich an. Da begann er voller Freude mit dem Schwanz zu wedeln, und tausend andere Hunde wedelten voller Freude mit dem Schwanz.

Eine Geschichte aus Indien

Einladung zu einer Tasse Tee

Eine Frau (32 J.) hatte die Entscheidung getroffen, sich vom Vater ihrer beiden jüngsten Kinder (1 J. und 3 J.) zu trennen, und die Beratung bei uns initiiert. Wir hatten das Elternpaar bis dahin ungefähr dreimal zusammen und jeweils einmal allein gesehen. Der Vater litt sehr unter der Entscheidung seiner Frau, zeigte sich wenig kooperativ, psychisch labil und häufig impulsiv. In diesen impulsiven Momenten trat er häufig mit dem Bein in die Luft und wurde laut. Die letzte Sitzung musste aufgrund eines solchen Affektes spontan aufgeteilt werden. Jetzt erwarteten wir die beiden zur nächsten Sitzung. Wir hatten Tee gekocht, einen flachen Tisch mit zarten Teetassen gedeckt und Blumen in die Mitte gestellt. Das Paar reagierte überrascht, bediente sich, und die Stimmung in der Runde war sehr viel entspannter als in den vorangegangenen Sitzungen. Es war sehr eindrücklich zu beobachten, wie die zarten Teetassen in den Händen der Klienten dazu beitrugen, sie selbst weicher werden zu lassen, und wie die Einladung zum Tee als versöhnliche Geste ihre Wirkung hinterließ.

Nun lassen sich durch eine Tasse Tee nicht alle Probleme lösen, aber das Elternpaar kann einen friedlichen Moment erleben, eine andere Erfahrung miteinander machen und dadurch vielleicht einen kleinen Schritt weiterkommen. Es ist eine Möglichkeit, für eine entspanntere Arbeitsatmosphäre zu sorgen.

Einstiegskonstellation

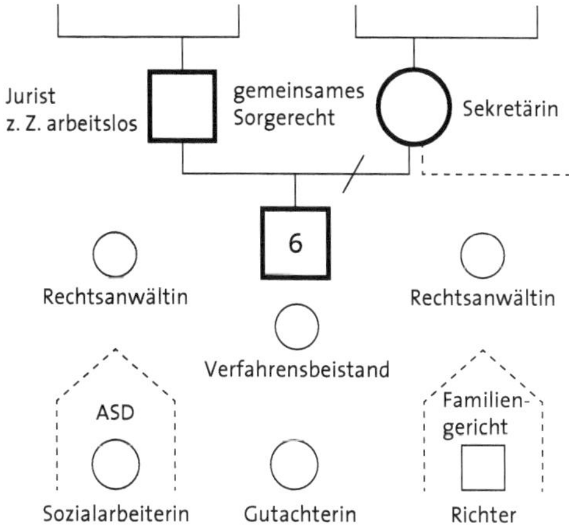

Abbildung 3: Konstellation Familie Kiefer

Zur Familie Kiefer gehören die Mutter, der schon lange in Deutschland lebende und aus dem Irak stammende Vater und der 6-jährige Sohn. Nach der Trennung der Eltern, durch Frau Kiefer initiiert, und ihrem Auszug hat Herr Kiefer den Hauptanteil der Betreuung übernommen und der Kindesmutter den Umgang mit ihrem Sohn häufig verweigert. Daraufhin klagt die Mutter vor Gericht, welches schließlich ein paritätisches Umgangsmodell im zweiwöchigen Wechsel festlegt. Für die Klärung der Kommunikationsprobleme und der Frage, in welche Schule der gemeinsame Sohn eingeschult werden soll, verordnet das Gericht dem Elternpaar Beratung. Mit dieser Auflage meldet sich Frau Kiefer in der Beratungsstelle an. Sie meint einerseits, dass etwas zu tun sei, glaubt aber andererseits nicht an eine Weiterentwicklung der Kommunikation mit dem Kindesvater. Sie sei froh, vom Gericht eine feste Regelung für den Umgang bekommen zu haben. Herrn Kiefer ist der Umstand, sich in Beratung begeben zu müssen, hochgradig unangenehm. Er meint, keine Beratung zu brauchen. Sein Interesse gilt am ehesten der Veränderung der Umgangsregelung in einen kürzeren Wechsel.

Die Elternpaarsitzungen erfolgen mit weiblich-männlichem Co-Team.

Beratungsverlauf

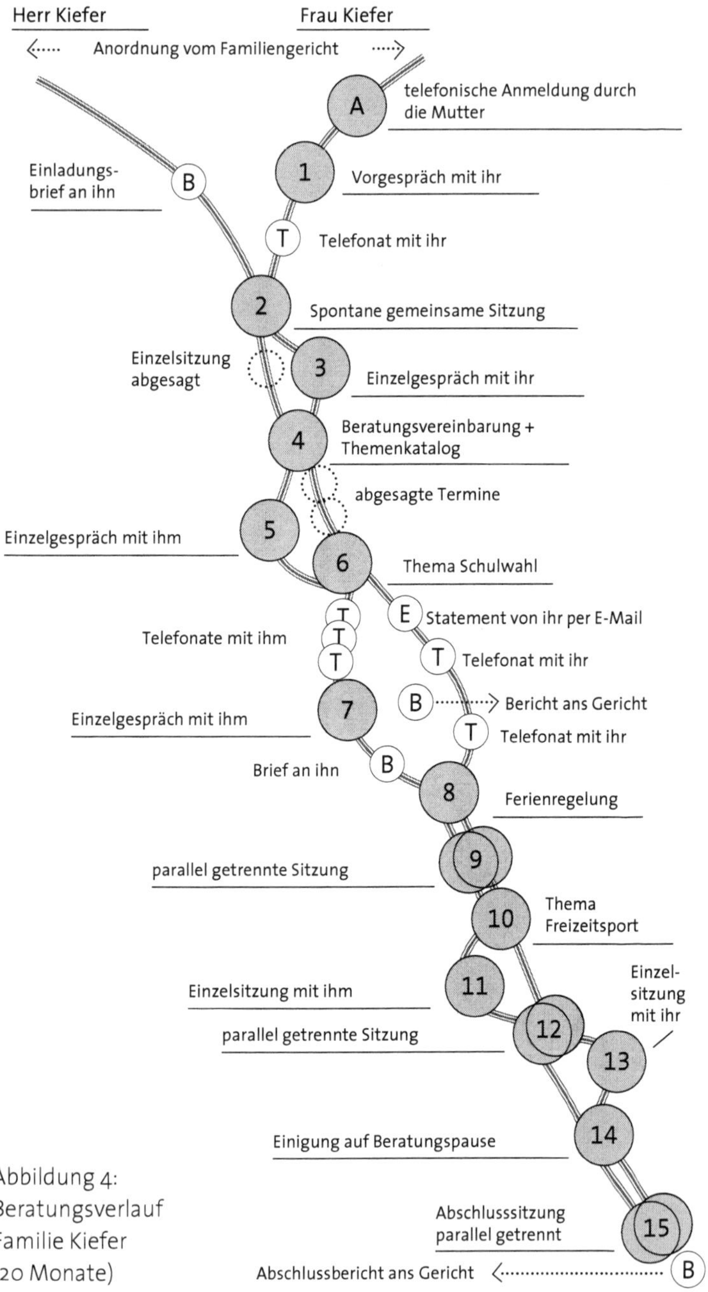

Abbildung 4:
Beratungsverlauf
Familie Kiefer
(20 Monate)

A **Telefonische Anmeldung:** Die telefonische Anmeldung durch die Mutter findet kurz vor dem anberaumten Gerichtstermin statt, bei dem über eine Umgangsregelung entschieden werden soll. Frau Kiefer meldet sich mit der Aussage, dass sie sich seit über einem Jahr im Streit mit dem Vater ihres Kindes befinde. Genau wie der Vater hoffe sie nun, das alleinige Aufenthaltsbestimmungsrecht zu bekommen. Außerdem fordere sie 50% Umgang mit ihrem Sohn, aktuell seien es nur 30%. Die Kommunikation zu ihrem Ex-Partner laufe schlecht bis gar nicht. Eine Beratung sei bereits gescheitert.

Die aktuelle Frage laute: »*In welche Schule soll unser Sohn im nächsten Jahr eingeschult werden?*« Sie vereinbart einen Termin für ein gemeinsames Vorgespräch. Die Einladung dazu würde sie an Herrn Kiefer weitergeben.

1 **Vorgespräch:** Zum verabredeten Termin erscheint Frau Kiefer allein. Sie habe dem Vater den Beratungstermin übermittelt und wisse nicht, warum er nicht da sei. Sie erzählt, dass das Gericht jüngst entschieden habe, dass der Sohn ab sofort im 14-tägigen Wechsel bei seinen Eltern wohnen wird. Diese Entscheidung habe sie als Mutter sehr entlastet. Zur Klärung der Frage, wo das Kind in einem dreiviertel Jahr eingeschult werden soll, wurde diese außergerichtliche Beratung angeordnet.

Ziel der Beratung sei für sie, die Kommunikation zum Vater des Sohnes zu verbessern, den Sohn damit grundsätzlich zu entlasten und eine einvernehmliche Entscheidung zur Einschulungsfrage zu finden. Frau Kiefer nimmt das Angebot der Beraterin an, einen Einladungsbrief an den Vater zu senden.

Einladungsbrief an Herrn Kiefer (Text auf S. 30)

Nach kurzer Zeit ruft Frau Kiefer an und fragt nach, ob sich der Vater schon gemeldet habe. Dies ist nicht der Fall. Sie wünscht sich daraufhin ein weiteres Einzelgespräch.

2 **Geplantes Einzelgespräch mit der Mutter** (einen Monat später, Herr Kiefer kommt unerwartet dazu) – **Thema Schulanmeldung:** Der Vater erscheint überraschend in der Beratungsstelle – ein Missverständnis? Eigentlich würde Herrn Kiefer zunächst ein Einzelgespräch beim Berater zustehen. Die Sitzung findet nun spontan gemeinsam statt. Die Eltern stellen ohne große Umschweife der Beraterin ihre Positionen dar. Zum Thema Einschulung sieht das folgendermaßen aus: Der Sohn hat seinen Hauptwohnsitz beim Vater, deshalb kommen auch die Briefe der Behörden zu ihm. So hat Herr Kiefer ohne das Wissen der Mutter den Sohn in der Schule in seinem Einzugsgebiet angemeldet. Frau Kiefer spricht sich dagegen für eine Schule in ihrer Nähe aus, in die auch einige Freunde des Sohnes aus dem Kindergarten eingeschult werden. Der Vater kann sich das gar nicht vorstellen, da sich seiner Meinung nach die Schule an einem Drogenumschlagplatz befinde.

Herrn Kiefer ist ein anderes Thema für die Beratung wichtig. Er möchte eine flexiblere Umgangsregelung. 14 Tage ganz ohne Kontakt zu seinem Sohn seien ihm zu lang. Frau Kiefer möchte diesbezüglich keine Veränderung. Sie sieht die Klarheit der bestehenden Regelung als Entlastung. Weniger Absprachen mit dem Vater treffen zu müssen heiße für sie, weniger Missverständnisse zu haben. Weniger Kontakt bedeute weniger Streit. Ihr sei eher wichtig, wie die Informationen, ihren Sohn betreffend, besser von einem Elternteil zum anderen fließen können.

Die Atmosphäre während der Beratungssitzung ist angespannt, ein Ansatz von konstruktiver Kommunikation ist kaum zu finden. So ist das Hauptergebnis der Sitzung, dass neue Termine vereinbart werden: einen Termin für ihn, um die eigentlich zu Beginn geplante Einzelsitzung nachzuholen, sowie gemeinsame für den nachfolgenden Beratungsprozess.

Der nächste vereinbarte Termin für das Vorgespräch mit dem Vater wird von ihm kurzfristig wegen Krankheit abgesagt.

3 Einzelgespräch mit der Mutter – Wutanfälle des Sohnes: Da Herr Kiefer nicht zum vereinbarten Termin erscheint (er kommt stattdessen zur falschen Zeit), nutzt Frau Kiefer das Gespräch als Einzeltermin für sich. Sie wirkt sehr angespannt, berichtet, dass sie zum »Tag der offenen Tür« in der Schule gewesen sei, in der ihr Sohn bereits vom Vater angemeldet worden war. Herr Kiefer sei mit dem Sohn leider nicht da gewesen. Sie sei von der Schule und deren Konzept positiv überrascht. Was die Mutter störe, sei der Schulweg von ihrer Wohnung zur Schule.

Frau Kiefer beklagt erneut, keine ausreichenden Informationen vom Vater zu bekommen, und würde dies gern zum Thema in der Beratung machen. An einer Veränderung der Umgangsregelung sei sie auf keinen Fall interessiert.

Aktuell mache sie sich große Sorgen um ihren Sohn. Er habe aggressive Ausbrüche, die gegen sich selbst und andere gerichtet seien. Manchmal würde der Junge seine eigene Existenz infrage stellen. Die Mutter fühle sich demgegenüber hilflos, wisse nicht, wie sie reagieren solle.

Die Beraterin nutzt eine Puppenskulptur, um die Situation des Jungen plastisch darzustellen (siehe S. 132). Durch die schwierige Kommunikation zwischen den Eltern besteht für den Sohn die Gefahr, trianguliert zu werden, was bedeutet, dass der Konflikt der Eltern auf ihn übertragen wird. Die Beraterin ordnet das Verhalten des Jungen als eine verständliche Reaktion auf das Trennungsgeschehen ein und ermutigt die Mutter, dem Sohn beizustehen. Sie suchen gemeinsam nach Möglichkeiten, wie die Mutter mit ihrem Jungen ins Gespräch kommen und für ihn Gelegenheiten schaffen kann, in denen er der Wut und der Trauer über die Trennung der Eltern Ausdruck verleihen darf.

4 **Einstieg in die Beratung – Beratungsvereinbarung – Themenkatalog:** Es kommt endlich zum Beratungseinstieg. Das Elternpaar und das weiblich/männliche Beraterpaar sind vollzählig anwesend. Die Atmosphäre im Beratungsraum ist vorerst sehr angespannt. Die Mutter verhält sich sehr vorsichtig und zurückhaltend. Der Vater zeigt sich skeptisch der Beratung gegenüber. Aufgrund seiner Vorerfahrungen glaube er nicht daran, dass Beratung sie weiterbringen könne.

Die Beraterin gibt eine Zusammenfassung des bisherigen Geschehens. Es werden Gesprächsregeln besprochen (siehe S. 45). Die Beratungsvereinbarung wird unterschrieben. Gemeinsam entsteht ein Themenkatalog (siehe auch S. 37 ff.). Im Verlauf der Sitzung wird die Stimmung etwas gelöster, es gibt sogar ein vorsichtiges Lachen. Damit die Eltern diese kleine positive Erfahrung mitnehmen können, wird die Sitzung von den Beratern an dieser Stelle beendet.

Die Elternteile sagen jeweils einen nächsten Termin aus Krankheitsgründen ab.

5 **Einzelgespräch mit Herrn Kiefer – nachgeholtes Vorgespräch:** Zu Beginn des Gesprächs entschuldigt sich der Vater für seine Absage. Er sei in letzter Zeit immer mal wieder krank. Kürzlich habe ihm Frau Kiefer deshalb die Betreuung des Sohnes abgenommen. Danach folgt

eine Reihe von Klagen über die Mutter. Auf die Themen für die Beratung angesprochen, meint der Vater, dass er sich für den Sohn auch eine Schule vorstellen könne, die weder von ihm noch von der Mutter bisher favorisiert wurde. Die Umgangsregelung möchte er mindestens in einen einwöchigen Wechsel umwandeln, besser wäre aus seiner Perspektive sogar ein Wechsel alle 3 bis 4 Tage. Er vermute, dass seine Ex-Frau nicht so gut darauf zu sprechen sei. Warum, weiß er nicht zu sagen.

6 **Elternsitzung – Schulwahl:** Seit der letzten Sitzung sind fünf Wochen vergangen. Die Eltern kommen zum vereinbarten Beratungstermin. *Was hat sich verändert?* Der Sohn war häufiger bei der Mutter, weil es dem Vater nicht gut ging. Die Eltern waren in der Lage, das selbständig zu regeln. Der Junge konnte einen Schwimmkurs belegen und sei für den Folgekurs angemeldet. Die Kommunikation zwischen den Eltern sei weiterhin schwierig.

Was soll Thema dieser Sitzung sein? Beide Eltern fokussieren auf die Schulwahl. Der Vater kann sein Anliegen bezüglich des Wechselmodells zurückstellen.

Er schlägt vor, den Sohn auf die dritte, von keinem der Elternteile bevorzugte Schule zu geben. Die Mutter lehnt ab. Der Vater lehnt die Schule in der Nähe der Wohnung der Mutter ab. Der Sohn ist bereits in der vom Vater favorisierten Schule angemeldet. Wenn sich die Eltern nicht einigen können, wird der Sohn automatisch in diese Schule eingeschult werden. Die Mutter ist damit sehr unzufrieden. Weitere Rahmenpunkte werden besprochen: Die Mutter erfährt demnächst vom Vater den Termin für den Schuleingangselternabend. Der Schulanfang wird von der Mutter ausgerichtet werden, da auch der Termin dafür in den Betreuungszeitraum von Frau Kiefer fällt. Die Karten für die Schuleingangsfeier werden hälftig unter den Eltern verteilt. Die Mutter hat bereits den Ranzen für den Sohn besorgt.

Die nächsten Beratungstermine werden verglichen. Der Vater erinnert noch einmal daran, dass er beim nächsten Mal über die Veränderung des Wechselmodells sprechen möchte.

Anruf von Herrn Kiefer: Der Vater erkundigt sich telefonisch beim Berater, ob dieser es auch so verstanden habe, dass das Schulthema vom Tisch sei. Er berichtet, dass die Mutter mit dem Anwalt gedroht habe, um eine Entscheidung herbeizuführen. Der Berater orientiert auf unsere Vereinbarung, dass in der Zeit, in der anwaltliche oder gerichtliche Schritte verfolgt werden, parallel keine Beratung stattfinden kann. Er verweist auf die nächste Sitzung, um gemeinsam mit der Mutter zu klären, welchen Weg die Klienten einschlagen wollen.

E-Mail von Frau Kiefer: Die Mutter bittet in ihrer E-Mail um die Unterbrechung der Beratung. Sie habe sich entschieden, die Schulfrage gerichtlich klären zu lassen, da sie nicht sieht, dass durch die Beratung eine Lösung herbeizuführen ist. Nach Abschluss des Gerichtsprozesses würde sie die Beratung gern fortführen. Sie bittet um eine kurze Rückmeldung.

Die Beraterin meldet sich telefonisch zurück und bestätigt der Klientin, dass die Beratung nach Abschluss des gerichtlichen Vorgehens wieder aufgenommen werden kann, wenn beide Elternteile dazu bereit sind. Die Klientin wird Herrn Kiefer selbst informieren.

Anruf von Herrn Kiefer: Herr Kiefer ist irritiert über die Absage der vereinbarten Termine durch die Mutter. Er berichtet, dass Frau Kiefer in ihrer E-Mail an ihn zum Ausdruck gebracht hätte, dass wir mit ihrem Gang zum Gericht einverstanden wären. Er habe die Vereinbarung so verstanden, dass keine gerichtlichen Aktivitäten während der Beratungszeit erlaubt seien. Er sei überrascht und fühle sich in seiner Wahrnehmung bestätigt, dass Frau Kiefer nicht wirklich eine Verständigung mit ihm wünsche. Herr Kiefer bittet um eine Mitteilung unsererseits ans Gericht.

Der Berater erklärt unsere Position, wonach die Beratung unterbrochen wird, sobald ein Elternteil einen Anwalt oder das Gericht einschaltet, und bietet Herrn Kiefer ein Einzelgespräch zur Klärung an.

7 **Einzelgespräch mit Herrn Kiefer:** Zu Beginn des Gesprächs betont der Vater noch einmal, dass er immer um eine außergerichtliche Einigung bemüht war, selbst nach der Ankündigung der Mutter, die Schulfrage gerichtlich klären zu wollen. Er klagt über die Mutter und beschreibt sie als psychisch belastet. Der Berater wiederholt unsere Herangehensweise und bietet Unterstützung für die Zeit nach der Gerichtsverhandlung an.

An das Familiengericht geht ein **Zwischenbericht**. Die Eltern erhalten jeweils eine Kopie davon (Text auf S. 180).

Einen Monat später meldet sich Frau Kiefer telefonisch in der Beratungsstelle. Der Gerichtstermin liege hinter ihnen. Die Entscheidung ist für die vom Vater favorisierte Schule gefallen. Die Mutter würde die Beratung jetzt gern fortsetzen. Herr Kiefer wird erneut vom Berater eingeladen. Er bestätigt kurz danach die vorgeschlagenen Termine.

8 **Anpassung des Wechselmodells auf Ferienzeiten:** Zwei Monate nach der Einladung an Herrn Kiefer sitzen alle Beteiligten wieder gemeinsam im Beratungsraum. Der Sohn geht seit einem Monat zur Schule. Nach Aussage der Eltern gehe er gern dorthin. Die Übergaben von der Mutter zum Vater und umgekehrt verlaufen entspannt. Wichtige Dinge, den Sohn betreffend, klären die Eltern per Telefon. Der Informationsfluss ist gegeben. Wir sind voll des Lobes für die Eltern.

Die Eltern formulieren noch einmal ihre Ziele für die weitere Beratung. Frau Kiefer möchte die Struktur des Umgangsmodells beibehalten und mit dem Vater in angemessenem Austausch über die Belange des Sohnes stehen. Für Frau Kiefer ist folgende Frage von aktueller Bedeutung: *Wie können wir als Mutter und Vater mit dem Sohn über die bestehende Lebenssituation sprechen?*

Dem Vater ist diese Frage nicht so wichtig. Sein Wunsch ist weiterhin, das bestehende Umgangsmodell zu verändern. Beide bekunden ihre Bereitschaft, sich diesen Themen zuzuwenden. Es werden weitere Termine vereinbart.

Kurzfristig brauchen die Eltern eine Absprache für die Herbst- und Weihnachtsferien, in denen auch Urlaubsreisen vorgesehen sind. Im Verlauf des Gesprächs wird ein Plan entwickelt, der sowohl über die Herbstferien als auch über die Weihnachtsferien hinweg das Umgangsmodell auf einen einwöchigen Wechsel verkürzt. Damit ergibt sich für jeweils vier Wochen dieser veränderte Rhythmus. Wir geben Bedenkzeit und verweisen auf die nächste Sitzung, um die Absprache dann fest zu verabreden.

Herr Kiefer ruft kurz nach der Sitzung an und möchte klarstellen, dass die besprochene Regelung über Weihnachten noch nicht besiegelt ist. Er wird sich dazu erst in der nächsten Sitzung abschließend äußern. Der Berater beruhigt ihn und bestätigt, dass die Regelung vorbesprochen ist und endgültig erst in der nächsten Sitzung beschlossen wird. Diesen Termin sagt Herr Kiefer in der Zwischenzeit ab.

9 **Übernahme in den Alltag?** (zwei Monate später): Am Anfang der Beratungsstunde erzählen die Eltern, dass alles, was besprochen war, von ihnen gut umgesetzt wurde. Herr Kiefer wirkt ungeduldig, kündigt schon im Wartebereich an, dass er in erster Linie da ist, um über die Veränderung des Umgangsmodells zu sprechen. Als die Berater während der Stunde darauf zu sprechen kommen, äußert sich die Mutter deutlich ablehnend. Ihr wäre ein wöchentlicher Wechsel zu unruhig. Sie brauche noch Zeit und eine weitere Testphase, um zu prüfen, wie sich der einwöchige Wechsel im Alltag anfühle. Es entsteht eine Pattsituation. Der Vater reagiert verärgert, es geht im Moment nichts mehr.

Die Beratung wird parallel getrennt fortgesetzt (siehe auch S. 42). Im Einzelkontakt beginnt Frau Kiefer sofort zu weinen. Es macht den Anschein, als ob die ganze Anspannung von ihr abfalle und der Schmerz sichtbar würde. Die Mutter leide darunter, dass Herr Kiefer so beharrlich den wöchentlichen Wechsel fordere und dabei, ihrer Meinung nach, die Entstehungsgeschichte des derzeitigen Modells ignoriere. Sie habe nach der Trennung lange für das bestehende Wechselmodell gekämpft und sei froh, dass durch die richterliche Entscheidung etwas Ruhe eingekehrt sei. Eine Zeit lang sei es stark vom Vater abhängig gewesen, ob und wann sie ihren Sohn sehen konnte. Sie habe sich seiner Willkür hilflos ausgesetzt gefühlt. Frau Kiefer glaube nicht daran, dass ein selbst entwickeltes Umgangsmodell die gleiche Verlässlichkeit bringen könne wie eines, was vom Gericht verfügt wurde. Die Klientin kann sich allmählich wieder beruhigen. Sie meint, dass die Beratung schon viel gebracht habe. Zwischen ihnen als Eltern sei jetzt mehr möglich als je zuvor, aber zum jetzigen Zeitpunkt kaum mehr zu erreichen. Frau Kiefer sagt das, obwohl die erste Testphase mit vereinbartem einwöchigen Wechsel (vier Wochen über die Herbstferien hinweg) entspannt verlaufen ist. Sie berichtet, dass der Sohn seither die Mutter häufiger vom Vater aus angerufen habe. Die Beraterin deutet dies als ein positives Zeichen. Die Eltern müssen es irgendwie geschafft haben, dem Jungen zu signalisieren, dass er die unterschiedlichen Welten der Eltern integrieren darf. Zaghaft nimmt die Mutter die Hypothese an.

Herr Kiefer zeigt sich im Einzelgespräch extrem ärgerlich, glaubt nicht an die Bereitschaft der Mutter zur Veränderung des Wechselmodells und fühlt sich in seiner Vorankündigung diesbezüglich bestätigt. Der Berater versucht, den Vater noch einmal auf das schrittweise Vorgehen in der Beratung einzuschwören, und betont, dass Vertrauen nur langsam wachsen könne. Er appelliert an seine Geduld. Es bleibt offen, ob der Vater diese aufbringen kann.

Die Eltern verlassen nacheinander die Beratungsstelle.

10 **Elternsitzung – Welcher Freizeitsport für den Sohn?** Zur nächsten Sitzung kommt Herr Kiefer trotz Virusgrippe, um zu zeigen, dass er es wirklich ernst meine. Er beschwert sich als Erstes, dass die Mutter die Betreuung des Jungen nicht fortsetzt, obwohl er weiterhin krank sei. Frau Kiefer sagt, sie habe andere Verpflichtungen und könne die Betreuung des Kindes deshalb im Moment nicht leisten. Hinzu kommt, dass sie ihren Einsatz nicht gewürdigt fühlt, stattdessen nur Vorwürfe zu hören bekomme.

Der Mutter ginge es aktuell um den Freizeitsport für den Sohn. Der Junge würde gern Fußball spielen. Beide Eltern sind sich einig, dies zu unterstützen. Frau Kiefer schlägt einen Verein vor, bei dem sie sich schon erkundigt und der Junge bereits ein Probetraining absolviert habe. Der Vater fühlt sich übergangen. Er finde es überhaupt peinlich, dass sie solche Kleinigkeiten nicht am Telefon klären können. Sie verweist auf ihre Erfahrungen mit ihm in der Vergangenheit, was ihn sehr ärgerlich werden lässt. Er habe an einen anderen Verein gedacht, der näher am Wohnort liege und zu dem auch einige Kinder aus dem Freundeskreis gingen.

Bevor der Vater aufgrund seiner Erkrankung von uns nach Hause geschickt wird, gibt es die abschließende Vereinbarung, dass sich die Eltern gegenseitig über die favorisierten Fußballvereine per SMS informieren, eine Absprache dazu jedoch erst in der nächsten Sitzung stattfindet. Es werden weitere gemeinsame Termine vereinbart, und der Vater bekommt einen Einzeltermin.

Die Sitzung läuft als Einzeltermin für die Mutter mit der Beraterin weiter. Frau Kiefer erklärt, warum sie immer wieder vergangene Erlebnisse thematisiert und kein Vertrauen in eine positive Entwicklung habe. Mithilfe der Beraterin kann die Klientin nach einer Weile sehen, dass die Vergangenheitsorientierung die Elternteile immer wieder herausfordert, für ihre jeweilige Sichtweise zu kämpfen, aber letztlich in eine Sackgasse führt. Sie kann sich erneut auf einen Blick in die Zukunft einlassen und der Frage nachgehen: *Was ist der nächstmögliche kleine Schritt?* Bevor sich Frau Kiefer jedoch eine Veränderung des Wechselmodells vorstellen kann, müsse folgende Frage für sie geklärt sein: *Bis wann sollte der andere Elternteil informiert sein, wenn der zuständige Elternteil in seiner Umgangszeit die Betreuung des Sohnes nicht übernehmen kann?* Ihr wäre dabei wichtig, dass der angefragte Elternteil im Notfall natürlich einspringt, sonst aber auch ablehnen kann, ohne dass ihm Vorwürfe gemacht würden. Wir nennen das Zuständigkeitsregel (siehe auch S. 91). Es kommen dann dritte Betreuungspersonen ins Spiel, die von beiden Eltern akzeptiert sein sollten. Da in diesem Fall der neue Freund der Mutter ein rotes Tuch für den Vater ist, bevorzugt die Mutter folgende Vereinbarung: die Auswahl dritter Betreuungspersonen bleibt ohne Zustimmung des anderen in der Verantwortung des zuständigen Elternteils.

Über die Weihnachtsferien möchte die Mutter noch einmal das einwöchige Wechselmodell für sich prüfen. Danach könnte sie sich vielleicht eine dreimonatige Probezeit für dieses Modell vorstellen, um sich dann endgültig zu entscheiden. Es entsteht die Idee, die Ergebnisse als Elternvereinbarung schriftlich zu fixieren. Frau Kiefer erlaubt der Beraterin eine Kurzzusammenfassung dieser Überlegungen im nächsten Elternpaargespräch.

Am Ende der Sitzung erscheint die Klientin ganz zuversichtlich und entspannt, und auch die Beraterin hat wieder Hoffnung geschöpft, dass sich vielleicht doch noch etwas bewegen lässt.

11 **Einzelsitzung mit Herrn Kiefer:** Zu Beginn der Beratungsstunde stellt Herr Kiefer zum wiederholten Male seine unveränderte Sichtweise dar. Als Jurist und Ehrenmann empfinde er es als Beleidigung, auf eine Beratung angewiesen zu sein. Außerdem fühle er sich durch die Mutter gezwungen, hier über Kleinigkeiten zu beraten, die sie auch selbst klären könnten. Gleichzeitig liefert er Beispiele, die belegen, wie schnell es zum Streit zwischen den Eltern kommt.

Der Vater plädiert zwar für eine positive Herangehensweise, gleichzeitig fällt es ihm schwer, Fortschritte wertzuschätzen. Vermutlich lassen die negativen Vorerfahrungen der Eltern miteinander den Prozess stagnieren? Der Berater bittet ihn erneut um Geduld. Entwicklung brauche Zeit.

Die wichtigen Themen für die nächsten Sitzungen werden noch einmal benannt – die Veränderung der Umgangsregelung, die Absprache zur Freizeitaktivität des Jungen und für später die Gestaltung eines Elterntreffens in Eigenregie ohne Berater.

12 **Elternsitzung – Tee und Eskalation:** Wir empfangen die Klienten mit Tee als vorbeugende Deeskalationsmaßnahme (siehe auch S. 48). Die Berater geben eine Kurzzusammenfassung der Einzelsitzungen. Zunächst entsteht eine entspannte Atmosphäre, die leider nicht von langer Dauer ist. Nach kurzer Zeit ist das Elternpaar wieder im »Vorwurfsmodus« und bescheinigt sich gegenseitig, eine schlechte Mutter bzw. ein schlechter Vater zu sein. Die Frau beginnt zu weinen und bittet um die Aufteilung der Sitzung. Da dies nun zum wiederholten Male geschieht, ist fraglich, ob die Beratung überhaupt noch hilfreich sein kann. In den Einzelgesprächen wird deutlich, dass zum konkreten Thema *Freizeitsport des Jungen* eigentlich Einigkeit zwischen den Eltern besteht. Beide wollen seine Vorliebe für Fußball unterstützen. Was die Eltern nicht schaffen, ist eine kooperative Recherche mit wechselseitigem Informationsaustausch. Die Vorschläge der Eltern sind wieder gegensätzlich. Herr Kiefer schlägt vor, dass der Junge zuerst einen Selbstverteidigungskurs belegen sollte, wogegen Frau Kiefer prinzipiell nichts einzuwenden hat. Sie möchte allerdings die Freizeitaktivitäten des Sohnes auf zwei Termine pro Woche begrenzen. Am Ende wird nichts entschieden.

13 **Einzelsitzung mit Frau Kiefer – Struktur als Deeskalationshilfe:** Frau Kiefer berichtet in der von ihr gewünschten Beratungsstunde, dass die kurzen Wechsel über die Weihnachtsferien gut funktioniert haben. Gleichzeitig sei ihr klar geworden, dass sie diese nicht dauerhaft möchte. Die Struktur des zweiwöchigen Wechsels, welche durch den Gerichtsbeschluss fixiert wurde, gebe ihr das Gefühl, dass der Umgang zu ihrem Sohn gesichert ist. Sie habe Angst, dass ihr diese Sicherheit verloren ginge, wenn der Rhythmus geändert würde. Die Klientin befürchte wieder mehr Konflikte zwischen ihnen als Eltern. Die etwas starre Struktur, von höherer Stelle bestätigt, stellt für sie eine Deeskalationshilfe dar und sichert ihr eine gewisse Stabilität der Beziehungen.

Die Mutter würde die Beratung gern für die Weiterentwicklung folgender Fragen nutzen: *Wie können wir in Zukunft vor unserem Sohn wertschätzend über den jeweils anderen Elternteil sprechen? Welche Rolle billigen wir neuen Partnern zu?* Das Fazit für die Beraterin: Es braucht eine Neujustierung der Ziele für die Beratung.

14 Beratungspause: Die Eltern sind sich einig, dass sie vorerst keine Beratung mehr brauchen. Beide haben das Gefühl, dass es besser sei, wenn sie weniger Kontakt haben. Durch das Aufeinandertreffen in den Sitzungen und die damit verbundene Möglichkeit, »Dampf abzulassen«, würde die gegenseitige Frustration immer wieder neu erzeugt werden. Beide zeigen sich abgekämpft, dadurch scheinbar gelassener, eher auf dem Rückzug. Sie bestätigen eine Art Waffenstillstand. Keiner will erneut zum Gericht gehen.

Der Berater konfrontiert die Klienten mit der Frage: *Was macht Ihnen ein klein wenig Hoffnung?*

Die Eltern antworten, dass sie Probleme besser als früher am Telefon klären könnten. Der Umgang miteinander sei insgesamt etwas entspannter geworden. Als ein gutes Zeichen werten die Eltern, dass der Junge die Möglichkeit nutze, den jeweils anderen Elternteil anzurufen, und damit vermutlich die beiden Welten etwas besser für sich verbinden kann.

Der Vater trägt erneut sein Anliegen vor: die Veränderung der Umgangsregelung in einen einwöchigen Wechsel. Die Mutter betont, dass sie nicht dazu bereit sei, bevor nicht noch andere Nebenabreden geklärt seien, z. B. die Anerkennung ihres neuen Partners als Betreuungsperson für ihren Sohn. Der Vater wiederum sieht keine grundsätzlichen Probleme. Alle Beteiligten konstatieren, dass sich im Moment wohl nichts weiterentwickeln lässt. Eine Beratungspause erscheint sinnvoll, in der das zweiwöchige Wechselmodell erst einmal fortbesteht. Es wird ein Termin fünf Monate später vereinbart, bei dem geschaut werden soll, ob es möglich sein wird, an der Veränderung der Umgangsregelung zu arbeiten. Beide Eltern sind einverstanden.

15 Abschlusssitzung (Umwandlung in Einzelsequenzen): Nach fünf Monaten zeigt sich das Elternpaar leider unverändert in einem angespannten Zustand. Organisatorisch läuft das Umgangsmodell problemlos im zweiwöchigen Wechsel. Die Eltern berichten auch davon, dass sie in der Zwischenzeit in der Lage waren, einige Ausnahmen gut zu regeln. Die nötigste Kommunikation laufe über SMS und Telefon.

Auf die Frage, welches Anliegen die Eltern an die heutige Sitzung hätten, beschreiben beide, dass sie nur hergekommen seien, weil der Termin so ausgemacht gewesen wäre. Herr Kiefer drängt darauf, heute die Frage zu klären, ob die Mutter bereit sei, einen kürzeren Wechsel zu planen und umzusetzen. Andere Fragen seien ihm nicht wichtig. Die Mutter lehnt ab, der Vater beendet die Beratung. Unter diesen Vorzeichen sei er nicht mehr bereit zum Gespräch.

Die Sitzung verläuft in zwei Einzelsequenzen weiter, da beide Elternteile sehr aufgebracht sind.

Herr Kiefer sieht sich in seiner Anfangswahrnehmung bestätigt, dass die Mutter nie zu einer Änderung der Umgangsregelung bereit gewesen sei. Er müsse sich nun überlegen, ob er den zweiwöchigen Wechsel akzeptiere oder einen erneuten Antrag bei Gericht stelle.

Frau Kiefer sei davon überzeugt, dass die jetzige Betreuungsregelung die meiste Ruhe bringe. Es entsteht die Idee, dem Sohn im nächsten Jahr die Teilnahme an einer Gruppe für Trennungskinder zu ermöglichen. Damit endet die Beratung.

Wir schreiben einen **Abschlussbericht an das Familiengericht** (Text auf S. 181 f.). Die Eltern erhalten eine Kopie davon.

Draufsicht

Kann bei einem solchen Beratungsverlauf überhaupt von einem Erfolg gesprochen werden? Die Beratung war vom Gericht beauftragt. Die Eltern waren demnach besonders ambivalent gegenüber diesem Vorhaben und gegenüber dem jeweils anderen Elternteil. Dennoch wurde der Beratungsprozess von allen Beteiligten weitergeführt. Es gab abgesagte Sitzungen, Terminverschiebungen und eine Beratungspause. Trotz allem konnte es am Ende, wenn auch mit jedem Elternteil einzeln, eine Abschlusssitzung geben und keinen unkommentierten Abbruch. Sogar nach dem Zwischenschritt zum Gericht und der Klärung der Schulfrage ging es mit der Beratung weiter. Einige Fragen konnten die Eltern mithilfe der Berater bewegen. Für manche gab es Lösungen, manche wurden nur gehört, andere blieben ungelöst. Die Eltern bekamen am Ende einen realistischeren Blick dafür, was ihnen bezüglich der geteilten Elternschaft nach der Trennung möglich ist. Auch das kann ein hilfreiches Ergebnis sein.

Innerhalb der Beratung gab es kleine hoffnungsvolle Momente, die sich lockerer anfühlten als der Rest der Gespräche. Trotz verhärteter gegensätzlicher Positionen hatte sich die Atmosphäre zwischen den Eltern zeitweise entspannt. Ein Austausch zwischen ihnen war leichter möglich. Manchmal war sogar eine gewisse Gelöstheit zu spüren. Diese

Situationen zeigten, was zwischen den Eltern möglich wäre, wenn Kränkung und Verletzung nicht mehr den Ton angeben würden. Im günstigsten Fall hinterließen sie bei den Klienten eine kleine Erinnerungsspur, auf die sie gegebenenfalls zurückgreifen können. Für die Berater waren diese Momente auch wichtig, damit sie die Hoffnung auf positive Veränderungen aufrechterhalten konnten.

Kleine Schritte hin zu einem flexibleren Umgangsmodell deuteten sich an, wurden jedoch von der Mutter langfristig nicht mitgetragen. Die Rahmenbedingungen des Umgangsmodells weiter auszuformen, dazu war der Vater nicht bereit. So kam keine wechselseitige Entwicklung in Gang. Und dann ist das Bestehende, das, was funktioniert, wertvoller als etwas Unerprobtes, das nicht gleichermaßen von beiden Elternteilen mitgetragen wird.

Am Ende der Beratung ging das Elternpaar wieder einen Schritt zurück. Die gerichtlichen Vereinbarungen blieben als Grundlage für die Umgangsregelung bestehen. Der Austausch der Eltern minimierte sich auf das Wesentliche. Mehr war zu diesem Zeitpunkt nicht möglich. Immerhin hatten die Eltern es geschafft, aus einer zerstrittenen eine parallele Elternschaft zu entwickeln. Sie hatten etwas dazu beigetragen, dass der Junge sich weniger auffällig zeigte.

Alle diese Ergebnisse sind überschaubar, gemessen an dem Maßstab, den man als Berater gern anlegen möchte, aber dennoch wertvoll und besser als eine Verschlimmerung der Situation.

Wir haben dieses Praxisbeispiel ausgewählt, weil es einige Aspekte zeigt, die sehr typisch für Beratungen sind, die vom Gericht verordnet werden. Es geht nur mühsam vorwärts. Die Fronten sind verhärtet. Es lässt sich scheinbar gar nichts bewegen. Die Klienten kommen nicht regelmäßig. Die gemeinsamen Sitzungen müssen öfter in Einzelsequenzen umgewandelt werden. Die Elternteile klagen hauptsächlich übereinander. Und doch passiert etwas, fast unmerklich. Wir als Berater versuchen die Klage entgegenzunehmen, ohne weiter auf sie einzugehen. Stattdessen sind wir bemüht, die kleinen Ansätze herauszufiltern, die in Richtung Verständigung, Annäherung und Kooperation gehen, und diese zu verstärken.

Oft müssen wir akzeptieren, dass zum Zeitpunkt der Beratung Schritte nur bis zu einer bestimmten Grenze möglich sind.

3 Arbeitsprinzipien

3.1 Begegnung mit Vernunft und Gefühl

Diese Überschrift markiert einen Grundkonflikt bei der Beratung mit getrennten Eltern – sowohl auf der Klientenseite als auch aufseiten der Berater.

Sei doch vernünftig! Diesen Spruch kennen viele aus Kindertagen oder darüber hinaus. Mahnen und Ermahntwerden tragen im zwischenmenschlichen Miteinander nicht unbedingt zum Beziehungsaufbau bei. Wir als Berater müssen jedoch in der Begegnung mit getrennten und zerstrittenen Eltern häufig die unbeliebte Rolle des Ermahnenden und Belehrenden einnehmen, wenn wir für einen konstruktiven Beratungsverlauf sorgen wollen. Um auf der Elternebene arbeiten zu können, müssen wir versuchen, starke Emotionen in den Sitzungen zu beherrschen und die Gefühle aus der Beziehungsgeschichte des Paares beiseite zu stellen.

Die Klienten reagieren entsprechend, fühlen sich gelegentlich nicht ausreichend verstanden und unterstützt. Aber wie können wir trotzdem den Beziehungsfaden zu ihnen entwickeln und halten? Für eine Begegnung aus dem Gefühl heraus sind zum Beispiel die Einzelsitzungen unverzichtbar. Hier kann der Berater in seiner bevorzugten Haltung mit Empathie und Wohlwollen auf den Einzelnen eingehen.

Natürlich sollte und kann auch in den gemeinsamen Sitzungen Raum zum Ausdruck von Gefühlen sein. Ärger, Trauer oder Ängste liegen ohnehin in der Luft. Durch den Ausdruck der Gefühle wird manches klarer und eindeutiger. Gerade bei denen, die sehr beherrscht und vernünftig miteinander umgehen, kann es sinnvoll sein, den Ausdruck dessen zuzulassen, was eigentlich in ihnen vorgeht. Allerdings liegt es in unserer Verantwortung, die Grenze des Zumutbaren zu wahren. Eine geführte emotionale Arbeit mit beiden Elternteilen ist meist erst im Laufe des Beratungsprozesses möglich und sinnvoll, dann, wenn bereits neues Vertrauen entstanden ist und ein innerer Abstand zu den Geschehnissen besteht.

Eine weitere Tatsache ist von Bedeutung: Menschen, die emotionalem Stress ausgesetzt sind, verlieren zum Teil die Fähigkeit, sich in andere hineinzuversetzen. Damit ist es ihnen schwerer möglich, sich kooperativ zu verhalten. Starke Erregungszustände schalten im Gehirn den Bereich aus, der unter normalen Umständen diese Fähigkeit möglich macht. Der Berater hat somit die Aufgabe, immer wieder für Entspannung zu sorgen, damit kooperatives Verhalten überhaupt stattfinden kann.

Es geht in diesem Zusammenhang aber um mehr, als das Verhalten, den Erregungszustand und die Art des Umgangs miteinander während der Beratungssitzungen zu steuern. Letztendlich ist für das Gelingen des Beratungsprozesses die Beziehung zwischen Beraterin und Klienten von entscheidender Bedeutung.

Nicht thematisiert wurde bisher die Frage, wie die Berater mit eigenen negativen Gefühlen und Affekten umgehen, die unter Umständen durch Klienten ausgelöst werden. Die Wahrscheinlichkeit dafür ist in der Arbeit mit zerstrittenen Eltern durchaus erhöht. Unser Berufsethos und professionelles Selbstverständnis beinhaltet, einen kontrollierten Umgang damit zu finden. Mithilfe ausführlicher Nachbesprechungen und Supervision sollte das Geschehen im Kollegenkreis ausreichend reflektiert werden. So aufbereitete Befindlichkeiten können dann durchaus den Klienten bei nächster Gelegenheit in Form einer Rückmeldung bzw. Selbsteinbringung zur Verfügung gestellt werden.

3.2 Führen – Mitgehen – Führen

Wir beziehen uns bei diesem Aspekt auf eine grundlegende Haltung beim Berater, die im hypnosystemischen Ansatz *pacing and leading* genannt wird, übersetzt *Mitgehen und Führen.* Dabei geht es einerseits darum, auf die Befindlichkeiten, Motive und Ziele des Klienten einzugehen, sie zu spiegeln, mitzufühlen und schrittweise Vertrauen aufzubauen. Andererseits liegt es in der Verantwortung des Beraters, den Prozess zu steuern, Lösungsimpulse zu fördern, einen guten Rahmen für Veränderung zu setzen.

Wir vermitteln in unseren systemischen Weiterbildungen die »Formel« *Mitgehen – Mitgehen – Führen*, was bedeutet, dass das *Mitgehen* in der Arbeit mit dem Klienten den Hauptteil ausmacht, es aber auch notwendig ist, dann und wann die Führung zu übernehmen. Das passt für die Arbeit mit den meisten Zielgruppen von Therapie und Beratung. Die Arbeit mit getrennten Eltern unterscheidet sich davon. Bezüglich einer geeigneten Beraterhaltung sind wir auf die veränderte »Formel« *Führen – Mitgehen – Führen* gekommen:

Führen heißt,

- die Beratungssituation gut zu rahmen und den Klienten ausreichend Schutz zu bieten
- Bedingungen und Regeln für die Beratung zu formulieren und durchzusetzen
- den Beratungsprozess verantwortungsvoll zu leiten.

Mitgehen heißt,

- sich den Elternteilen unmittelbar und einzeln zuzuwenden, deren Kränkung und Ängste ernst zu nehmen
- eine Vertrauensbeziehung aufzubauen
- jeden kleinsten Schritt in die richtige Richtung wertzuschätzen und zu loben
- auf die Entwicklungsmöglichkeiten der Eltern zu vertrauen.

Führen heißt,

- die Kinderperspektive immer wieder einzubringen
- die Eltern mit Gefährdungen für das Wohl des Kindes zu konfrontieren
- den Erfahrungsschatz aus anderen Beratungen (»Expertenwissen«) zur Verfügung zu stellen, Ideen und Vorschläge aktiv einzubringen.

Zusammengenommen gestaltet sich das Beratungsgeschehen mit getrennten Eltern im Vergleich zur Arbeit mit anderen Klienten deutlich strukturierter, geregelt, teilweise reglementiert, also direktiver, was die Steuerung durch die Berater betrifft.

3.3 Starke Rahmung

Eine starke Rahmung der Beratungssituation und des Beratungsprozesses bedeutet, dass es klare Absprachen und eine konsequente Umsetzung gibt bezüglich

- des Raumes für Beratung, verstanden als Schutzraum für die Klienten, = WO
- der Zeit, verstanden als wohldosierte und definierte Zeit für Beratung, = WANN
- der Themen, die in der Beratung bearbeitet werden können, = WAS
- der Regeln, wie während der Beratung miteinander umgegangen wird. = WIE

Was den gesamten Beratungsprozess betrifft, so ist er eingerahmt von Vorgesprächen am Anfang und einer Abschlusssitzung am Ende. Meist werden fünf Probesitzungen verabredet. Weitere Rahmenbedingungen sind in der Beratungsvereinbarung fixiert (siehe S. 33).

Auch jede einzelne Sitzung ist eingerahmt von einleitenden Fragen der Berater, wie z. B. der Frage danach, was in der Zeit seit der letzten Beratung positiv verlaufen ist, und von einer abschließenden Würdigung durch die Berater. Gelegentlich werden parallele Einzelsequenzen zu Beginn der gemeinsamen Sitzung zu einer sehr wichtigen Rahmung.

3.4 Schutz vor emotionaler Überforderung

Hier haben wir es mit einer zentralen Leitlinie in unserer Arbeit mit getrennten Eltern zu tun. In jedem Schritt können und sollten wir uns als Berater die Frage stellen, ob ausreichend für den Schutz vor emotionaler Überforderung bei allen Beteiligten gesorgt ist – sowohl während der Beratungsstunden als auch in der Zeit dazwischen. Zu vermeiden ist, dass im Rahmen der Beratung Grenzen der seelischen Belastbarkeit bei den Eltern, dem Kind und letztlich auch bei den Professionellen überschritten werden.

Für die Umsetzung dieses Grundsatzes sind alle in diesem Kapitel beschriebenen Arbeitsprinzipien und die Möglichkeiten zur Deeskalation (siehe Kapitel 2) sowie die Einbeziehung der Kinderperspektive (siehe Kapitel 6) wichtig. Gleichzeitig sollte die Selbstfürsorge und Selbstschutzkompetenz der Eltern entwickelt und gestärkt werden. Das heißt zum Beispiel, dass die Klienten während der Beratung rechtzeitig signalisieren, wenn ein kritischer Punkt erreicht ist. Dann können wir durch eine Unterbrechung der Sitzung für einen angemessenen Schutz sorgen.

Auch bei der Erarbeitung von Absprachen und hinsichtlich deren Umsetzung im Alltag der Beteiligten sollten die Berater zusammen mit den Eltern immer auf die Gefahr emotionaler Überforderung achten. An vielen Stellen besteht die Gefahr, über eigene Grenzen hinauszugehen oder die des anderen zu überschreiten. Die Berater haben die Aufgabe, aufmerksam zu beobachten, wann und wo solche Situationen zu erwarten sind, und die Eltern dabei zu unterstützen, sich selbst und die Kinder besser zu schützen. Es sind Konstellationen zu vermeiden, bei denen schon im Voraus klar ist, dass sie mit Verstrickungen und Unbehagen verbunden sein werden. Prädestiniert dafür sind beispielsweise Abläufe zu Weihnachten, Unternehmungen in der alten Familienkonstellation, mit der Verwandtschaft des Ex-Partners oder mit den neuen Partnern zusammen. Auch die Übergabesituationen sind diesbezüglich sensible Momente.

3.5 Veränderung braucht Zeit

Wie wir wissen, ist die Veränderungsbereitschaft der Klienten eine Hauptvariable für das Gelingen des Beratungsprozesses: neue Perspektiven zulassen, die Wahrnehmung erweitern, Einstellungen ändern und sich alternatives Verhalten vorstellen und umsetzen können. Diese ist allerdings bei getrennten Eltern im angespannten Zustand häufig blockiert. Es überwiegt die Einstellung, die eigene Position konsequent beibehalten bzw. verteidigen zu müssen. Dies scheint für die Elternteile zum Erhalt oder zur Wiedererlangung ihrer Selbstachtung besonders wichtig zu sein. Beide agieren aus dem starken Motiv der berechtigten eigenen Interessenvertretung heraus. Gegenseitig wird das Verhalten des jeweils anderen als Zumutung, Angriff und Ungerechtigkeit empfunden.

Wir Berater stehen nun vor der Aufgabe, für eine entspanntere Atmosphäre zu sorgen und die Kooperations- und Veränderungsbereitschaft der Eltern in vielen kleinen Schritten zu entwickeln, um damit wieder gemeinsame Handlungsfähigkeit und Selbstwirksamkeit erlebbar zu machen. Unser Leitspruch dabei: *Kutscher fahr langsam, wir haben's eilig!*

Praxisbeispiel: In einem Fall war der Vater extrem ungeduldig, was das Tempo der Beratungsfortschritte betrifft. Permanent lag in der Luft, dass er wieder auf den juristischen Weg wechseln würde, womit er auch drohte, wenn es in der Beratung nicht zügig voranginge. In der Tat hatte sich bei diesen Eltern im Laufe der Zeit mehrfach das gerichtliche und außergerichtliche Vorgehen abgewechselt. In einer Sitzung, in der die Ambivalenz des Vaters jedes weitere Vorgehen zu blockieren schien, legten wir zwei Seile wie eine Weggabelung in den Raum. Das eine für den Lösungsweg mithilfe der Beratung und das andere für den alternativen Weg über das Gericht. Mit mehreren kleinen Holzbausteinen markierten wir am Beratungsfluss symbolisch die vielen kleinen Zwischenschritte, die nötig sind, um zu einem einvernehmlichen Ergebnis zu kommen. Aus der gleichen Anzahl von Klötzchen bauten wir am Endpunkt des Beratungsweges eine Brücke als Symbol für das Ziel *Wir sind Eltern*. Im Laufe des Gesprächs nannten wir sie »Elternbrücke«. Das schien sehr eindrücklich für beide zu sein und veränderte die Stimmung. Wir fragten die Eltern, wie groß momentan ihre Zuversicht sei, miteinander dorthin zu kommen. Die Mutter gab 50% an, der Vater 20%. Dann fragten wir nach dem ersten kleinen Schritt in diese Richtung. Die Mutter würde es an der Art des Umganges miteinander merken, dass sie sich begrüßen, wenn sie sich begegnen. Der Vater sah den nächsten kleinen Schritt in einer Erweiterung des begleiteten Umganges, der damals noch mit seinem kleinen Sohn in der Beratungsstelle stattfand, konkret: etwas mehr Zeit mit dem Sohn und dabei partiell auch eine unbeobachtete Sequenz. Die Eltern konnten sich in dieser Sitzung darauf verständigen, diese ersten Schritte zu realisieren.

Bei der Arbeit mit getrennten Eltern sollten wir die Klienten und uns selbst als Berater auf einen Prozess hin orientieren. Um nachhaltig etwas bewirken zu können, braucht es sowohl mehrere Beratungssitzungen sowie einen Zeitraum, in dem sich eine Veränderung etablieren kann. Oft vergeht dafür ein ganzes Jahr.

Erste erreichte Fortschritte bleiben meist fragil und störanfällig. Rückfälle in alte Muster müssen einkalkuliert werden. Sie haben oft einen Wert, weil durch einen Rückfall nochmals deutlich wird, was besonderer Beachtung bedarf. Wichtig ist nur, dass der Prozess an einer solchen Stelle nicht abbricht, sondern weiterläuft. Dann ist es möglich, bereits getroffene Vereinbarungen zu überarbeiten und Schwachstellen auszugleichen. Diese zeigen sich meist erst, wenn Absprachen praktisch umgesetzt wurden. Manchmal sind es kleine Veränderungen, die eine große Wirkung haben und zu mehr Zufriedenheit bei allen Beteiligten führen. Es lohnt sich also, als Beraterin durchzuhalten, auch wenn positive Veränderungen auf sich warten lassen bzw. nur mit der Lupe zu finden sind.

Ähnliches gilt auch für die Klienten. Sie müssen bei der Stange gehalten und immer wieder motiviert werden, damit sie die Hoffnung nicht aufgeben, an eine einvernehmliche Lösung zu glauben. Oft stehen Klienten kurz davor, zum Gericht zu gehen, und lassen sich dann doch wieder auf einen weiteren Beratungsprozess ein.

Wir gehen davon aus, dass es nach einer Trennung mindestens zwei Jahre dauert, bis die wichtigsten Dinge geregelt und verarbeitet sind. Diese Aussage löst bei den Klienten oft erst einmal Erschrecken aus, weil die meisten meinen, durch die Trennung nun bald alle Probleme los zu sein. Sie bringt dann aber Realismus in den Prozess und sorgt für Entlastung, dass nicht alles gleich und sofort zu klären ist.

3.6 Lösungsorientierung

Wenn wir in unserem Buch die Bedeutung des lösungsorientierten Ansatzes herausstellen, geht es uns vorrangig um die Merkmale der Haltung des Beraters, wie zum Beispiel:

- Neutralität und Allparteilichkeit
- Wertschätzung und Respekt
- Konsequenz und Führung
- Entwicklungsglaube und Zukunftsorientierung.

All diese professionellen Beratervariablen werden in der Arbeit mit getrennten Eltern oft auf eine besondere Probe gestellt. Beispielsweise bedarf es aufseiten der Berater spezieller Bemühungen, um immer wieder die eigene Neutralität und Allparteilichkeit herzustellen.

Worauf man beim Thema Grundhaltung in der Arbeit mit zerstrittenen Eltern nicht ohne Weiteres kommt, ist Humor. Mit heiterer Gelassenheit in die Arbeit mit zerstrittenen Eltern zu gehen, erscheint einem auf den ersten Blick unvorstellbar. Wird es jedoch möglich, zusammen mit den Klienten zu lachen, kann das bei allen Beteiligten für mehr Entspannung sorgen. Mehr Entspannung wiederum stärkt das Arbeitsbündnis und macht konstruktive Lösungen wahrscheinlicher. Alexander Lohmeier beginnt seinen Artikel *Wie man mit hoch Strittigen lacht* mit folgendem Witz: Ein 92-jähriger Mann und seine 90-jährige Frau wollen sich scheiden lassen. Der Scheidungsrichter: »Was? In diesem Alter wollen Sie sich noch scheiden lassen?« Darauf der Mann: »Wir wollten eben damit warten, bis die Kinder gestorben sind.« (Lohmeier 2013, S. 92) In dem Artikel wird sehr ausführlich und amüsant beschrieben, welchen besonderen Wert Humor für die Arbeit mit konflikthaften Eltern hat.

Auch das reiche Methodenrepertoire des lösungsorientierten Ansatzes ist in der Arbeit mit getrennten Eltern gut umsetzbar. Dazu gehören beispielsweise:

- die verschiedenen Fragetechniken, wie Fragen nach Ausnahmen und Verbesserungen, zirkuläres und hypothetisches Fragen, Möglichkeits- und Verschlimmerungsfragen,
- Scaling,
- Empfehlungen, Anordnungen und Hausaufgaben.

Wie so oft bedarf es der Anpassung an die Gegebenheiten, damit die Interventionen hilfreich sein können.

3.7 Eltern weiterhin als Ganzes betrachten

Während des gesamten Beratungsprozesses sehen wir die getrennten Eltern mit ihren gemeinsamen Möglichkeiten und Grenzen weiterhin als Ganzes. Diese Herangehensweise wirkt Schuldzuweisungen und parteiischen Positionen aufseiten der Berater entgegen. Die Berater können ihre Neutralität besser wahren. Zerstrittene Elternteile stellen sich oft gegenseitig als Verursacher allen Übels dar. Er/Sie sei »unmöglich, eine Zumutung, unfähig, verrückt und überhaupt schuld«. Auf allen Ebenen seines Verhaltens drückt der Absender diese Aversion aus. Und natürlich wird versucht, auch den Berater davon zu überzeugen. Vorzugsweise in Einzelkontakten wird die Beweiskette für die Unzulänglichkeit und Irrationalität des Ex-Partners dargelegt. In solchen Momenten ist es für den Zuhörer kaum vorstellbar, dass die beiden einmal ein Liebespaar waren, über Jahre zusammengelebt und gemeinsame Kinder in die Welt gesetzt haben. Man könnte vermuten, dass sich der aktuelle Hass nach der Trennung eigentlich auf sich selbst richtet, dafür, sich auf »diese befremdliche Person« einmal so sehr eingelassen zu haben. Gleichzeitig ist den Eltern meist nicht bewusst, dass sie im Streit durchaus auf destruktive Weise miteinander verbunden sind.

Wie gehen wir jetzt damit um? Wir können mitgehen, indem wir die Klage des Klienten ernst nehmen und gegebenenfalls provokativ zuspitzen:

Wenn Sie den Zustand Ihrer Ex-Frau/Ihres Ex-Partners so kritisch einschätzen, die Erziehungsfähigkeit anzweifeln müssen und sich deshalb berechtigte Sorgen um das Wohl Ihrer Kinder machen, dann müssen Sie handeln, das beim Jugendamt melden, beim Familiengericht das alleinige Sorgerecht beantragen, die Erziehungsfähigkeit wird dann begutachtet … vielleicht gehört Ihre Ex-Frau/Ihr Ex-Partner auch in die Psychiatrie und Ihre Geschäftsfähigkeit muss infrage gestellt werden …

Nach einer solchen paradoxen Intervention sagt der klagende Klient meistens, dass es so schlimm nun auch wieder nicht sei. Das ist der Moment für uns als Berater, in Führung zu gehen und unser Statement abzugeben:

Sie haben es offenkundig momentan sehr schwer miteinander. Ihre Kommunikation funktioniert nicht, ständig kommt es zu Missverständnissen und Verärgerung. Ihr Kind gerät zwischen die Fronten. Es besteht also akuter Handlungsbedarf. Deswegen haben Sie sich beide hier gemeldet. Das ist ein wichtiger erster Schritt. Beide wollen Sie etwas tun, um die Situation für sich und Ihr Kind zu verbessern. Sie sind hier, und wir können anfangen, daran zu arbeiten. Das geht nur in vielen kleinen Schritten. Dafür brauchen wir Zeit und Geduld. Wir sind zuversichtlich, dass Sie etwas bewegen können, weil Sie wesentliche Voraussetzungen dafür mitbringen …

Im Laufe des Beratungsprozesses geht es darum, die Verbindung der Eltern Schritt für Schritt auf eine neue Basis zu stellen (das Thema wird in Kapitel 9 weiter ausgeführt). Aus entwicklungsorientierter Sicht betrachten wir die aktuelle Situation der Eltern als Übergangsphänomen. Gelegentlich muss man von einem krisenhaften Ausnahmezustand sprechen. Der Übergang in eine nächste Lebensphase als getrennte Eltern kann so als gemeinsame Entwicklungsaufgabe angesehen werden, die mit einer Umorganisation der Familie verbunden ist.

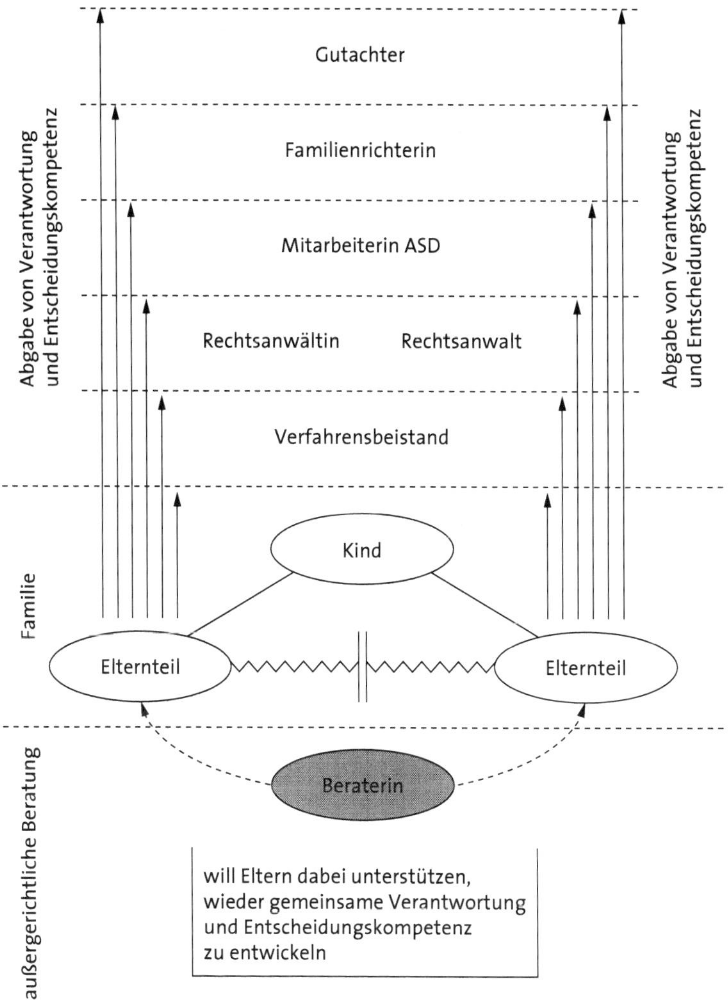

Abbildung 5: Mögliche Delegierung von Elternverantwortung im institutionellen Trennungsgeschehen

Im konflikthaften Trennungsgeschehen neigen die Eltern dazu, sich zur Durchsetzung ihrer als berechtigt empfundenen Interessen Verbündete zu suchen, damit aber gleichzeitig eigene elterliche Verantwortung und Entscheidungskompetenz an Dritte abzugeben. Dafür stehen mehrere Professionen bereit (siehe Abbildung 5).

Die außergerichtliche Beratung stellt demgegenüber eine Alternative dar, indem sie ihre Aufgabe darin sieht, beide Eltern wieder in den Zustand von verantwortlichem Entscheiden und Handeln zu versetzen. Der Fokus der Arbeit richtet sich auf die Unterstützung und Stärkung der gemeinsamen elterlichen Verantwortung und Kompetenz. Daraus folgt, dass wir in jedem Fall zuerst versuchen, beide Elternteile einzubeziehen, und sie trotz Trennung hinsichtlich ihrer gemeinsamen Möglichkeiten und Grenzen als Einheit zu betrachten. Die Familie existiert weiter – in anderer Form. Wir unterstützen Eltern bei diesem Umorganisationsprozess und dabei, die notwendigen Entscheidungen selbst zu treffen. Damit werden Stellvertreter, an die Verantwortung delegiert wird, zum großen Teil überflüssig und die Eltern können sich als selbstwirksamer erleben.

3.8 Arbeit im Co-Team

Wir wollen in diesem Abschnitt deutlich machen, welche fachlichen Möglichkeiten die Arbeit im Co-Team eröffnet und worin die besondere Herausforderung für die Fachkräfte besteht.

Auch wenn sich in der Beratung mit getrennten Eltern – insbesondere den wenig kooperativen – die Arbeit im Co-Team vielfach bewährt hat, sollten wir davon ausgehen, dass die Voraussetzungen dafür in der Praxis nicht ohne Weiteres gegeben sind. Grundsätzlich stellen sich zum Beispiel folgende Fragen:

Gibt es dafür einen fachlichen Konsens im Team?
Welche Variante der Co-Arbeit passt zur Teamsituation?
Unterstützt der Träger dieses Vorgehen?
Wird personalpolitisch und finanzplanerisch darauf hingearbeitet?
Wie kann die konkrete Arbeitsorganisation für die Co-Arbeit umgestellt werden?

Roller & Nelson haben in ihrem Buch *Die Kunst der Co-Therapie* notwendige individuelle Voraussetzungen für die erfolgreiche Arbeit eines Co-Teams benannt:

1. Komplementäres Gleichgewicht der Kompetenz
2. Vereinbarkeit der theoretischen Ansätze
3. Offenheit der Kommunikation
4. Ausgeglichene Beteiligung

5. Gegenseitige Sympathie
6. Respekt.

Welche erweiterten Handlungs- und Interventionsmöglichkeiten eröffnen sich?

Ein grundlegendes Argument und Motiv für die Co-Arbeit ist das Prinzip des flexiblen Settings. Als Frage formuliert: *Welches Setting passt wie zu bestimmten Anliegen der Klienten?* In der Trennungsberatung profitieren die Klienten offensichtlich besonders vom Co-Setting, weil es spezifische Handlungs- und Interventionsmöglichkeiten der Berater eröffnet, die der Situation getrennter Eltern gerecht werden.

Zum Beispiel kann die Methode des Spiegelns und Verstärkens der ambivalenten Anteile eines Elternpaares durch zwei Berater sehr viel intensiver genutzt werden. Beim **Splitting** werden verschiedene, zum Teil auch gegensätzliche Sichtweisen durch jeweils einen Berater vertreten und den Klienten zur Verfügung gestellt. Dabei übernehmen sie jeweils eine gegenläufige Position aus der Elterndynamik und können so die im System vorhandene Ambivalenz spiegeln. *Beispiel*: Berater A äußert seine Zuversicht, dass die Eltern die vereinbarten Absprachen in nächster Zeit umsetzen werden. Berater B bringt seine Zweifel zum Ausdruck, weil er nicht glaubt, dass es jetzt schon gelingen kann. So können ambivalente Tendenzen paradox verstärkt und damit Veränderungsbereitschaft angeregt und Handlungsimpulse ausgelöst werden.

Weiterhin kann das Co-Team seine Hypothesen und Beratungsstrategien während einer Sitzung in Anwesenheit der Klienten direkt austauschen und damit transparent machen. Das kann im Laufe der Sitzung erfolgen oder als kompakte Intervention nach dem Modell des **reflecting team**. Dazu wechselt das Beraterpaar während oder am Ende einer Beratungsstunde seine Sitzposition in einen anderen Teil des Raumes. Praktikantinnen oder Kollegen, die gegebenenfalls im Außenkreis sitzen, können dazukommen. Die Fachkräfte reden dann miteinander vor den Klienten über die Klienten und diskutieren verschiedene Hypothesen und Sichtweisen. Das reflektierende Gespräch erfolgt selbstverständlich aus einer ressourcen- und lösungsorientierten Grundhaltung heraus. Es können dabei auch schwierige Anteile gut zum Ausdruck gebracht werden.

Diese Form der Arbeit ist indirekt und nondirektiv. So werden die

Klienten in eine Beobachterposition gebracht. Dies ermöglicht eine andere Art der Informationsaufnahme und kann so zur Perspektiverweiterung beim Klienten beitragen. Dieses Vorgehen kann dem Elternpaar damit plausibel gemacht werden, dass sie dadurch Gelegenheit haben zu hören, was in den Köpfen der Berater vorgeht.

Auf der Ebene der Beratungsbeziehung ist durch die Arbeit im Co-Team das Wechselspiel von Nähe und Distanz zum Familiensystem besser regulierbar. Die Berater sind abwechselnd in der Rolle des Akteurs und des Beobachters. Dies ermöglicht eine vollständigere Wahrnehmung auf Beraterseite. Das Spektrum der Interaktionsmöglichkeiten wird umfassender sichtbar und kann genutzt werden.

Nicht selten jedoch bildet sich die Dynamik des Elternpaares in der Dynamik des Beraterpaares ab. Auch kann es zu Identifikationen mit der einen oder anderen Seite kommen. Das Co-Team muss in der Lage sein, dies zu erkennen, zu klären und damit für den Beratungsprozess nutzbar zu machen. Dass die Vor- und Nachbereitung von Beratungssitzungen gemeinsam erfolgen kann, trägt zu einer reflektierteren Gestaltung des Gesamtprozesses bei.

In der Arbeit mit getrennten Eltern hat sich die **feste Zuordnung eines Beraters zu einem Elternteil**, also: Berater 1 zu Klient 1 und Berater 2 zu Klient 2, bewährt. Diese Zuordnung wird noch unterstützt durch die Sitzpositionen im Beratungsraum, d. h., Berater 1 sitzt, wenn möglich, Klient 1 gegenüber, Berater 2 gegenüber von Klient 2. So kann jeweils ein Berater als persönlicher Ansprechpartner für ein Elternteil zur Verfügung stehen und mit ihm zusammen ein spezielles Team bilden, ohne allerdings parteiisch zu agieren. Dies ist unserer Erfahrung nach ein bedeutsamer Faktor für einen gelingenden Beratungsprozess. Die Klientin/der Klient kann sich bei Bedarf direkt an »seine Beraterin oder seinen Berater« wenden, zum Beispiel:

- während der Sitzungen als spezielle Vertrauensperson,
- zwischen den Sitzungen per Telefon oder E-Mail,
- während der Unterbrechung bzw. vorübergehenden Aufteilung gemeinsamer Sitzungen sowie
- in den geplanten Einzelgesprächen.

Die feste Zuordnung sollte nicht dazu führen, dass die Berater jeweils zum Anwalt einer Seite werden. Die Position kann eher als unterstützend bis solidarisch für die Situation des jeweiligen Elternteils beschrieben werden. Die Integration beider Seiten erarbeitet sich das Co-Team immer wieder durch Absprachen, Intervision und Supervision. Dadurch ist das Beraterpaar besser davor geschützt, zwischen die Fronten des Elternpaares zu geraten. Die Klienten fühlen sich gesehen und versuchen weniger, den Berater von der eigenen Position zu überzeugen. Die systemischen Grundprinzipien von Neutralität und Allparteilichkeit können so konsequenter umgesetzt werden.

Als besonders empfehlenswerte Variante für die Arbeit mit getrennten Eltern kann das »Gemischte Doppel« angesehen werden, die **weiblich-männliche Co-Beratung** (bei gegengeschlechtlichen Klientel).

Es hat sich gezeigt, dass der Initiator der Beratung seinen Partner bzw. seine Partnerin eher zur Mitarbeit motivieren kann, wenn die Möglichkeit einer weiblich-männlichen Co-Beratung besteht. Das Angebot des getrennten Einstiegs und die Chance, während einer Beratungssitzung spontan geschlechtsspezifische Dyaden bilden zu können und damit die Sitzung in zwei Einzelsitzungen mit dem »eigenen Berater« zu trennen, erleichtert den Zugang zur Beratung und unterstützt eine konstruktive Arbeitsatmosphäre.

Geschlechtstypische Perspektiven und Bedürfnisse können gleichberechtigt wahrgenommen und direkt genutzt werden, um Lösungen zu finden, die beide Seiten akzeptieren können. Der »Tanz« des Elternpaares wird durch das Beraterpaar und damit aus weiblicher und männlicher Sicht betrachtet und kann daher vollständiger und oft schneller erfasst werden. Es kann ein ganzheitlicheres Bild des Familiensystems entstehen.

Aus unserer Erfahrung ist die Geschlechtszuordnung der Berater auch in der Gesprächsführung während der Sitzungen sehr sinnvoll. Gelegentlich wünschen sich Klienten eine »Über-Kreuz-Zuordnung« – Beraterin zu Klient und Berater zu Klientin. Wir sehen darin allerdings die Gefahr, dass der gegengeschlechtliche Berater von den Klienten in die Position des »besseren« Mannes bzw. der »besseren« Frau gebracht wird, was den Vermittlungsprozess behindern würde.

Welche organisatorischen Aspekte sind zu beachten?

Die Terminplanung von vier Beteiligten ist komplexer als bei Einzelverabredungen. Die Synchronisation der Beratungszeiten zwischen den

Fachkräften ist daher zu empfehlen. Ein gemeinsames computergestütztes Kalendersystem für alle Mitarbeiter erleichtert die Zeit- und Raumplanung.

Für die Arbeit in Co-Teams braucht es eine Teamkultur, die mit einem Klima gegenseitigen Lernens sowie mit Offenheit für Kooperation und integrative Ansätze verbunden ist. Auch eine unterstützende Haltung der Vorgesetzten ist wichtig. Die Personalpolitik und -planung muss langfristig auf eine gemischtgeschlechtliche Zusammensetzung des Teams ausgerichtet sein.

3.9 Psychohygiene der Berater

Die Arbeit mit zerstrittenen Eltern verlangt den Beratern einiges ab, u.a. immer wieder mit sehr angespannten Situationen und aversiven Gefühlen bei den Klienten konfrontiert zu sein. In der Summe des Tages, einer Arbeitswoche und schließlich mehrerer Berufsjahre wird das oft als belastend und kräftezehrend empfunden. Um diese Aufgabe längerfristig erfüllen zu können, sollten wir unsere Aufmerksamkeit auch auf die Psychohygiene der Fachkräfte lenken. In diesem Abschnitt wollen wir einige kleine und große Möglichkeiten aufzeigen, wie sich die Professionellen immer wieder für diese Arbeit stärken und motivieren können und welche Arbeitsbedingungen eher erleichternd wirken. Diese Bestrebungen sollten vom Träger und vom Geldgeber unterstützt werden.

Teamkultur

Die gegenseitige Unterstützung im Team ist von großer Bedeutung. Sowohl für die Fachkräfte als auch für die Teamassistentin/Sekretärin braucht es ausreichend Möglichkeiten zum Austausch in Teambesprechungen. Um sich immer wieder Neutralität und Allparteilichkeit zu erarbeiten, ist Supervision extrem wichtig.

Wie im vorangegangenen Abschnitt bereits beschrieben, kann die Arbeit im Co-Team als enorme Entlastung in der konkreten Beratungssitzung empfunden werden. Dazu ist es allerdings notwendig, dass das Beraterpaar gut miteinander harmoniert und sich die konzeptionellen Vorstellungen von Beratung vereinbaren lassen. Erst dann wird eine produktive Zusammenarbeit möglich, die auch offene Auseinandersetzungen und Klärungen einschließt. Ausreichend Zeit zur gründlichen Vor- und Nachbereitung jeder Beratungssitzung sollte unbedingt eingeplant werden.

Positives Feedback

Wie mit den Klienten sollten auch bei der Reflexion der Kollegen die kleinsten Erfolge in den Fokus der Betrachtung rücken. Der Erwartungslevel muss dazu oft reduziert werden. Die Abwendung einer weiteren Eskalation, kleinste Einigungen der Eltern, mehr Kontinuität in den Abläufen sind als Erfolge zu werten. Der »größte Lohn« besteht allerdings darin, die Eltern in entspannterem Zustand zu sehen und die positiven Auswirkungen für die Kinder zu erleben.

Lastenverteilung

In den Beratungsstellen werden verschiedene Möglichkeiten diskutiert und erprobt, wie sich die Verteilung der Belastung im Team und in der Arbeitszeit angemessen steuern und gestalten lässt. Eine Idee ist, den Anteil von Streitfällen insgesamt und für jede Fachkraft zu begrenzen (Kontingentierung). Dabei drängt sich allerdings die Frage auf, inwieweit das in der Praxis angesichts der großen Nachfrage vertretbar und umsetzbar ist. Ein weiterer Ansatz besteht darin, die Anzahl von Beratungsterminen mit zerstrittenen Eltern pro Arbeitstag zu limitieren. Selbstverständlich sollte die Dauer einer Sitzung festgelegt sein (60 bis max. 90 Minuten).

Individueller Ausgleich

Die Art und Weise, wie Beraterinnen und Berater während des Arbeitstages gut für sich sorgen, ist sehr unterschiedlich. Voraussetzung ist, Pausen einzuplanen und sie auch zu machen. Die einen verschaffen sich inneren Abstand zwischen zwei Sitzungen, indem sie die Beratungsräume kurz verlassen. Andere nutzen die Mini-Auszeit im Pausenraum und belohnen sich vielleicht mit etwas Leckerem. Und sich über eine groteske Beratungssituation zu amüsieren, halten wir nicht nur für zulässig, sondern auch für förderlich zum Spannungsabbau.

4 Vorgehen bei einzelnen Fragen

4.1 Wie sagen wir's unseren Kindern?

Ziel ist es, dass beide Elternteile zu einer gleichlautenden Formulierung bezüglich der Trennung finden, die sie jeweils oder gemeinsam ihren Kindern gegenüber vertreten können. Sie sollte knapp und kindgemäß formuliert sein, eine authentische Geschichte. Den Eltern wird vermittelt, dass es besser ist, den Kindern eine konkrete Information zur Verfügung zu stellen, als sie im Unklaren zu lassen. Es ist zu vermuten, dass die Kinder längst spüren, dass sich etwas verändert hat.

Methodisches Vorgehen: Zunächst werden beide Elternteile gefragt, wie sie ihre derzeitige Paarsituation gegenüber Dritten beschreiben. Auf die konkrete Formulierung kommt es an. Was sind Gemeinsamkeiten der beiden Versionen, sozusagen der kleinste gemeinsame Nenner? Sind beide mit der Formulierung einverstanden? Was sind Unterschiede in den beiden Versionen? Wie könnten diese so umformuliert oder verändert werden, dass beide zustimmen können? Schritt für Schritt wird die gemeinsame Trennungsversion kindgemäß formuliert. Um es den Eltern zu erleichtern, ist auch hier ein strukturiertes Vorgehen sinnvoll. Empfehlenswert sind jeweils etwa drei Sätze bezüglich des vergangenen, gegenwärtigen und zukünftigen Geschehens. Einem Elternteil kann die Schriftführung während der Sitzung übertragen werden, vorzugsweise demjenigen, der größere Mühe hat, eine gemeinsame Trennungsversion zu entwickeln.

Hier einige Beispielsätze:

Bezüglich der Vergangenheit:
Wir haben uns geliebt.
Wir haben uns weiterentwickelt.
Später waren wir oft nicht glücklich miteinander.
Wir haben uns bemüht, uns zu verstehen, aber wir haben es nicht geschafft.

Bezüglich der Gegenwart:
Jetzt haben wir uns entschieden, uns zu trennen.
Das ist uns nicht leichtgefallen.
Es ist nicht deine Schuld.
Wir suchen gemeinsam nach einer guten Lösung für uns alle.
Dafür haben wir uns Hilfe gesucht und lassen uns beraten.

Bezüglich der Zukunft:
Sicher ist, dass wir beide immer für euch da sein werden.
Wir werden in zwei verschiedenen Wohnungen wohnen.
Wenn wir Genaueres wissen, werden wir es euch rechtzeitig sagen.
Wir versuchen es so hinzukriegen, dass es für alle gut wird.

Mit den Eltern wird besprochen, ob sie sich vorstellen können, es den Kindern gemeinsam zu sagen und wann und wo dafür demnächst ein geeigneter Rahmen besteht.

Sollten es die Eltern wirklich geschafft haben und sie berichten in einer der Folgesitzungen darüber, dann gebührt ihnen große Anerkennung.

Oft wird darüber diskutiert, ob und wann die Kinder informiert werden sollen. Werden sie dadurch eher belastet oder entlastet? Wir gehen davon aus, dass die Kinder mit ihren feinen Antennen ohnehin merken, dass »etwas in der Luft liegt«. Und sie beginnen – je nach Typ und Entwicklungsstufe –, eine Erklärung für dieses Gefühl zu konstruieren. Dabei neigen sie oft dazu, sich selbst als Verursacher der Verstimmung zu sehen. Deshalb plädieren wir dafür, den Kindern konkrete Informationen zu vermitteln, damit sie sich darauf einstellen können.

Wir ermuntern die Eltern übrigens auch dazu, den Kindern zu erzählen, dass sie Beratungshilfe in Anspruch nehmen. Das kann für die Kinder durchaus eine entlastende Botschaft sein. Sie erleben ihre Eltern als handlungsfähig, die sich gemeinsam kümmern und miteinander reden. Und dass sie sich Hilfe organisiert haben, ist als Modell für die Zukunft ebenso wertvoll.

Eckpunkte des Vorgehens kurz zusammengefasst:
- Die Kinder altersgemäß informieren.
- Eine Formulierung finden, der beide Eltern zustimmen können.

- Sätze in Wir-Form formulieren.
- Jeweils drei kurze Sätze zu Vergangenheit, Gegenwart und Zukunft.
- Beide Eltern sagen es ihren Kindern, wenn möglich, zusammen.
- Viel Lob an die Eltern, wenn sie es tatsächlich geschafft haben.

Möglicher Stolperstein: In einem Fall hatte beispielsweise die Mutter, von der die Trennung ausging, den Satz für die gemeinsame Version vorgeschlagen: »Ich habe mich entschieden, mich zu trennen, und werde deshalb ausziehen.« Wir gaben zu bedenken, dass dieser Satz dazu führen kann, dass die Kinder ein Elternteil für die Trennung für schuldig erklären und vielleicht meinen, den anderen Elternteil unterstützen zu müssen. Schon sind diese im Loyalitätskonflikt und in einer Überforderungssituation. Auf folgende Formulierung konnte sich das Elternpaar letztlich einigen: *Wir haben uns vergeblich bemüht. Es wird eine Trennung geben. Mama zieht in eine eigene Wohnung. Wir werden zusammen überlegen, wie es weitergeht.*

4.2 Wie den Austausch zwischen den Eltern sichern?

Meist geht es in den Beratungen um die Entwicklung einer gelingenden Kommunikation zwischen den Elternteilen. Bei zerstrittenen Eltern ist der persönliche Kontakt sehr schwierig oder kaum möglich. Diesen Eltern empfehlen wir, vorerst persönliche Treffen zu vermeiden und auch die Übergaben der Kinder über deren Einrichtungen zu realisieren.

Doch wie sollen all die Informationen, welche die Organisation des Lebens der Kinder betreffen, von einem Elternteil zum anderen gelangen, damit beide Eltern gut informiert und angeschlossen sind? Und wie kann das gehen, ohne dass der andere Elternteil sich gestört fühlt?

Zuerst wird mit den Eltern nach dem Informationskanal gesucht, der für sie relevant, gut nutzbar und am wenigsten eskalationsauslösend ist. Dazu hat es sich bewährt, die Informationen nach ihrem Informationsgehalt und ihrer Dringlichkeit den möglichen Kanälen zuzuordnen. So kann für jedes Elternpaar ein individuelles Informationssystem entstehen, was nach einer Erprobungsphase und eventueller Ausdifferenzierung dazu beitragen kann, dass sich die Situation entspannt und ein sicherer Informationsaustausch zwischen den Eltern entsteht.

Mögliche Kanäle mit ihren Vor- und Nachteilen:

Ein **Telefonanruf** ist meist die schnellste und direkteste Form der Kontaktaufnahme und ist geeignet, wenn es um schnelle kurze Absprachen geht, die eine hohe Dringlichkeit haben. Ein Nachteil ist, dass die Stimme als wichtige Komponente einer Nachricht eine Rolle spielt und eventuell eskalierend wirkt. Schwierig kann auch sein, dass ein Anruf mitten hinein in das aktuelle Geschehen des anderen trifft und schon deshalb als störend erlebt werden kann. Wenn ein gutes Verhältnis zwischen den Eltern besteht, wird von ihnen manchmal auch die Möglichkeit der Video-Telefonie genutzt.

Textnachrichten per Mobiltelefon sind für kurzfristige Informationen geeignet, wie z.B. Terminverschiebungen, Veränderung von Abholzeiten, Anfragen, ob bestimmte Dinge dem Kind mitgegeben werden können, kurzes Zeichen aus dem Urlaub vom Kind an den anderen Elternteil, eventuell sogar mit Foto. Eine Voraussetzung ist natürlich, dass beide Elternteile diese Form der Nachrichtenübermittlung auch sonst im Alltag nutzen. Der Vorteil besteht darin, dass der Tagesablauf des anderen kaum unterbrochen wird und die Nachricht zeitnah vom anderen gesehen werden kann. Eine Beantwortung ist zeitverzögert möglich. Die Stimme ist nicht hörbar und kann damit auch nicht für Aufregung sorgen. Ein Nachteil ist, dass der Umfang der Nachricht begrenzt und die Missverständnisrate durch die Kürze erhöht ist.

Eine **E-Mail** bietet sich für umfänglichere Informationen an, wie langfristige Termine, Urlaubsplanung, Dinge, die einer ausführlicheren Beschreibung bedürfen, Berichte über das Kind und grundsätzliche Erziehungsfragen. Der andere Elternteil wird in seinem Ablauf nicht direkt gestört, kann über das Gelesene in Ruhe nachdenken und selbst entscheiden, wann ein guter Zeitpunkt für eine Antwort ist. Ein Nachteil ist, dass nicht ganz klar ist, wann der andere die Mail liest. Somit ist nicht sicher, wann die Information beim anderen ankommt. Eine Bestätigungsmail ist zu empfehlen. Zum anderen besteht die Gefahr, dass ein Elternteil über schriftliche Ausführungen des anderen verärgert reagiert oder sich sogar bedrängt fühlt.

Manche Klienten nutzen bereits einen **Internetkalender**, der von beiden Eltern gepflegt wird. Damit ist es ohne direkte Nachfrage möglich, die eingetragenen Termine des anderen, z. B. Schichten oder Dienste, zu erkennen. Voraussetzung für dessen Nutzung ist, dass der Kalender immer auf dem neuesten Stand ist.

Eine konventionelle Variante der Informationsübermittlung ist das »**Verbindungsheft**«. Es soll ausschließlich Informationen enthalten, die auf das Kind bezogen sind, und pendelt mit dem Kind zwischen den Eltern hin und her. Es wird mitgeteilt, was es erlebt hat, was der andere Elternteil unbedingt wissen muss und was zu beachten ist (z. B. Medikamentengabe). Die wichtigsten Informationen trägt somit das Kind bei sich. Der Umfang ist jedoch begrenzt.

Zum Ende einer Beratung wird mit den Eltern dahingehend gearbeitet, regelmäßige **Elterngespräche in Eigenregie** außerhalb des Beratungskontextes zu etablieren. Die genauen Modalitäten für diese Gespräche werden besprochen. Mindestens ein erstes Gespräch wird bereits in der Zeit vereinbart, in der sich das Elternpaar noch in Beratung befindet, damit eventuelle Nachbesserungen mithilfe der Berater möglich sind.

Erfahrungsgemäß macht ein Treffen auf neutralem Boden im öffentlichen Raum ein konstruktives Gespräch wahrscheinlicher, noch dazu, wenn es in ausgeruhtem Zustand der Beteiligten in einer begrenzten Zeit und ohne Kinder stattfindet.

Klienten verabreden sich meist alle 1–2 Monate zum Frühstück oder mittags und vereinbaren gleich am Ende des Gesprächs den nächsten Termin. Wenn sie es geschafft haben, konstruktiv miteinander umzugehen, berichten sie stolz, demnächst auch ohne die Hilfe der Berater auszukommen. Wenn nicht, bleibt es die Aufgabe der Berater, zu erkunden, was die Eltern noch brauchen, damit es funktionieren kann.

Neben der Klärung zum geeigneten Informationskanal braucht es auch eine inhaltliche Orientierung: Worüber sollte der andere Elternteil in jedem Fall informiert werden (informationspflichtig) und zu welchen Themen muss eine gemeinsame Entscheidung herbeigeführt werden (ab- und zustimmungspflichtig).

4.3 Wie sich gut abgrenzen und gleichzeitig ausreichend im Kontakt bleiben?

Wie die Formulierung der Frage bereits impliziert, handelt es sich hierbei um einen Balanceakt bzw. eine Gratwanderung. Eine allgemein gültige Regel gibt es dafür nicht. Tatsache ist, dieses Thema ist für alle getrennten Elternpaare relevant. Es ist Teil ihres Trennungsprozesses, und sie lösen diesen Gegensatz ganz individuell. Die einen finden sich bei einem gerichtlich verfügten Annäherungsverbot wieder. Für die anderen ist es möglich, Feiern des Kindes gemeinsam zu gestalten und zu begehen. Viele müssen sich nach der Trennung zunächst die nötige und passende Abgrenzung Schritt für Schritt erarbeiten, um dann später aus einem sicheren Abstand heraus wieder ein Mehr an Miteinander zulassen zu können. Die konsensorientierten Eltern brauchen Unterstützung und Ermutigung in Richtung einer gesunden Abgrenzung (siehe Familie Linde 3. Sitzung). Zerstrittene Eltern müssen hingegen in ihrer Kontaktgestaltung miteinander gefördert werden.

Wenn wir Eltern in dieser Frage begleiten, gibt es zwei wesentliche Orientierungshilfen: den Schutz vor emotionaler Überlastung einerseits und die Sicherung eines minimalen bis ausreichenden Informationsaustausches bezüglich des Kindes andererseits.

Für den Schutz vor emotionaler Überlastung (siehe auch S. 67 ff.) kommt es darauf an, die Klienten für ihre Selbstwahrnehmung zu sensibilisieren: *An welcher Stelle haben Sie das deutliche Gefühl, dass Sie über Ihre Grenze gehen oder über Ihre Grenze gegangen wird? Wann haben Sie das Gefühl, da mute ich mir etwas zu im Kontakt mit dem anderen? Oder Sie wissen vorher schon, das würde mir nicht guttun? In welchem Moment fühlt es sich unpassend an?* Die meisten Klienten können diese subjektive Grenze gut benennen, brauchen aber Unterstützung und Ermutigung dabei – manchmal wie eine Erlaubnis –, sie ernst zu nehmen und entsprechende Konsequenzen zu ziehen. Oft ist das Abgrenzungsbedürfnis ungleich verteilt. Dann orientieren wir uns an dem Elternteil mit dem größeren Schutzbedarf.

Beispielsweise können die Wechsel der Kinder zwischen den Eltern so geregelt sein, dass sie über die jeweiligen Einrichtungen (Kindergarten oder Schule) erfolgen. Wenn ein Elternteil das Kind morgens dort hinbringt und es vom anderen Elternteil abgeholt wird, müssen sich die Eltern nicht begegnen.

Andererseits muss an einem ausreichenden Kontakt der Eltern miteinander gearbeitet werden (siehe auch S. 82 ff.). Hierbei geht es darum, passende Regeln zu finden und möglichst Kontinuität zu etablieren. Oft ist es mindestens für ein Elternteil besonders wichtig, eine Sicherheit zu bekommen, dass die zugelassenen Kontaktmöglichkeiten ausschließlich für die Angelegenheiten der Kinder genutzt werden und nicht für Themen der Paarbeziehung.

4.4 Wo soll der Lebensmittelpunkt der Kinder sein?

Die Frage, wo sich der Lebensmittelpunkt der Kinder nach der Trennung befinden soll, stellt sich in der Beratung inzwischen seltener. Die Eltern sind eher daran interessiert, gleichberechtigt an der Kindererziehung und Kinderbetreuung beteiligt zu sein. Das heißt, es geht vielmehr darum, ein passendes Wechselmodell zu entwickeln.

Unter bestimmten Lebensumständen, wenn Eltern z. B. in verschiedenen Städten oder sogar Ländern wohnen oder wenn sie ein Wechselmodell für sich komplett ausschließen, steht die Frage jedoch weiterhin im Raum bzw. schwebt wie ein Damoklesschwert über ihnen, da es um eine Entscheidung zwischen sehr viel und sehr wenig Kontakt mit den Kindern geht. Aus diesem Grund sind die Elternteile meist in einer sehr angespannten Haltung, in der jeder an seiner Position besonders festhält.

Methodisches Vorgehen: Es geht zuerst einmal wieder darum, für Entspannung zu sorgen und zu versuchen, den Druck aus dem Gespräch herauszunehmen, schnell eine Entscheidung für immer treffen zu müssen.

Die ersten Fragen sind, was jeder Elternteil minimal in der Kinderbetreuung leisten möchte und was er maximal leisten kann. Ist es so, dass beide Elternteile in der Lage sind, einen größeren Teil der Kinderbetreuung zu übernehmen, kann folgende Vorgehensweise hilfreich sein: Zunächst wird eine mögliche Umgangsregelung besprochen und dann erst der primäre Aufenthaltsort des Kindes geklärt. Das heißt, beide Elternteile stehen jeweils vor der Frage, wie umfänglich sie sich den Kontakt zum Kind vorstellen, wenn sie *nicht* den Lebensmittelpunkt für das Kind darstellen werden. Das ermöglicht den Zugang zur Perspektive des anderen und führt manchmal auch zu der Idee des Wechselmodells.

Im zweiten Schritt sollte geklärt werden, für welchen Zeitraum die Festlegung gelten soll. Meist geht es darum, die Zeit bis zur Einschulung oder bis zur Beendigung der Grundschule zu betrachten. Manchmal ergeben sich aber auch ganz andere Modelle wie z. B. bei Familie Weide (siehe S. 135 ff.), wo durch die Arbeitsrhythmen der Eltern begründet ein saisonaler Wechsel die Lösung war.

Als Nächstes steht die Regelung von Feiertagen und Urlaubszeiten auf dem Plan, wobei der Elternteil, der nicht den Lebensmittelpunkt bildet, im Besonderen Beachtung finden sollte.

Parallel zu den konkreten Zeiten des Kontaktes sollte ein Augenmerk darauf gelegt werden, wie der Elternteil sonst über das Leben und die Entwicklung des Kindes informiert und an Entscheidungen beteiligt wird und wie per Telefon oder Internet Kontakte zum Kind gestaltet werden können.

Nicht zuletzt ist die Perspektive des Kindes von großer Bedeutung. Fragen wie: *Wie ist das Kind in seinem Umfeld eingebunden und was bedeutet es für das Kind in diesem Moment seines Lebens, in ein anderes Umfeld, z. B. in eine andere Stadt, zu wechseln? Was heißt das für seine sozialen Beziehungen und seine ganz persönliche Entwicklung?* Kontinuität ist für Kinder ein wichtiger Entwicklungsbaustein, Veränderung gehört jedoch auch zum Leben. Die Fragen sollen die Eltern für die Situation des Kindes sensibilisieren, nicht aber eine Richtung favorisieren. Die Situation aller Familienmitglieder ist in ihrer Gesamtheit zu betrachten.

Praxisbeispiel: Ein Elternpaar von zwei Kindern (1 Jahr und 3 Jahre alt) hatte bisher folgende Rollenverteilung: Der Vater verfolgte seine berufliche Karriere, arbeitete viel und sorgte für die finanzielle Absicherung der Familie. Die Mutter verzichtete dagegen auf ihre berufliche Weiterentwicklung, arbeitete in Teilzeit und übernahm den Hauptteil der Kinderversorgung. Vor der Trennung bestand darüber Konsens zwischen dem Elternpaar. Nach der Trennung sah die Situation anders aus. Die Frau wollte gern aus der finanziellen Abhängigkeit heraus und dachte darüber nach, ihre berufliche Karriere wieder aufzunehmen. Dazu war es allerdings nötig, in eine andere Stadt zu ziehen, da die beruflichen Möglichkeiten in der gleichen Stadt für sie sehr begrenzt waren. Sie bewarb sich und bekam ein konkretes lukratives Angebot.

Der Vater, der durch die Trennung seine Vaterrolle im direkten Kontakt mit den Kindern weiterentwickelt hatte, wollte und konnte sich eine Erweiterung der Distanz zu seinen Kindern schwer vorstellen, obgleich er die Beweggründe der Mutter nachvollziehen konnte und an einer Entlassung aus der finanziellen Versorgung der Frau interessiert war. Die Mutter war ebenfalls in einem Dilemma: Sie wollte sich aus der Beziehung emanzipieren, konnte es aber scheinbar nur um den Preis, aus ihren sozialen Bezügen herauszutreten und ihren Kindern ebenfalls eine große Veränderung zuzumuten.

In der Beratung begleiteten wir die Elternteile über einige Sitzungen einzeln, um mit ihnen die verschiedenen Wege in der Zukunft genauer zu beleuchten. Dazu nutzten wir die analoge Lebensflussmethode mit der Erweiterung, dass hinter der »Weggabelung« für jede Entscheidungsoption ein einzelnes Seil gelegt wird, um sich die Varianten »auszumalen«. Am Ende des Prozesses waren alle Wege machbarer geworden. Jede Option hatte Vor- und Nachteile, die gegeneinander abgewogen werden konnten. Die Mutter entschied sich danach in Absprache mit dem Vater, eine Probezeit bei der neuen Firma in der anderen Stadt zu verabreden, die Kinder aber vorerst in ihren Bezügen zu belassen. Der Vater war bereit, in dieser Zeit einen größeren Anteil der Kinderbetreuung zu übernehmen. Die Entscheidung für oder gegen die neue Arbeitsstelle wollte die Mutter erst nach der Probezeit treffen. Damit war es für sie möglich zu überprüfen, ob die Arbeitsstelle wirklich das hielt, was sie auf den ersten Blick versprach. Und es minimierte ihr Empfinden, dass sie bei einer Entscheidung gegen diese Arbeitsstelle mit dem Gefühl leben müsste, sie hätte es nicht versucht oder die Chance ihres Lebens verstreichen lassen. Gleichzeitig hatte sie durch die Arbeit an den Wegen Ideen entwickelt, die ihr eine berufliche Entwicklung, wenn auch in anderer Art, in der derzeitigen Stadt möglich erschienen ließen. Der Vater nahm sich wiederum vor, sich in der Zwischenzeit unverbindlich über berufliche Entwicklungsmöglichkeiten in der anderen Stadt zu informieren. Es war damit noch nichts entschieden, aber es war Bewegung in den Prozess der Entscheidungsfindung gekommen, die es wahrscheinlicher machte, dass die Eltern nach der Probezeit einvernehmlich eine Entscheidung treffen konnten.

Die Beratungsprozesse führen leider nicht immer zu solch kooperativen Lösungen. Manchmal bewegt sich trotz allem Bemühen in der Beratung nichts, und beide Elternteile verharren auf ihren Positionen und dem Wunsch, der Lebensmittelpunkt für das Kind zu sein. Eltern kommen dann immer wieder auf die Idee, das Kind zu fragen, bei welchem Elternteil es gerne leben möchte. Unsere Argumentation geht an dieser Stelle eindeutig in die Richtung, dass dies nicht die Lösung sein kann. Wir versuchen die Situation des Kindes diesbezüglich für die Eltern erlebbar zu machen. Im Kapitel 6 über die Einbeziehung der Kinderperspektive gibt es dazu nähere Erläuterungen.

Hilft das alles nichts, bleibt den Eltern zuletzt nur der Weg zum Gericht, welches ihnen die Entscheidung abnimmt, die sie nicht selbstverantwortlich treffen können. In einigen Fällen konnte die Beratung nach der Entscheidung durch das Gericht zu anderen Themen weitergehen.

4.5 Wie die Umgangskontakte regeln?

Der Begriff *Umgangsregelung* kommt vielen Eltern und Beratern inzwischen unpassend vor, besonders wenn sich die Verantwortlichkeit für die Kinder paritätisch zwischen den Eltern aufteilt. *Betreuungsmodell* wäre eine geeignete Bezeichnung. Später werden wir in diesem Abschnitt auch von einer *Zuständigkeitsregelung* sprechen.

Grundsätzlich sind wir der Meinung, dass die Verantwortung für die Gestaltung der Umgangskontakte bei den Eltern liegt. Die Interessen der Kinder sollten ausreichend Berücksichtigung finden. Es muss allerdings verhindert werden, dass die Kinder durch zu viel Mitbestimmung in Loyalitätskonflikte und Überforderungssituationen geraten.

Feste Regelung

Um den Absprachebedarf zwischen den Eltern vorerst zu minimieren und gleichzeitig Verbindlichkeit und Planungssicherheit herzustellen, ist es sinnvoll, prinzipiell auf eine feste Umgangsregelung hinzuarbeiten. Hierin liegt die Chance, den Eltern und Kindern neue Klarheit und Orientierung im Umstellungsprozess nach der Trennung zu verschaffen. Verlässliche und regelmäßige Alltagsabläufe sind dafür sehr wichtig. Dem Abstandsbedürfnis der Eltern kann entgegenkommen, wenn die Wechsel der Kinder über Kindergarten oder Schule organisiert sind.

Eine feste Umgangsregelung hat somit für den Anfang mehrere Vorteile:

- mehr Planungssicherheit
- mehr Ruhe in den Abläufen
- Gewöhnungseffekt für die Kinder
- angemessene Abgrenzung zwischen den Eltern
- mehr Chancen für Vertrauensaufbau.

Die Geltungsdauer einer Regelung sollte befristet sein und immer wieder an die Lebensphase des Kindes und die Familiensituation angepasst werden. Eine von beiden Elternteilen unterzeichnete Schriftform kann am Ende einer solchen Einigung stehen. Damit ist die Begleitung der Eltern durch die Berater nicht beendet. Während der anschließenden Probephase bedarf es weiterer Beratungstermine zur Auswertung der Erfahrungen und zur detaillierten Anpassung der Regelung an die Situation der Beteiligten.

»Kalendersitzungen«

Es gibt Eltern, mit denen erst im Ergebnis von Vertrauensbildung an einer festen und dauerhaften Umgangsregelung gearbeitet werden kann. Zum Beispiel dann, wenn das Elternpaar frisch getrennt ist und sich alles sehr verletzlich und instabil anfühlt. Das Umschalten auf ein pragmatisches Arbeiten an einer endgültigen Umgangsregelung fällt schwer und wird emotional als Zumutung empfunden. Oder bei Elternpaaren, die schon viel Frust aus ihren missglückten Regelungsversuchen mitbringen, bei denen die Ausnahmen zur Regel geworden sind. Die Eltern können sich dann schwer auf eine neue Regelung mit festgelegtem Rhythmus einlassen.

Um den Druck aus den Gesprächen zu nehmen, *die* Umgangsregelung für alle Zeiten finden zu müssen, kann man mit den Eltern zunächst »auf Sicht fliegen«. Das heißt, vorübergehende Lösungen zu suchen und für die nächste Zeit im Kalender zu schauen, wie es sinnvoll ablaufen könnte. Die Eltern legen Umgangstage und Übergabezeiten konkret fest. So können Verbindlichkeit und Planungssicherheit hergestellt werden, auch ohne eine feste Umgangsregelung zu haben.

Man könnte meinen, dass die Eltern ihre Terminklärungen über geeignete Kanäle auch selbst hinbekommen sollten, z. B. über einen Cloud-Dienst im Internet. Das stimmt prinzipiell, erfahrungsgemäß sind die »Kalendersitzungen« aber in der instabilen Phase nicht zu ersetzen. Die Berater sind dabei viel mehr als nur anwesend. Sie können die Lösungs- und Kompromissfindung unmittelbar fördern. Besonders der Ablauf von Geburtstagen der Kinder, von Feiertagen etc. bedarf einer individuellen Abstimmung. Die Berater sollten sich in dieser Phase nicht zu schade sein, die kostbare Beratungszeit dafür zu nutzen. Für die Eltern kann es sehr bedeutend sein, dadurch schrittweise eine Halt gebende Struktur wiederzuerlangen. Aus den Terminfindungen im Kalender kann sich über die Zeit eine passende Umgangsregelung ergeben – sozusagen aus dem Prozess heraus.

Zuständigkeitsprinzip

Bei der Diskussion des Umganges ist es sinnvoll, vom Wechsel der Zuständigkeit für das Kind zu sprechen und die Frage nicht auf reine Kontaktzeiten zu reduzieren. Statt Umgangsregelung benutzen wir demzufolge auch gern den Begriff »Zuständigkeitsregelung«, weil er auf die abwechselnde Verantwortung der Elternteile für ihre Kinder fokussiert. Eine wichtige Konsequenz daraus ist, dass der Elternteil in der verabredeten Kontaktzeit auch dann zuständig bleibt, wenn er verhindert ist, also dafür sorgen muss, dass die Betreuung der Kinder gesichert ist (siehe auch S. 99 ff.). Bei größeren Kindern wäre es ohnehin lebensfremd, permanente Kontaktzeiten festzulegen. Hier geht es vielmehr darum zu klären, wann Vater oder Mutter verantwortlich sind.

Zum anderen eröffnet das Zuständigkeitsprinzip auch einen an den Inhalten orientierten Zugang, also: *Wofür fühlten Sie sich als Mutter oder Vater auch bisher schon zuständig?* Die Elternteile können so evtl. eine durchgängige Zuständigkeit für einen Lebensbereich des Kindes finden bzw. behalten. Auf diesem Weg kommen Lösungen zustande, bei denen die Elternteile z. B. für die Realisierung bestimmter Freizeitaktivitäten zuständig sind und diese jede Woche betreuen. Solche am Leben orientierte Regelungen bedeuten fürs Kind ein hohes Maß an Sicherheit und Integrationspotential.

Wenn vom Wechselmodell die Rede ist, stellen sich viele Eltern vor, dass das Kind abwechselnd eine Woche beim Vater und eine Woche bei der Mutter lebt. Wir empfehlen, ein Wechselmodell immer an die Möglichkeiten und Bedürfnisse der Beteiligten und deren Lebensrhythmen anzupassen und nicht schablonenhaft festzulegen (siehe folgender Abschnitt).

Eckpunkte des Vorgehens kurz zusammengefasst:

- Die Verantwortung für die Kontaktgestaltung liegt bei den Eltern
- Verlässlichkeit und Planungssicherheit durch präzise und verbindliche Terminabsprachen unterstützen
- Zunächst lieber mehr regeln als zu wenig
- Eine befristete Übergangsregelung verabreden
- Besser von Zuständigkeitsregelung sprechen.

Möglicher Stolperstein: Ein Elternteil bekommt bei der Erweiterung seiner eigenen Umgangszeiten das Gefühl, dadurch dem anderen Freiräume zu verschaffen – zum Beispiel *sich mit dem Neuen zu vergnügen.* Hier ist es wichtig, im Einzelgespräch den Blick auf die eigene Elternrolle in Beziehung zum Kind zu lenken. *Was hat eigentlich Priorität: Der Hader in Bezug zum Ex-Partner oder die Beziehung zu Ihrem Kind?*

Die Beratung zur Umgangsregelung wird von vielen Detailfragen begleitet. In den fünf ausführlich beschriebenen Beratungsverläufen sind zusätzliche Anregungen zu finden, zum Beispiel zur Regelung von Urlaubszeiten (siehe Familie Weide 16. Sitzung), von Feiertagen (siehe Familie Esche 3. Sitzung und Familie Linde 4. Sitzung) und zur Gestaltung von Übergaben (siehe Familie Zeder 5.–7. Sitzung).

4.6 Erarbeitung eines integrierten Wechselmodells

Immer mehr Eltern möchten auch nach einer Trennung zu gleichen Teilen den Alltag und die Wochenenden mit ihren Kindern verleben und für sie gleichberechtigt verantwortlich sein. Als die scheinbar einfachste Lösung, um diesem Anspruch gerecht zu werden, wird häufig an den wochenweisen Wechsel der Kinder zwischen den Eltern gedacht. Als integriertes Wechselmodell bezeichnen wir eine Umgangsregelung, welche die Möglichkeiten und Grenzen der beteiligten Eltern und Kinder präzise berücksichtigt und bereits vorhandene Alltagsrhythmen integriert (siehe Beratungsverlauf Familie Linde und Familie Weide).

Im Ergebnis entsteht eine Lösung, bei der Mutter und Vater sowohl Alltags- als auch Wochenendzeiten mit den Kindern verbringen und eine ziemlich genau hälftige Aufteilung besteht. Diese ist aber nicht schematisch, sondern an den Erfordernissen des Familienlebens orientiert. Voraussetzung dafür ist, dass die Elternteile nicht allzu weit voneinander entfernt leben.

Grundprinzipien bei der Erarbeitung mit den Eltern:

- Die Bedürfnisse aller Beteiligten haben Berechtigung: Mutter, Vater, Kind haben ihre speziellen Alltagsrhythmen, ihre Bedürfnisse nach Kontakt, nach Für-sich-Sein, haben ihre Verpflichtungen, Freizeitinteressen etc. – all das fließt gleichberechtigt in das Betreuungsmodell ein.
- Die Zuordnung/Arbeitsteilung der Eltern vor der Trennung kann Berücksichtigung finden: Gab oder gibt es z. B. bestimmte Freizeitbereiche des Kindes, für die sich mehr die Mutter zuständig fühlt, und welche, für die sich mehr der Vater engagiert?
- Das Betreuungsmodell sollte zunächst rein hypothetisch und unverbindlich konstruiert werden, um eventuelle Vorbehalte von einer oder beiden Seiten zu umgehen.

Tabelle zur Erarbeitung des integrierten Wechselmodells:
(vorzugsweise am Flipchart erstellt)

	Mo	Di	Mi	Do	Fr	Sa	So	Mo	Di	Mi	Do	Fr	Sa	So
früh														
nachmittags														
abends														

M = Zeiten, in denen die Mutter zuständig ist
V = Zeiten, in denen der Vater zuständig ist

Mithilfe einer solchen 14-Tage-Tabelle werden die möglichen Betreuungszeiten der Mutter und des Vaters Schritt für Schritt erfasst, beginnend mit den feststehenden Eckpunkten, wie z. B. Nachmittage, an denen die Zuständigkeit klar bei einem Elternteil liegt, weil der andere immer arbeitsbedingt verhindert ist. Hilfreiche Fragen bei der Erarbeitung des integrierten Wechselmodells sind:

Was ist das eigentliche Bedürfnis der Mutter bezüglich der Kinderbetreuung? Wie will sie für die Kinder da sein? Was kann und will sie unbedingt übernehmen? Wie ist die berufliche Situation der Mutter? Welchen Verpflichtungen muss sie an welchen Tagen evtl. nachmittags und abends nachgehen (z. B. lange Arbeitstage)? Welche regelmäßigen Freizeittermine hat sie?

Was ist das eigentliche Bedürfnis des Vaters hinsichtlich der Kinderbetreuung? Wie will er für die Kinder da sein? Was kann und will er unbedingt übernehmen? Wie ist die berufliche Situation des Vaters? Welchen Verpflichtungen muss er an welchen Tagen evtl. nachmittags und abends nachgehen (z. B. lange Arbeitstage)? Welche regelmäßigen Freizeittermine hat er?

Wie ist die Situation des einen Kindes? Alter, Alltagsabläufe, Freizeittermine? Wie die jedes weiteren Kindes?

Welche Arbeitsteilung existierte zwischen den Eltern vor der Trennung: zeitlich und in der Zuständigkeit für bestimmte Themen (z. B. Mutter = Musikinstrument; Mathe-Nachhilfe. Vater = Freizeitsport; Hausaufgaben in Fremdsprachen …)?

Für welche Zeit soll die Regelung gelten (orientiert an Entwicklungsstufen der Kinder und absehbarer Veränderungen bei Mutter und Vater bezüglich Ausbildungs- und Arbeitssituation)?

Welchen Platz brauchen die Kontakte zwischen der Mutter und jedem Kind einzeln? Welchen Platz brauchen die Kontakte zwischen dem Vater und jedem Kind einzeln (z. B. orientiert an den bereits etablierten oder beabsichtigten Zuständigkeiten von Mutter und Vater)?

Praxisbeispiel: Während der Beratung eines Elternpaares mit zwei Kindern (3 und 7 Jahre alt) entstand folgende Variante des integrierten Wechselmodells:

	Mo	Di	Mi	Do	Fr	Sa	So	Mo	Di	Mi	Do	Fr	Sa	So
vormittags	M	V	V	M	M	V	V	V	V	V	M	M	M	M
nachmittags	V	V	M	M	V	V	V	V	V	M	M	M	M	M

V = Kinder werden vom Vater betreut
M = Kinder werden von der Mutter betreut

Bei dieser Lösung wird die »klassische« Umgangsregelung = jedes zweite Wochenende – mit der Verteilung der Betreuung zwischen Mutter und Vater während der Alltagswoche kombiniert. In der ersten Wochenhälfte ist immer der Vater zuständig. Er holt die Kinder Montagnachmittag von der Schule bzw. dem Kindergarten ab und ist dann bis Mittwoch früh für die Kinder verantwortlich.

In der zweiten Wochenhälfte ist immer die Mutter zuständig. Sie holt die Kinder am Mittwochnachmittag ab und betreut sie bis Freitag früh. So können beide Elternteile einen Teil des Alltags mit den Kindern leben.

Alle 14 Tage schließt sich das Mama-Wochenende an, wodurch sich zusammenhängend fünf Tage bei der Mutter ergeben. Auf der anderen Seite verbindet sich das Papa-Wochenende mit dem Montag und Dienstag ebenfalls zu fünf Tagen beim Vater.

Wie oben erläutert, werden Umgangszeiten als Zuständigkeitszeiten verstanden, d.h., wenn ein Elternteil kurzfristig verhindert ist, behält er die Verantwortung für die Betreuung der Kinder und muss sich um einen Ersatz kümmern (siehe auch S. 99 ff.). Der andere Elternteil kann dabei der erste Ansprechpartner bleiben. Die Übergaben laufen ausschließlich über Schule bzw. Kindergarten, sodass die Anzahl der Begegnungen der Eltern minimiert wird. Stattdessen wird ein Elterngespräch auf neutralem Boden etabliert (siehe auch S. 84).

Nach Erprobung dieses Modells gibt es spontan gute Rückmeldungen der Eltern. Es habe sich eine angenehme Entspannung eingestellt. Die Kinder reagieren positiv und können sich zunehmend besser zurechtfinden, da es jetzt sichere Mama- und Papatage gibt. Die Beratung kann bald darauf beendet werden.

Resümee: Das mit beiden Eltern entwickelte Modell scheint zum Lebensrhythmus der einzelnen Familienmitglieder zu passen, indem wichtige Alltagstermine Berücksichtigung fanden. Gleichzeitig bekommen beide Eltern das Gefühl, einen sicheren gleichwertigen Platz in der Kindererziehung zu behalten. Dies ergibt sich daraus, dass sie sowohl Alltags- als auch Wochenendzeiten mit den Kindern verbringen und dass es eine ziemlich genau hälftige Aufteilung gibt, die aber nicht schematisch, sondern an den Erfordernissen des Familienlebens orientiert ist.

Wieso ist das Wechselmodell für viele getrennte Eltern so attraktiv?

Offenbar wollen Mütter und Väter zunehmend zu gleichen Teilen den Alltag und die Wochenenden mit ihren Kindern verleben und für sie gleichberechtigt verantwortlich sein. Sie kommen bei der Umsetzung dieses Bedürfnisses als Erstes auf den wochenweisen Wechsel bei der Betreuung, weil sie denken, es ist die einfachste und unkomplizierteste Variante. Oft spielt auch das Bestreben eine Rolle, die Häufigkeit der Übergaben und damit die Häufigkeit des Kontaktes zwischen den Elternteilen möglichst gering zu halten. Allerdings vernachlässigen die Eltern bei der Unterordnung unter dieses Wochenwechselmodell ihre eigenen Bedürfnisse und die bereits gelebten Alltagsabläufe. Außerdem muten sich Elternteile und Kinder jeweils eine ganze Woche Trennung zu – eine Zeitdauer, die sie bis dahin vielleicht noch nicht erlebt haben. Hier bietet das integrierte Wechselmodell eine interessante Alternative.

Wenn Mutter und Vater das im Fallbeispiel beschriebene integrierte Wechselmodell praktizieren, gibt es zwar zweimal in der Woche einen Wechsel, aber keine direkte Übergabe zwischen den Eltern, weil sich der Wechsel über Schule oder Kindergarten vollzieht. Dem Abgrenzungsbedürfnis der Eltern untereinander ist damit Genüge getan. Trotz des etwas häufigeren Wechsels stellen sich mehr Ruhe und Konstanz für die Kinder dadurch ein, dass es jede Woche stabile Zuordnungen von Tagen bzw. Zuständigkeiten von Mutter und Vater gibt.

Auch für die Eltern kann sich bald das sichere Gefühl einstellen, dass sie jeweils an bestimmten Wochentagen eine verantwortliche Rolle für ihre Kinder einnehmen. An diesem Punkt des Einigungsprozesses stellt sich eine deutliche Entspannung ein. Der genaue Blick auf die zeitliche Halbierung verliert dabei an Bedeutung. Eine Aufteilung im Verhältnis von 6 : 8 Tagen fühlt sich dann nicht mehr nachteilig an. Auch die oft strittige Frage des Lebensmittelpunktes des Kindes tritt in den Hintergrund.

4.7 Differenzierung des Umgangs bei mehreren Kindern

Oft werden Geschwisterkinder nach einer Trennung bei Regelung des Umgangs als »ein Paket« betrachtet und behandelt. Dieses Herangehen ist naheliegend – allein aus logistisch-organisatorischen Gründen – und entspringt vielleicht auch der Ansicht, die Kinder gleich behandeln zu müssen bzw. zu wollen. Andererseits wird dabei die Individualität des einzelnen Kindes hinsichtlich Alter, Geschlecht, Interessenlage nicht ausreichend berücksichtigt. Dabei geht viel von der Differenzierung im Kontaktgeschehen verloren, welches sonst im Familienleben meist unwillkürlich stattfindet. Da gibt es Zeiten, in denen ein Elternteil mit dem einen Kind beschäftigt ist, und daneben Situationen, in denen das andere Elternteil mit dem zweiten Kind zu tun hat und umgedreht. Das sind wichtige Momente des Kontaktes – verbunden mit dem Gefühl des Kindes, ein Elternteil ist mal ganz auf mich bezogen. Strukturell gesehen bilden diese Dyaden Subsysteme im Familiengefüge. Für die Beziehung haben diese exklusiven 1 : 1-Situationen einen großen Wert – neuerdings auch als »quality time« bezeichnet.

In einem Fall übernahm z. B. der Vater immer die Begleitung des Sohnes zum Freizeitsport – auch wenn der Termin in der Betreuungszeit der Mutter stattfand. Die Mutter übernahm die musische Erziehung der Kinder – auch das jede Woche zum regelmäßigen Termin.

Andere Eltern hatten ergänzend zum bestehenden Betreuungsmodell folgende Differenzierung gefunden: dienstagnachmittags war die große Tochter beim Vater und die Kleine bei der Mutter. Donnerstags war es umgekehrt.

Ein Leitsatz könnte sein: *Wer dem einzelnen Kind gerecht werden will, muss Unterschiede machen!*

4.8 Kontaktgestaltung zwischen abwesendem Elternteil und Kind

Die Frage der Kontaktgestaltung zwischen dem abwesenden Elternteil und dem Kind wird in verschiedenen Situationen relevant:

- wenn ein Elternteil das Kind grundsätzlich weniger sieht, also längere Zwischenzeiten ohne direkten Kontakt bestehen,
- wenn im Rahmen eines Wechselmodells die Trennungszeiten als sehr lang empfunden werden,
- wenn das Kind mit dem anderen Elternteil einen längeren Urlaub verlebt.

Bei der Diskussion dieser Kontaktgestaltung tauchen mehrere sensible Fragen auf: *Von wem sollte primär die Initiative ausgehen – vom Elternteil oder vom Kind? Kann oder will man beim Ex-Partner einfach so anrufen? Möchte man vom Ex-Partner unverhofft kontaktiert werden? Wie kann man die Schwierigkeiten auf der Elternebene aus der Kontaktgestaltung mit dem Kind heraushalten?*

In der Beratung werden meist folgende Positionen und Lösungen erarbeitet:

1. Der Elternteil ist in aktiver und verantwortlicher Position dem Kind gegenüber. Das heißt: Der Elternteil ruft an oder schreibt eine Karte bzw. SMS etc.
2. Vorteilhaft kann ein regelmäßiger Telefontermin sein, da sich dann alle Beteiligten darauf einstellen können.
3. Das Kind bekommt vom betreuenden Elternteil signalisiert, dass es in Ordnung ist, wenn es Mama/Papa anrufen möchte. Es muss aber nicht.

Möglicher Stolperstein: Bei festgelegten Anrufzeiten kann es leicht zu Frustrationen kommen. Beispielsweise wenn eine Seite es nicht schafft, in dem vereinbarten Moment anzurufen bzw. erreichbar zu sein. Der anrufende Vater trifft möglicherweise auf ein wortkarges Kind, welches gerade anderes im Sinn hat. Er vermutet allerdings die Boykottabsichten der Mutter dahinter. Die Mutter ihrerseits setzt sich unter Druck, irgendwie für ein erfreuliches Telefonat zwischen Vater und Kind zu sorgen, damit sie genau nicht unter diesen Verdacht gerät.

Hier ist es wichtig, eben diese »Risiken und Nebenwirkungen« offen zu besprechen, um aus dem »Kopfkino« mit Unsicherheiten und Misstrauen herauszukommen. Die Eltern finden dann meist eine für sie passende Lösung.

4.9 Wie Feierlichkeiten des Kindes gestalten?

Besondere Feierlichkeiten, wie Geburtstage des Kindes, Schulanfangsfeier, Konfirmation o. Ä. stellen die getrennten Eltern vor spezielle Herausforderungen. Gibt es eine Absprache zum Ablauf der Feier, zur Aufteilung der Vorbereitungen, zur Kostenübernahme, zu den Geschenken? Wird es im Ablauf eine komplette Trennung geben, oder ist auch ein gemeinsamer Teil möglich?

Wenn wir diese Fragen mit den Eltern beraten, ist der Schutz vor emotionaler Überforderung eine bedeutende Maxime (siehe auch S. 67 ff.). Die Beteiligten sollen sich nicht zu viel zumuten und eigene Grenzen ernst nehmen. Dem Kind ist nicht geholfen, wenn die Eltern ein Zusammensein inszenieren, für das aktuell keine emotionale Basis existiert. Es hängt vom Zustand der Elternteile und der Familienbeziehungen insgesamt ab, welche Variante umgesetzt werden kann. Ein Leitsatz könnte sein: *So viel Abgrenzung wie nötig, so viel Integration wie möglich.*

Für das Kind kann es angenehmer sein, wenn Anteile der Feier nacheinander in der Familie der Mutter und in der Familie des Vaters stattfinden. Je nach Anlass gibt es eventuell einen offiziellen Teil an einem dritten Ort, der von beiden Seiten besucht werden kann (siehe Familie Linde 10. Sitzung).

4.10 Was tun, wenn der zuständige Elternteil verhindert ist?

Jeder Elternteil kann in der Zeit seiner Zuständigkeit für das Kind einmal verhindert sein. Das ist mit der Frage verbunden, welche Personen dann für die Betreuung des gemeinsamen Kindes zur Verfügung stehen und inwieweit diese von beiden Sorgeberechtigten akzeptiert sind.

In der Beratung mit den Eltern kommt es meist zu folgenden Absprachen:

1. Bei Verhinderung bleibt die Verantwortung für die Absicherung und Organisation der alternativen Kinderbetreuung bei dem betreffenden Elternteil (Zuständigkeitsprinzip). Es gibt keinen Automatismus in Richtung des anderen Elternteils!
2. Der andere Elternteil ist der erste Ansprechpartner.
3. Der gefragte Elternteil kann zusagen oder absagen. Die Absage bedarf keiner besonderen Rechtfertigung oder Begründung.
4. Im Bedarfsfall rücken dann diejenigen Bezugspersonen zur Betreuung der Kinder nach, die von beiden Eltern akzeptiert sind.

Für Missstimmung kann in diesem Zusammenhang die Situation sorgen, wenn bei Verhinderung des einen die Verantwortung automatisch auf den anderen (hauptsächlich sorgenden) Elternteil zurückfällt.

Beispiel: Ein Vater ist wiederholt verhindert und kann seine Betreuungszeit deshalb nicht oder nur anteilig abdecken. Er informiert die Mutter meist kurzfristig darüber und geht selbstverständlich davon aus, dass die Kinder bei ihr sein können. Sie übernimmt zwar, aber mit diesem Automatismus geht es ihr nicht gut. Sie fühlt sich irgendwie ausgenutzt und zu wenig akzeptiert. Vielleicht findet sie auch, dass ihr Recht auf eine kinderfreie Zeit missachtet wird.

Wenn sich die Eltern an den o. g. Punkten orientieren, wirkt das den beschriebenen Missempfindungen unmittelbar entgegen. Stattdessen können sie sowohl mehr Autonomie als auch gegenseitige Unterstützung erleben.

Manchmal kommt das Thema auf den Tisch, dass sich ein Elternteil nicht genügend einbezogen fühlt. Beispielsweise werden vom anderen Elternteil im Bedarfsfall Großeltern, Bekannte oder die neuen Partner aktiviert, der Ex-Partner aber nicht gefragt. Das wird von diesem als Zurücksetzung und Degradierung empfunden, was dem vorhandenen Misstrauen zusätzlich Nahrung gibt. Der andere Elternteil hat seinerseits nicht gefragt, weil er unabhängig sein will vom Ex-Partner und ihn nicht um einen Gefallen bitten möchte. Außerdem befürchtet er, eine Angriffsfläche zu bieten, wenn sich herausstellt, dass er die Betreuung des Kindes nicht allein gewährleisten kann.

Wenn die Eltern im Laufe der Beratung wieder gemeinsame Elternidentität zurückgewinnen (siehe Kapitel 5), wird das damit verbunden sein, dass sie sich gegenseitig als ersten Ansprechpartner akzeptieren und ergänzen.

4.11 Absprache zur Rolle neuer Partner

Das Hinzukommen neuer Partner stellt die Elternteile vor eine emotionale Herausforderung – sowohl als Ex-Partner als auch in der Mutter-/Vaterrolle. Wenn nur ein Elternteil eine/n neue/n Partner/in hat und diese/r gar Anlass für die Trennung war, ist es besonders sensibel. Daraus erwächst mitunter der Impuls beim anderen Elternteil, den Kontakt zwischen dieser Person und dem eigenen Kind zu verbieten. Der Elternteil mit dem neuen Partner ist hingegen bemüht, einen neuen Familienverbund zu etablieren.

Für beide Elternteile bleibt die Frage: *Welche Rolle kann und will ich dem neuen Partner bezogen auf unser Kind zubilligen?* Die Aufgabe besteht darin, ein Arrangement zu finden oder gar auf eine Integration hinzuarbeiten.

Praxisbeispiel und methodisches Vorgehen: Die Eltern eines 9-jährigen Sohnes kamen fünf Jahre nach ihrer Trennung zu uns in Beratung. Die Mutter war inzwischen neu verheiratet. Der Lebensmittelpunkt des Sohnes war bei seiner Mutter und deren Partner, der zu einer wichtigen Bezugsperson geworden war. Der Vater, welcher aktuell keine Partnerin hatte, reagierte darauf durchaus eifersüchtig bzw. verunsichert im Hinblick auf seine Rolle für den Sohn. Er schwankte zwischen trotzigen Rückzugsankündigungen und Anklage. Die Mutter hatte in der Tat sehr auf den neuen Partner gesetzt und den Vater zunehmend außen vor gelassen. Ganz oben auf der Themenliste der Eltern stand deshalb die Frage: *Welche Rolle billigen wir neuen Partnern bezogen auf unseren Sohn zu?*

Wir entschieden uns für ein schrittweises und strukturiertes Vorgehen, um etwas mehr Klarheit zu schaffen. Zunächst baten wir die beiden, einen leeren Stuhl für den Sohn zwischen sich zu stellen sowie einen leeren Stuhl für den neuen Partner an der Seite der Mutter.

Folgenden Fragen sollten die Eltern nachgehen:

1. Welchen Platz möchte ich als Mutter/Vater sicher für mein Kind einnehmen/besetzen?

2. Auf welchem Platz sehe ich meine/n ExpartnerIn?
3. Auf welchem Platz sehe ich den/die PartnerIn meines Ex-Partners/ meiner Ex-Partnerin? Wo sehe ich Möglichkeiten vs. Grenzen auf emotionaler Ebene und auf der Verantwortungsebene?
4. Wo sehe ich selbst den Platz meines/r neuen PartnerIn?
5. Woran würde ich merken, dass es sich in Richtung einer klareren und passender empfundenen Rollenverteilung entwickelt?

Das Gespräch darüber brachte einiges in Bewegung. Die Mutter war sehr gerührt, als der Vater sie bei Frage 2 in ihrer Mutterrolle sehr würdigte. Bedeutsam war für sie, wie er bei Frage 3 die Rolle des neuen Partners als »Ziehvater« für seinen Sohn anerkannte und dabei ehrliche Dankbarkeit zum Ausdruck bringen konnte. Insgesamt war es möglich, jeden auf seinem Platz zu würdigen, was letztlich mehr Sicherheit im Umgang miteinander bewirkte.

Was die unmittelbare Einbeziehung neuer Partner in die Beratung betrifft, sind wir sehr zurückhaltend, weil wir sicherstellen wollen, dass die primäre Verantwortung für die Regelung der Angelegenheiten des Kindes bei den sorgeberechtigten Eltern liegt.

Einstiegskonstellation

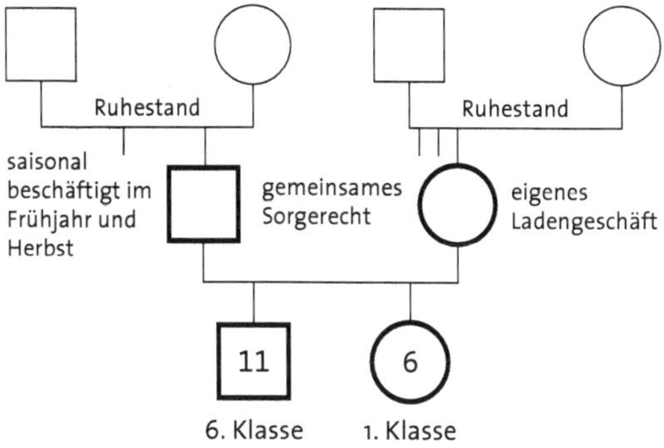

Abbildung 6: Konstellation Familie Linde

Zu Familie Linde gehören zwei Kinder, ein 11-jähriger Junge und eine 6-jährige Tochter. Der Junge ist seit seinem sechsten Lebensjahr an Diabetes erkrankt und bedarf besonderer Aufmerksamkeit. Die Eltern leben seit 15 Jahren zusammen und üben das gemeinsame Sorgerecht aus. Seit einem Jahr sind sie in der Krise. Auslöser war eine Außenbeziehung der Mutter. Zwischen der telefonischen Anmeldung und dem Vorgespräch ist die Entscheidung zur Trennung gefallen. Die Mutter hat sich entschlossen, eine eigene Wohnung zu suchen. Die Eltern wollen alles Erdenkliche tun, um die Trennung für die Kinder so verträglich wie möglich zu gestalten.

Die Elternpaarsitzungen erfolgen mit weiblich-männlichem Co-Team.

Beratungsverlauf

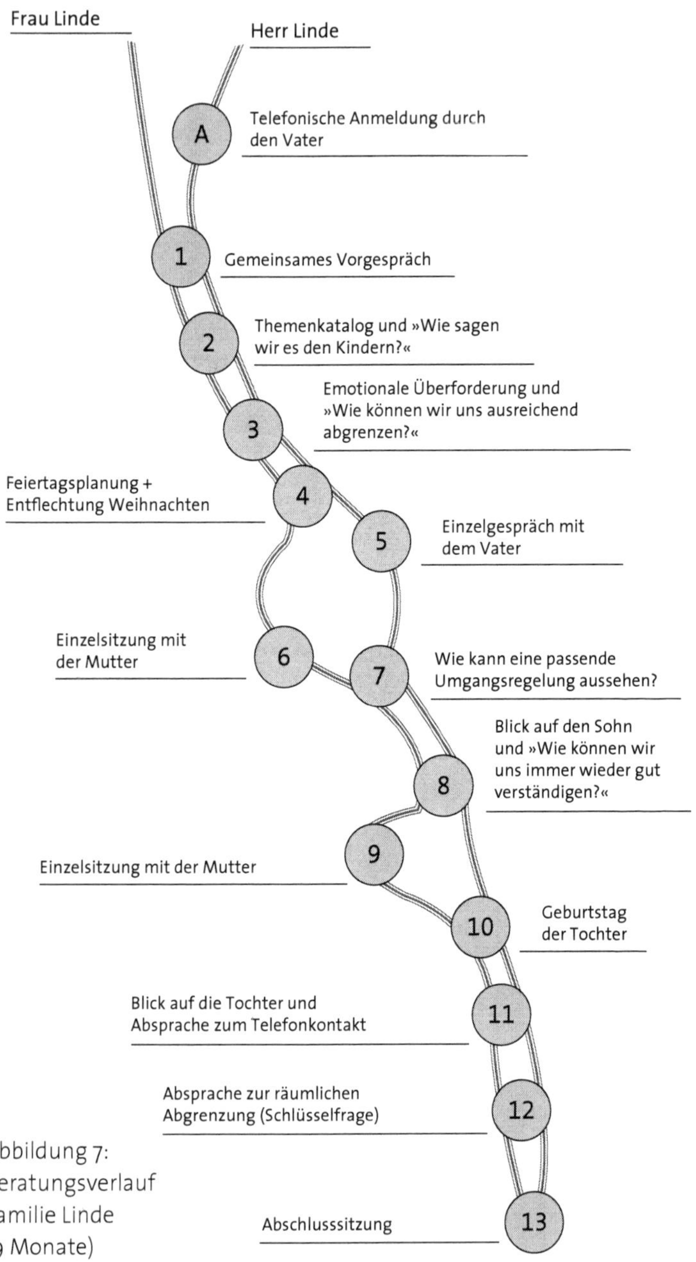

Abbildung 7: Beratungsverlauf Familie Linde (9 Monate)

A Telefonische Anmeldung: Der Vater meldet sich telefonisch in der Beratungsstelle und bittet um einen Beratungstermin. Seine Frau und er befänden sich in einer schweren Krise. Die Frau habe eine Beziehung zu einem anderen Mann. Er habe sie daraufhin *rausgeschmissen*, da es ihn sehr verletzt habe. Jetzt ginge es gerade wieder besser zwischen ihnen. Ihm sei viel daran gelegen, die Familie zu retten und das Vertrauen wiederherzustellen.

1 Vorgespräch: Zum ersten Gespräch, zwei Monate später, ist die Entscheidung zur Trennung bereits gefallen. Beide sind in gewisser Weise erleichtert. Frau Linde habe sich entschieden, eine eigene Wohnung zu suchen.

Das Elternpaar berichtet, dass sich ihre Beziehung seit einem Jahr in einer Krise befände. Als Auslöser wird die Außenbeziehung der Frau benannt. Es ist spürbar, dass sich beide die Entscheidung zur Trennung nicht leicht gemacht haben und ihnen die Familie sehr am Herzen liegt. Die Stimmung im Raum ist von Traurigkeit erfüllt. Der Wunsch der Eltern ist es nun, die Trennung so verträglich wie möglich für die Kinder zu gestalten. Sie wollen als Eltern paritätisch an der Kindererziehung beteiligt bleiben und hätten bereits über eine Umgangsregelung mit einwöchigem Wechsel nachgedacht. Die Frage, die sie aktuell am meisten beschäftigt, lautet: *Können wir das den Kindern antun, wenn wir uns noch vor Weihnachten räumlich trennen?* Wir erläutern unsere Möglichkeiten der Unterstützung. Die Eltern erhalten die Beratungsvereinbarung und Bedenkzeit.

Kurz darauf teilt uns die Mutter telefonisch mit, dass sie sich für die Beratung entschieden hätten. Erste Termine werden vereinbart.

2 Themenkatalog und »Wie sagen wir es den Kindern?«: Zu Beginn der Sitzung wird klar, dass die Kinder noch nicht über die Trennungsentscheidung informiert sind. Die Eltern scheuen sich davor, wissen nicht, wann und wie sie es sagen sollen. Derzeit gestalte sich die Situation zu viert am schwierigsten. Die Eltern seien deshalb dazu übergegangen, Unternehmungen getrennt zu organisieren. So gebe es bereits Vater-Sohn- und Mutter-Tochter-Verabredungen, die von den jeweils Beteiligten als sehr angenehm empfunden würden. Die Berater loben diese kreative Lösung und bestärken diese als eine wichtige Komponente im Umgangsgeschehen (siehe auch S. 97).

Frau Linde berichtet, dass sie erst in zwei Monaten in eine eigene Wohnung ziehen könne. Bis dahin bräuchten sie Übergangsregelungen für die Umgangsgestaltung.

Herr Linde äußert sich kritisch gegenüber ihrer Rolle als Mutter, worauf sie kleinlaut und schuldbewusst reagiert. Es ist zu vermuten, dass damit eine alte Beziehungsdynamik sichtbar wird.

Wir beginnen, den Themenkatalog zu erstellen, und schließen die Beratungsvereinbarung ab. Zum Ende der Sitzung besprechen wir die Frage: *Wie sagen wir es unseren Kindern?* (Siehe auch S. 80 ff.) Die Eltern kommen recht schnell zu einer angemessenen Variante: *Wir haben uns mal sehr geliebt. Wir sind froh, euch als Kinder zu haben. Wir haben es schon eine ganze Weile schwer miteinander. Wir haben vieles versucht, es aber nicht geschafft. Jetzt haben wir uns entschieden, uns zu trennen. Wir haben uns dafür Unterstützung gesucht. Wir werden weiterhin beide für euch da sein. Wie das organisiert sein wird, werden wir euch sagen, wenn wir es genau wissen.*

3 **Emotionale Überforderung und »Wie können wir uns ausreichend abgrenzen?«:** In der darauffolgenden Sitzung berichten die Eltern, dass sie es geschafft hätten, die Kinder gemeinsam über ihre aktuelle Lebenssituation zu informieren. Alle hätten geweint. Herr Linde berichtet, dass der große Sohn mit Fürsorgeimpulsen ihm gegenüber reagiere, das Gespräch suche und ihm viele Fragen stelle. Der Vater sei unsicher, wie die Kinder die Offenbarung verstanden hätten. Frau Linde zeigt sich während der Sitzung eher verschlossen, was für Herrn Linde immer schon problematisch gewesen sei und ihn auch in dieser Situation ärgere. Er gerät Frau Linde gegenüber in eine Vorwurfshaltung. Der Vater sehnt sich nach Wertschätzung durch sie, da er gerade den Familienalltag meistert, während sie sich um ihren Laden kümmert. Frau Linde hat das Gefühl, dass ihre Situation von ihm überhaupt nicht gesehen werde, reagiert mit Traurigkeit und weint. Die Stimmung im Raum ist gedrückt. Aktuell belastet die Eltern zusätzlich die Frage, wie sie das bevorstehende Weihnachtsfest gestalten sollen. Sie haben die Idee, den Kindern zuliebe alles wie immer zu machen. Gleichzeitig geht es ihnen nicht gut damit. Beide Eltern sind sehr ambivalent, wollen ihr altes Weihnachtsritual erhalten und haben gleichzeitig Angst davor, da es jetzt nach der Trennung der Eltern nicht mehr das Gleiche ist. Vor einer Neugestaltung des Weihnachtsabends fürchten sie sich

ebenso. Wir warnen vor emotionaler Überforderung und bieten eine »Weihnachtsberatung« in der folgenden Sitzung an.

4 **Entflechtung Weihnachten:** Die Beratungsstunde beginnt, indem Herr Linde erzählt, dass es ihm gerade ziemlich schlecht ginge. Alte depressive Symptome zeigten sich. Er wünscht sich demnächst eine Einzelsitzung. Herr Linde beschäftige sich viel mit dem Zerfall der Beziehung, wolle von seiner Frau Antworten haben, die sie nicht geben könne oder wolle. Beide Eltern berichten, dass sie die Kontakte mit ihren Kindern intensiver erleben würden, wenn sie allein zuständig seien.

Bezogen auf ihre kleine Tochter sind sich die Eltern unsicher, ob sie verstanden habe, dass sich die Eltern trennen. Sie würde überhaupt keine Reaktionen zeigen. Der Berater beruhigt die Klienten und ordnet das Verhalten der Tochter folgendermaßen ein: Die Tochter erlebt bis jetzt noch keine spürbaren Veränderungen. So kann sie auch nicht wissen, was die Trennung der Eltern eigentlich bedeutet. Es wird für sie erst wahrnehmbar werden, wenn z. B. die Mutter auszieht. Der Sohn, der sich nach der Offenbarung der Trennung von der Mutter zurückgezogen hatte, konnte sich ihr inzwischen wieder nähern. Der Vater reflektiert seine eigene Bedürftigkeit. Er wisse darum, dass er die Kinder damit nicht überfordern dürfe.

Herrn Linde habe die Warnung vor emotionaler Überforderung aus der letzten Sitzung sehr beschäftigt. Bezogen auf das Weihnachtsfest hieße das, dass beide Elternteile mehr Abstand haben sollten. Die Eltern schaffen es in der Sitzung, sich gegenseitig von den Weihnachtsbesuchen bei den Eltern des anderen zu entlasten. Um den Weihnachtsabend nicht ganz auflösen zu müssen und trotzdem achtsam mit der Situation umzugehen, entwickeln die Eltern die Idee, Freunde dazu einzuladen.

Bei der Frage, wie der Jahreswechsel gestaltet werden soll, entfacht sich ein Streit zwischen den Eltern. In dem sonst so harmonischen Miteinander wird dieser von den Beratern eher positiv bewertet, als Kraft, um voneinander loszukommen. Letztendlich können beide Eltern darin bestärkt werden, ihren eigenen Bedürfnissen Raum zu geben und die Kinder bei den Großeltern zu lassen.

Am Ende der Sitzung gibt es Lob und Würdigung für das Erreichte, und es werden Einzelgespräche vereinbart, um die persönliche emotionale Seite abzufangen.

5 Einzelgespräch mit dem Vater – emotionale Verarbeitung des Wandels: Herr Linde berichtet in der nächsten Sitzung, dass der Abstand zu seiner Frau bei ihm zu mehr Entspannung geführt habe. Er nutzt die Stunde, um die Beziehungsgeschichte und -dynamik zu reflektieren. Mithilfe des Beraters ist er in der Lage, seinen Anteil an der Entwicklung deutlicher zu sehen. Das Thema Autonomie in der Beziehung kristallisiert sich als eine zentrale Frage heraus. Herr Linde berichtet, dass er seiner Frau gegenüber jahrelang eine dominante Position eingenommen habe. Vermutlich habe sie deshalb keine Möglichkeit gesehen, ihre Autonomie in seiner Nähe zu entwickeln.

Für Herrn Linde sei es jetzt wichtig, von der Unausweichlichkeit der Trennung auszugehen, auch wenn es ihn sehr schmerze. Er brauche diese Klarheit, damit er sich neu orientieren könne. Dazu habe er wieder seine Einzeltherapie aufgenommen, die ihm schon einmal in einer Krise geholfen habe. Silvester wird er mit einem alten Freund, wie früher, in die Berge zum Skilanglauf fahren.

6 Einzelsitzung mit der Mutter – Selbstreflexion zu Familienbeziehungen und Mutterrolle: Frau Linde erzählt im Einzelkontakt von einem geglückten Weihnachten, welches die Eltern, wie abgesprochen, zu großen Teilen getrennt verbracht haben. Danach habe sie für eine räumliche Trennung gesorgt und wohnt jetzt vorübergehend in einer WG. Im Februar beziehe sie ihre eigene Wohnung. Obwohl Frau Linde weiterhin davon überzeugt sei, dass ihre Entscheidung zur Trennung richtig war, spüre sie eine große Traurigkeit. Sie sehe einen deutlichen Zusammenhang zu ihrer eigenen Geschichte. Das Verhältnis zu den eigenen Eltern und ihren Brüdern sei schwierig. Sie würden keine Unterstützung für sie darstellen. Die Klientin spricht von ihrem Schutzpanzer, den sie sich aus guten Gründen zugelegt habe. Gleichzeitig klagt sie über regelmäßige Rückenschmerzen. Frau Linde ist sehr offen und emotional in ihrer Erzählung über ihre Rolle als Partnerin und reflektiert ihren eigenen Anteil an der Entwicklung.

7 Passende Umgangsregelung: Zur nächsten gemeinsamen Sitzung erscheint das Elternpaar recht entspannt. Beide bestätigen noch einmal, dass sie die Weihnachtsregelung gut umgesetzt haben, und berichten dann vom aktuellen Stand: Die Kinder seien seit dem Auszug der Mutter hauptsächlich beim Vater gewesen und haben die Mutter nur wenig gesehen. Es gebe keine Regel, wann wer wen treffe, sondern es passiere eher spontan oder auf Wunsch der Kinder. Wir bieten den Eltern an, sie zu unterstützen, eine passende Betreuungsregelung zu finden. Wir betonen die Tatsache, dass die Verantwortung für die Regelung des Umgangskontaktes eindeutig bei den Eltern liegt, auch da wieder mit der Begründung, die emotionale Überforderung besonders für die Kinder gering zu halten. Außerdem ist es kurz nach der Trennung oft sinnvoll, eine festere Regelung zu leben, damit sich alle erst einmal an den neuen Rhythmus gewöhnen können (siehe auch S. 89 ff.). Flexible Absprachen gibt es meistens noch genug.

Wir lassen uns die Vorstellungen der Eltern und deren Möglichkeiten erläutern: Der Vater habe an ein Wechselmodell mit A- und B-Woche gedacht. Da er manchmal zwei oder drei Wochen außerhalb der Stadt zu tun habe, würde er die Wochen dann ausgleichen wollen. Die Mutter habe demgegenüber feste Ladenöffnungszeiten, zweimal in der Woche auch Spätdienst. Sie bräuchte dann in ihrer Woche immer eine Aushilfe im Laden oder müsste die Kinder mit dorthin nehmen, was dem Vater nicht so gut gefalle. Ist Herr Linde einige Wochen nicht da, würde dies jede Woche auf sie zukommen.

Wir beleuchten zuerst einmal die Situation, bei der beide Eltern in der Stadt sind, und erläutern das integrierte Wechselmodell (siehe auch S. 92 ff.), d. h., die Tage der Woche werden den Eltern in Abhängigkeit der jeweiligen Möglichkeiten zugeordnet. Weiterhin werden die Freizeitaktivitäten der Kinder und der Eltern betrachtet. Alles wird in einem Schema am Flipchart eingetragen, und so kann Schritt für Schritt ein passendes Umgangsmodell entwickelt werden (siehe Abb. 8).

Die Eltern finden sich recht schnell darin wieder, sehen die Vorteile für die Kinder und wollen es ausprobieren. Bleibt noch die Frage, wie mit den längeren beruflichen Abwesenheiten des Vaters umgegangen

	Mo	Di	Mi	Do	Fr	Sa	So	Mo	Di	Mi	Do	Fr	Sa	So
früh	V	V	V	M	M	M	M	M	V	V	M	M	V	V
nach-mittags	V	V	M	M	M	M	M	V	V	M	M	V	V	V

M = Zeiten, in denen die Mutter zuständig ist
V = Zeiten, in denen der Vater zuständig ist

Abbildung 8: Integriertes Wechselmodell Familie Linde

werden kann, ohne das ganze Modell wieder aufzulösen. *Welche dritte Person kam in der Vergangenheit als Betreuungsperson für die Kinder infrage, wenn beide Eltern nicht konnten?* Die Mutter des Vaters wird benannt. *Wie wäre es, wenn die Großmutter die Tage des Vaters übernehmen würde, wenn dieser verhindert ist?* Frau Linde habe immer ein gutes Verhältnis zu ihrer Schwiegermutter gehabt, jetzt aber ein schlechtes Gewissen ihr gegenüber. Die Zuständigkeitsregel wird erläutert. Demnach übernimmt die Großmutter etwas für den Vater und nicht für die Mutter. Er müsste seine Mutter um Unterstützung bitten, was er sich auch vorstellen könne. Für Frau Linde wäre die Großmutter eine akzeptierte Betreuungsperson für die Kinder. Die Eltern bekommen Bedenkzeit, um das erarbeitete Wechselmodell für sich zu prüfen.

8 Blick auf den Sohn »Wie können wir uns immer wieder gut verständigen?«: Die Eltern haben bereits in den letzten zwei Wochen mit Einsatz der Großmutter das integrierte Wechselmodell praktiziert und damit sehr gute Erfahrungen gemacht. Die Kinder haben das Modell gut angenommen. Vater und Sohn gestalteten einen Kalender, an dem sich die Kinder selbst orientieren können. Inzwischen sei Frau Linde in eine eigene Wohnung gezogen und fühle sich wohl damit.

Aktuell machen sich die Eltern Sorgen um ihren Sohn. Die Mutter habe ein Gespräch mit der Lehrerin gehabt. Diese mache sich darüber Gedanken, dass der Junge sich nicht über seine aktuelle Familiensituation äußere. Herr Linde hatte von dem Gespräch erst danach erfahren und äußerte seinen Unmut darüber in der Sitzung. Sorgen um den Sohn mache er sich weniger.

Diese Geschichte nehmen wir zum Anlass, mit den Eltern zu besprechen, wie sie in der Zukunft ein regelmäßiges Elterntreffen außerhalb der Beratung gestalten können, um damit den Austausch über die Kinder zu sichern. Es gibt einige Hinweise von unserer Seite zur Gestaltung dieser Treffen (siehe S. 84). Beide Elternteile können diese gut aufnehmen. Sie vereinbaren in der Sitzung einen ersten Termin für ein »Frühstückstreffen«.

9 Einzelsitzung mit der Mutter: In der darauffolgenden Beratungsstunde berichtet Frau Linde, dass sich die familiäre Situation durch das Wechselmodell eindeutig entspannt habe. Alle hätten, bezogen auf die Kontakte, mehr Sicherheit. Die Traurigkeit über die Auflösung der Familie bliebe ihr jedoch erhalten. Die Klientin sehe ihren Anteil am Scheitern der Partnerschaft darin, dass es ihr in der Beziehung nicht gelungen sei, in ausreichendem Maße ihre Autonomie zu leben.

10 **Geburtstag der Tochter:** Zu Beginn der Sitzung sind die Eltern zurückhaltend und wieder sehr vorsichtig miteinander. Der Vater äußert erneut die Sorge um den Stresszustand der Mutter und dessen Auswirkung auf die Kinder. Die Mutter beginnt sich zu rechtfertigen. Das Thema wird allerdings zurückgedrängt durch die Frage, wie der Geburtstag der Tochter organisiert werden soll (siehe auch S. 99). Ausgehend von der guten Erfahrung zu Weihnachten besteht bei den Eltern die Idee, dass die Feier anders als früher ablaufen sollte. Eine passende Variante zu entwickeln, gestaltet sich jedoch eher schwierig. Die Eltern können beide ihre Bedürfnisse nicht klar äußern, sind sehr vorsichtig und zurückhaltend. Ein altes Muster der Paarbeziehung zeigt sich, was heißt, dass Herr Linde fast in eine väterliche Position ihr gegenüber gelangt und Frau Linde eher kindlich reagiert. Im weiteren Verlauf der Sitzung finden die Eltern dennoch folgende Lösung zum Ablauf des Geburtstages: Die Tochter wacht bei ihrer Mutter auf, Vater und Bruder kommen zum morgendlichen Geburtstagsritual dazu. So wird etwas Gewohntes ins Neue integriert. Der neue Ort hilft dabei, Ähnlichkeit zu reduzieren und damit die emotionale Überforderung abzuschwächen. Die geplante Schnitzeljagd startet am Nachmittag vom Vater aus. Die Mutter kommt später als Unterstützung dazu. Die Abendgestaltung liegt dann in der Hand des Vaters. Die Mutter wird sich an dieser Stelle zurückziehen. Beide Eltern sind mit der gefundenen Variante zufrieden. Sie haben es geschafft, von einer *Entweder-oder-Variante* zu einer *Sowohl-als-auch-Variante* zu kommen. Begrenzte gemeinsame Zeiten sind genauso enthalten wie Zeiten mit alleiniger Verantwortung für das Geschehen. Das ist eine große Leistung, die Lob und Anerkennung verdient.

Beide wünschen sich weiterhin Begleitung und vereinbaren noch einige Termine.

11 **Blick auf die Tochter:** In der nächsten Beratungsstunde berichten die Eltern vom gelungenen Geburtstag der Tochter. Beide empfänden sich als gutes Team, was manchmal schwer auszuhalten sei, da die Trauer um den Verlust der Familie allgegenwärtig sei.

Aktuell beschäftigt die Eltern ein »Sehnsuchtsanfall« der Tochter beim Vater, die nach dem Wechsel zu ihm sehr deutlich nach der Mutter verlangte. Der Vater habe die Tochter getröstet und gleichzeitig klargestellt, dass die Eltern diesen Wechsel so festgelegt hätten. Er beschreibt seine eigene Verletzung dabei und das Gefühl, überfordert zu sein.

Die Berater helfen das Verhalten der Tochter als Reaktion auf die neue Familiensituation einzuordnen und suchen gemeinsam mit den Klienten nach einem Umgang damit. Die Eltern vereinbaren, dass die Kinder den jeweils anderen anrufen können, wenn ihnen danach ist. Auch die Eltern haben die Möglichkeit, sich telefonisch bei den Kindern zu melden. Beiden Elternteilen ist dabei bewusst, dass diese Anrufe in Maßen stattfinden sollten, um die Kinder nicht zu irritieren und den Ablauf beim anderen ausreichend zu respektieren (siehe auch S. 98). Beide bestärken noch einmal den Wunsch nach Beratung, auch wenn es gerade keine schwerwiegenden Fragen gebe.

12 Absprache zur räumlichen Abgrenzung (Schlüsselfrage): Die Eltern zeigen sich im nächsten Gespräch weiterhin entspannt miteinander. Der vereinbarte Umgangsrhythmus würde gut funktionieren. Das Elterntreffen, welches in der Zwischenzeit stattgefunden habe, wird von beiden positiv bewertet. Die Klienten versichern sich noch einmal, dass es von Vorteil sei, die Treffen außerhalb der beiden Wohnungen stattfinden zu lassen, um sich vor emotionaler Überforderung zu schützen. Im weiteren Verlauf des Gesprächs wird klar, dass demnächst die endgültige Aufteilung der materiellen Dinge anstehen würde. Frau Linde will dann ihren Schlüssel von der alten Wohnung abgeben, damit noch mehr Klarheit entstehen könne.

Zum Ende der Sitzung gibt es noch ein aktuelles Thema. In der Nähe ihres Geschäftes hatte es vor Kurzem einen unschönen Vorfall mit Polizeibeteiligung gegeben, während die Kinder gerade bei ihr im Laden waren. Herr Linde hatte davon erst über Dritte erfahren, was ihn sehr verärgerte und sein Vertrauen in sie schwächte. Nun ist er in Sorge um die Kinder, wenn sie mit im Laden der Mutter sind. Mithilfe der Berater kommt das Paar in einen konstruktiven Austausch darüber. Sie vereinbaren, wie sie sich in Zukunft über aktuelle Vorkommnisse informieren wollen, was informationspflichtig ist und was nicht. Sie einigen sich auch, wann und wie lange es in Ordnung ist, dass sich die Kinder mit im Laden aufhalten, und besprechen eine konkrete Situation in nächster Zukunft.

13 **Abschlusssitzung:** In der nächsten Sitzung schlägt das Elternpaar den Abschluss der Beratung vor. Sie sind mit der aktuellen Situation so weit zufrieden und sehr froh, dass ihre Kinder die Veränderungen gut verkraftet haben und es ihnen gut geht. Inzwischen haben sie auch eine längere berufsbedingte Abwesenheit des Vaters, mit Einsatz der Großmutter, gut gemeistert.

Die verbleibende Zeit der Sitzung wird für den Abschluss des Beratungsprozesses genutzt (siehe auch S. 178 ff.). Auf die Frage, wie sich die zurückliegende Zeit in ihre Lebensgeschichte einordnen wird, wählte Herr Linde die »Überschrift«: *Befreiung aus emotionaler Krise* und Frau Linde: *Groß werden im Sinne von Unabhängigkeit und Eigenständigkeit.* Wenn die Eltern sich in einigen Jahren an die Beratung erinnern, wird der Vater an die guten Ideen und anderen Sichtweisen denken, die er mitgenommen hat, die Einzelgespräche und die Begriffe: *Emotionale Überforderung* und *Psychohygiene.* Für die Mutter wird in Erinnerung bleiben, wie sich emotionale Zustände ändern können, wenn andere Perspektiven dazukommen. Sie nimmt für sich konkret den inneren Satz mit: *Achte auf dich und deine Grenzen.* Für ihn ist *Steh zu dir!* ein guter Satz.

Zum Abschluss unterbreiten wir dem Elternpaar den Vorschlag, eine Rückfallprophylaxe in Anspruch zu nehmen: *Was müssten Sie tun, damit es Ihnen selbst und miteinander wieder schlechter geht?* Sie lassen sich schmunzelnd darauf ein und formulieren problemlos, welche »Erreger« zum Rückfall führen würden. Hier ein kleiner Auszug: Frau Linde müsste mit ihrem neuen Freund in der Stammkneipe von Herrn Linde auftauchen. Außerdem würde sie ihrer inneren Stimme Raum geben, die sie als Rabenmutter bezeichnet und Sätze hat wie: *Was hast du denn da wieder gemacht? Was hast du dir nur dabei gedacht?* Herr Linde müsste ihren Freund schlecht machen und häufiger unerwartet in ihrem Laden auftauchen. Jeder trifft eine persönliche Vorhersage und legt einen Rückfalltermin fest.

Zum Ende vereinbaren sie den nächsten Termin für das Elterntreffen ohne Berater. Und dann ist die Beratung zu Ende.

Draufsicht

Wir sahen Eltern, welche die Tendenz besaßen, den Kindern zuliebe über eigene emotionale Grenzen zu gehen. Sie hatten den Anspruch, sich möglichst harmonisch zu trennen, um den Schaden für die Kinder gering zu halten. Eigene Bedürfnisse und Impulse hielten sie eher zurück. Das erschwerte die Loslösung voneinander, die es braucht, um nach einer Trennung eine neue Form der Familie zu finden. Es bestand die Gefahr emotionaler Überforderung für alle Beteiligten.

Das Elternpaar ging sehr vorsichtig miteinander um. Statt Wut war eher Traurigkeit über die Auflösung der Familie zu spüren. Besonders bei der Mutter deutete sich ein starkes Schuldgefühl den Kindern und dem Mann gegenüber an, weil sie die Trennungsidee eingebracht hatte. Es bestand die Gefahr, dass der Vater, bezogen auf die Trennung, in die Position des Opfers und die Mutter in die der Verursacherin gelangte. Für die Kinder war das eine schwierige Verteilung, da sie sofort in einen Loyalitätskonflikt gerieten. Der Vater zeigte sich zeitweise bedürftig, was den Sohn potentiell in eine Überforderungssituation brachte. In diesem Fall war der Vater jedoch schnell in der Lage, sein Verhalten zu reflektieren und anzupassen.

Beide Eltern lernten im Laufe der Beratung, ihre eigenen Bedürfnisse besser wahrzunehmen und zu leben und damit auch den Kindern zu zeigen, dass diese sich keine Sorgen um ihre Eltern machen müssen.

Die Einzelgespräche dienten einerseits dazu, die Intentionen des anderen besser nachvollziehen zu können und ins Verhältnis zu eigenen Gefühlen und Verhaltensweisen zu setzen, andererseits sollte die Entwicklung von Autonomie bei beiden Elternteilen unterstützt werden.

Im Verlauf des Prozesses wurde immer wieder deutlich, dass dieses Paar über eine gute Kooperationsfähigkeit im Sinne der Kinder verfügte. Besonders zeigte sich diese bei der Entwicklung der Umgangsregelung und bei der Frage der Gestaltung der Feiertage. Die Eltern schafften es, »Sowohl-als-auch-Varianten« zu kreieren, in denen sich beide mit ihren jeweiligen Bedürfnissen und Grenzen wiederfanden. Damit wurde die Umsetzung in der Realität sehr wahrscheinlich.

Obwohl die Eltern innerhalb der Beratung schon recht viel geschafft hatten, wollten sie diese nicht so schnell aufgeben, empfanden sie als sicheren Rahmen für aufkommende Schwierigkeiten. So bestand zum

Ende der Beratung unsere Aufgabe eher darin, die Klienten zu motivieren, in Eigenregie überzugehen. Wir würdigten das Erreichte und erklärten, dass wir ihnen den weiteren Prozess allein zutrauen. Mit dem Abschluss der Beratung hatte dieses Elternpaar einen Weg gefunden, wie die Familie in anderer Form weiterbestehen kann.

Nach knapp zwei Jahren meldeten sich die Eltern Linde aus Sorge um ihre Tochter erneut und nutzten zusammen eine Erziehungsberatung. Uns beeindruckte, dass es beiden gelungen war, ihre Elternautonomie über die Zeit zu erhalten. Die Tochter nahm zeitnah an einer Gruppe für Kinder aus Trennungsfamilien teil.

5 Elternidentität zurückgewinnen

Ein übergeordnetes Ziel unserer Bemühungen als Berater besteht darin, dass sich Eltern über die Trennung hinaus als Verantwortungsgemeinschaft für ihre Kinder verstehen und erleben können. Im optimalen Fall entsteht mithilfe der Beratung ein sich positiv verstärkender Kreislauf in diese Richtung. In Abbildung 9 ist ein solcher zirkulärer Prozess dargestellt, der im Ergebnis zu mehr Selbstbestimmung bzw. Autonomie getrennter Eltern führt.

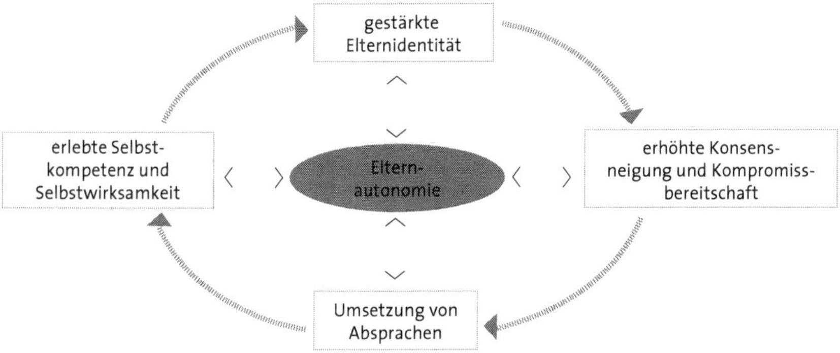

Abbildung 9: Kreislauf zur Stärkung der Elternautonomie

Unter Elternidentität verstehen wir das *Wir-Gefühl*, welches die Eltern trotz Trennung bewahren bzw. wiederbeleben können. Wir gehen davon aus, dass sich der Grad der gefühlten Elternidentität und die Bereitschaft zur Konsensbildung gegenseitig verstärken. In Abhängigkeit davon werden verbindliche Absprachen möglich und deren verlässliche Umsetzung wahrscheinlicher. In der Konsequenz wird das Selbstwirksamkeitserleben der Eltern stärker, und sie können autonomer agieren. Ein solcher Prozess der Rückgewinnung von Selbstbestimmung wird in der Fachwelt auch als *Empowerment* bezeichnet. Durch professionelle Unterstützung und Ermutigung sollen die Eltern wieder in die Lage versetzt werden, ihre Angelegenheiten gemeinsam selbst zu regeln. Alle unsere Bemühungen zielen darauf ab.

Zu beachten ist allerdings Folgendes: Was von außen als sehr wünschenswertes Ziel erscheint, kann für die Eltern mit gemischten Gefühlen verbunden sein. Dieses neue alte Miteinander der Ex-Partner kann emotionale Irritationen auslösen und ist für den einen vielleicht leichter zu handhaben als für den anderen.

In den folgenden Abschnitten sind einige Möglichkeiten beschrieben, mit denen die Elternidentität gestärkt und die Neigung zur Konsensfindung gefördert werden kann.

5.1 Verbindliche Absprachen umsetzen

Getrennte Eltern haben im ungünstigsten Zustand das Gefühl, dass überhaupt nichts mehr funktioniert. Vorzugsweise wird der andere Elternteil als Ursache dieser Lage angesehen. Sich im Elternsein miteinander wieder als wirksam zu erleben, muss erst in vielen kleinen Schritten neu entwickelt werden. Parallel dazu können und sollten neue Sicherheit und Verlässlichkeit entstehen. Vertrauensbildung läuft dabei nicht primär über ein besseres Verstehen des Ex-Partners, sondern über das erlebte Umsetzen von Absprachen. Manchmal geht es in der Anfangsphase einer Beratung überwiegend um solche Fragen wie zum Beispiel Terminplanung, Gestaltung der Übergaben beim Umgangswechsel, Feiertagsplanung und präzise Abläufe von Feierlichkeiten.

Bei der Menge von Fragen und Themen liegt die Verantwortung der Berater darin, alles gut zu sortieren und zu dosieren. Hier einige Prinzipien dazu:

- Die Absprachen müssen sehr detailliert diskutiert und die Abläufe sollten hypothetisch auf ihre Praxistauglichkeit hin überprüft werden.
- Zunächst geht es um kleinste Schritte. Alle Beteiligten müssen sie für machbar halten. Misserfolgen soll damit vorgebeugt werden.
- Änderungen müssen dem anderen Elternteil frühzeitig mitgeteilt werden. Alternativvarianten sollten möglichst in der Beratungsstunde erarbeitet werden.
- In der unsicheren Phase lieber mehr regeln als zu wenig – und zwar in den Beratungssitzungen mit verbindlichen, ggf. schriftlichen Festlegungen.

Die Absprachen aus der Beratungsstunde sollen die Eltern in der Folgezeit umsetzen.

Um mögliche Widerstände zu umgehen, kann der Plan als vorläufig und übergangsweise eingeordnet werden, sozusagen als Testlauf bzw. Probehandeln. Pannen sind einzukalkulieren und werden von den Beratern vorhergesagt. Bei Eltern, die konkreten Schritten noch ambivalent gegenüberstehen, kann es sinnvoll sein, sie vorerst zu bremsen und stattdessen in einen Beobachter- bzw. Forscher-Modus zu versetzen: *Bitte beobachten Sie bis zum nächsten Mal, in welchem Moment es schon Ansätze gibt, die in die richtige Richtung gehen.*

Wenn die Eltern konkrete Entscheidungen für die nächste Zeit getroffen haben, die unmittelbar die Kinder betreffen, sollte noch in der Beratungssitzung geklärt werden, was wann wie durch wen den Kindern mitgeteilt wird. Dieses Informiertwerden stellt für die Kinder eine wichtige Orientierungshilfe dar und ist zugleich mit dem Signal verbunden, dass die Eltern gemeinsam handlungsfähig sind.

5.2 Die Eltern stellen ihre Kinder vor

Um die Klienten in ihrer Elternrolle anzusprechen und auf ihre Kinder zu fokussieren, können wir sie auffordern, von den Kindern zu erzählen. Die Eltern werden zum Beispiel gebeten, uns ihre Kinder vorzustellen. Das kann, wenn es die Stimmung irgendwie zulässt, gleich zu Beginn der Beratung, z. B. in der zweiten Sitzung, erfolgen. Es soll dazu beitragen, mit dem Blick auf die gemeinsamen Kinder das Elterngefühl zu wecken bzw. zu stärken.

Sie sollen sich nacheinander zu folgenden Fragen äußern:

Was fasziniert mich an unserer Tochter/unserem Sohn?
In welcher Phase befindet sich das Kind gerade?
Welche Vorlieben pflegt es gerade? Welche Hobbys sind angesagt?
Was kann es besonders gut? Worin liegen seine Stärken?
Wie sieht es mit den sozialen Kontakten aus? Gibt es einen besten Freund/eine beste Freundin?
Wie läuft es im Kindergarten/in der Schule?

Ein Nebeneffekt dieser Vorgehensweise besteht darin, dass der Elternteil, welcher gerade weniger Kontakt zum Kind hat, mehr Informationen bekommt. Das entspricht seinem Bedürfnis, besser an das Alltagsleben des Kindes angeschlossen zu sein.

Auch im weiteren Beratungsverlauf ist es wichtig, die Eltern immer wieder nach den Kindern zu fragen. Über aktuelle Ereignisse wie Urlaub, Klassenfahrt, Geburtstag, Zeugnisse etc. können die Elternteile berichten. Wenn Sie als Berater dies gleich zu Beginn einer gemeinsamen Sitzung zum Thema machen, werden beide Seiten auf ihr Elternsein fokussiert.

Möglicher Stolperstein: Ein Elternteil hebt bei seiner Darstellung hervor, wie schlecht es dem Kind geht, und verbindet damit die Botschaft, dass dies wegen des anderen Elternteils so sei, weil die Bedingungen dort unzureichend seien oder mangelnde Erziehungskompetenz vorliege. Das Gespräch muss dann durch hartnäckiges Nachfragen von Beraterseite immer wieder auf die Kompetenzen des Kindes und den elterlichen Stolz gelenkt werden. Die Unterschiedlichkeit der Einschätzung wird als ergänzende Wahrnehmung von zwei Elternteilen umgedeutet.

5.3 Eltern und ihre Kinder wertschätzen

Ein Grundprinzip lösungsorientierten Vorgehens besteht darin, die Klienten bei jeder passenden Gelegenheit für ihre Fähigkeiten und kleinsten Fortschritte zu würdigen. Bei getrennten Eltern ist das besonders wichtig, um das Gefühl *Wir haben als Eltern etwas geschafft* bzw. *Wir können etwas schaffen* zu fördern. Dazu dient auch die Wertschätzung der gemeinsamen Kinder in ihrer Entwicklung.

Es bietet sich an, jede Sitzung mit der Frage zu beginnen: *Was hat ein klein wenig geklappt – in den Abläufen, in Ihrem Miteinander, was die Absprachen betrifft? Was haben Sie ganz gut umsetzen können? Bei welchem Ablauf hatten Sie ein relativ gutes Gefühl? Wie haben Sie das geschafft?* Kleinste Bewegungen in die gewünschte Richtung können dann vom Berater herausgefiltert und hervorgehoben werden. Die Klienten werden dadurch kontinuierlich auf eigene Fortschritte fokussiert.

Wir räumen ein, dass es für die Berater keine leichte Aufgabe ist, in angespannten Situationen die kleinsten positiven Ansätze auszumachen. Aber selbst wenn nichts weiter passiert ist, kann das z.B. dafür sprechen, dass es nicht schlimmer geworden ist und beide sich mehr in Ruhe gelassen haben. Bei Rückschritten oder wenn etwas nicht umsetzbar war, übernehmen vorzugsweise die Berater die Verantwortung dafür, indem sie ein zu schnelles oder unbedachtes Vorgehen einräumen.

Wertschätzende und anerkennende Statements können auch am Ende jeder Stunde sinnvoll sein. Davor eine Sitzungspause zu machen, erhöht die Wirkung dieses Schlusskommentars. Die Beraterin fasst dann ihren Eindruck aus dem Verlauf der Sitzung zusammen, zum Beispiel: … *Sie haben es geschafft, hierher zu kommen und sich auf die Situation einzulassen. … Ich nehme ein großes Engagement bei Ihnen beiden wahr. … Mich hat beeindruckt, dass Sie sich heute sehr um Sachlichkeit bemüht haben. …*

Gelegentlich geht der Wunsch nach einer Einschätzung durch die Berater auch von den Eltern aus. Wir können das zum Anlass nehmen, spontan ein Feedback in oben genannter Art zu formulieren. Bei der Co-Arbeit kann dies auch in Form eines *reflecting team* erfolgen (siehe auch S. 74 ff.).

5.4 Gegenseitige Würdigung

Vertrauen, Akzeptanz und Wertschätzung zwischen getrennten Elternteilen ist ein grundlegendes und immer wiederkehrendes Thema. Eine Entwicklung diesbezüglich braucht verständlicherweise Zeit und kann durch Interventionen nur begrenzt beschleunigt werden.

Wenn es die Stimmung zwischen den Elternteilen zulässt, können wir sie bitten, sich in besonderer Weise gegenseitig zu würdigen (siehe Beratungsverlauf Familie Esche 7. Sitzung und Familie Weide 5. Sitzung). Dabei ist zu empfehlen, diese Würdigung über die Kinderperspektive einzuleiten, also *Was denken Sie, was Ihr Kind am anderen Elternteil besonders mag?* statt *Was meistert Mutter/Vater Ihrer Meinung nach im Alltag gut?*

Praxisbeispiel und methodisches Vorgehen: Die Eltern, von denen jetzt die Rede sein soll, waren auf einem guten Weg, und wir wähnten uns bereits in Nähe des Beratungsabschlusses: Der Vater hatte vor einigen Monaten das gemeinsame Sorgerecht erhalten. Kürzlich unternahm er mit dem fünfjährigen Sohn eine weite Ferienreise. Die Mutter, die mit dem Jungen sehr eng verbunden war, konnte zunehmend Ablösungsschritte zulassen. Die Eltern nahmen wichtige Termine des Sohnes gemeinsam wahr.

In ihrem Themenkatalog für die Beratung hatten die beiden ursprünglich unter anderem Folgendes aufgenommen:

Wie können wir ein respektvolleres und vertrauensvolleres elterliches Verhältnis entwickeln? und *Wie können wir die gemeinsame elterliche Verantwortung positiv und konstruktiv ausgestalten?*

Die Sitzung begann in durchaus entspannter und freundlicher Atmosphäre. Im Laufe des Gespräches verschlechterte sich die Stimmung zusehends, bis die Mutter zu weinen anfing. Sie hatte bei den Ausführungen des Vaters den ihr altbekannten Vorwurf herausgehört, sie kümmere sich zu wenig oder nicht richtig um den Sohn. Wie sich herausstellte, war der Vater eigentlich deshalb frustriert, weil die Mutter die Betreuung des Kindes bei Bedarf mithilfe ihres neuen Partners und ihrer Eltern abdeckte, ihn aber dabei ausklammerte.

Eigentlich wollten die Eltern heute über das Thema Schulwahl sprechen. Jetzt drohte die Sitzung zu platzen.

Wir unterbrachen die Dynamik und »bescheinigten« den Eltern einen »leichten Rückfall«. Unsere Frage an der Stelle: *Wollen Sie, dass aus einem leichten ein schwerer Rückfall wird? Dann machen Sie so weiter. Oder wollen Sie was dagegen tun?* Sie entschieden sich für Letzteres. Wir erklärten, dass es jetzt gut wäre, sich einmal darauf zu besinnen, was der andere Elternteil dem gemeinsamen Sohn in besonderer Weise geben kann. Eine zugegebenermaßen schwere Übung, verbunden mit der Frage, ob sie sich darauf einlassen könnten. Sie stimmten zu, und so stellten wir folgende Fragen:

Was denken Sie, was Ihr Sohn am anderen Elternteil besonders mag?
Was macht er besonders gern mit dem anderen Elternteil?
Wovon profitiert Ihr Sohn besonders, wenn er mit dem anderen Elternteil zusammen ist?

Was bringt der andere Elternteil ein, worüber Sie froh sind, dass er das übernimmt?
Welche Merkmale und Eigenschaften, die Ihnen an Ihrem Sohn gefallen, hat er vom anderen Elternteil?

Im genannten Beispiel war es erwartungsgemäß nicht so, dass die Wertschätzungen nur so heraussprudelten. Aber die wenigen Kommentare bewirkten dennoch Erstaunliches.

Der Vater würdigte die braunen Augen und die langen Wimpern, die der Sohn von der Mutter habe, und dass er merke, wie lieb der Sohn seine Mama hat.

Die Mutter würdigte den positiven Einfluss seiner neuen Partnerin und deren Sohnes, die zusammen mit dem Vater leben. Außerdem fand sie die blonden Haare vom Vater gut und dass der Vater mit dem Sohn Straßenbahn fährt, was dessen Leidenschaft sei. Und sie sei froh, dass der Vater während des Urlaubs das Vorhaut-Training mit dem Sohn praktiziert habe, welches die Kinderärztin zur Behebung der Phimose empfohlen hatte.

Die Stimmung kippte ins Positive, es wurde miteinander gelacht, und die Haltungen lockerten sich deutlich. Anschließend konnten die Eltern beeindruckend kooperativ über das Schulthema reden. Sie bekräftigten noch einmal ihr Einverständnis bezüglich einer Rückstellung des Kindes von der Einschulung. Die Mutter stellte ihre bisherigen Überlegungen und Rechercheergebnisse zu möglichen Schulen vor. Der Vater hörte interessiert zu. Beide verabredeten, die Schulanmeldung an der vorgeschriebenen Schule gemeinsam vorzunehmen und sich anschließend Zeit zur Informationsgewinnung bezüglich anderer Schulen zu nehmen, gegebenenfalls gemeinsam die Tage der offenen Tür zu besuchen, um sich einen unmittelbaren Eindruck zu verschaffen.

Sie verabredeten außerdem, die Beratung als Raum zur Verständigung weiter nutzen zu wollen. Es wurden monatliche Termine ins Auge gefasst. Später erzählte der Vater, dass sie sich nach dieser Sitzung noch unterhielten und er der Mutter versichert habe, dass er sie nicht persönlich angreifen wolle, sondern dass er die Beratungsstunden als Diskussionsforum verstehe, in der auch unterschiedliche Meinungen zur Sprache kommen sollten. Der Vater wolle sie als Mutter damit aber nicht grundsätzlich infrage stellen. In diesem Moment sei es zu einer spontanen Umarmung zwischen beiden gekommen.

Möglicher Stolperstein: Im ungünstigsten Fall werden kritische und abwertende Botschaften direkt oder indirekt fortgesetzt. Um das zu vermeiden, ist die konsequente Führung durch die Berater gefragt. Entweder durch das Fokussieren auf die eigentlich gestellte Frage oder/und die Unterbrechung destruktiver Ansätze. Eine Hilfe kann sein, die Aufmerksamkeit der Eltern stattdessen auf basale Merkmale zu lenken wie z. B. Konstitution, Haar- und Augenfarbe, motorische Fähigkeiten u. a.

5.5 Direkter Dialog

Die Gestaltung des Gesprächssettings unterstützt den Prozess wachsender Elternautonomie. Während es zu Beginn der Beratung sinnvoll ist, den unmittelbaren Bezug der Eltern zu unterbinden (siehe auch S. 43 ff.), wird es in einem fortgeschrittenen Stadium des Beratungsprozesses zunehmend möglich, den direkten Austausch zwischen den Elternteilen zu unterstützen.

Konkret spiegelt sich das so wider: Die Eltern sitzen einander gegenüber, beide sind aufeinander bezogen und sprechen sich direkt an. Die Unterstützung durch die Berater erfolgt durch flankierendes Doppeln auf jeder Seite. Dieser *entschleunigte Dialog* ist im Abschnitt 7.2 ausführlicher beschrieben.

In der nächsten Stufe kommentieren und unterstützen die Berater das Gespräch von außen. Hierbei befinden sich die Eltern in Dialogposition, und der/die Berater sitzen im Abstand dazu. Von der Außenposition aus werden Verlauf und Inhalt des Gespräches durch hilfreiche Kommentare unterstützt. Dabei ist es u. a. wichtig, dass die Berater immer wieder die Perspektive des Kindes/der Kinder einbringen: *Was bedeutet dieses oder jenes für die Kinder?*

Wenn die Eltern schließlich in der Lage sind, sich eigenverantwortlich zu Gesprächen zu treffen, ist ein wesentliches Ziel der Beratung erreicht.

5.6 Perspektivwechsel

Selektive Wahrnehmung und Komplexitätsreduktion sind normale und sinnvolle Mechanismen der Informationsverarbeitung. Bei Menschen unter Stress ist die Wahrnehmung zusätzlich eingeengt, man spricht auch vom »Tunnelblick«. Diese Einschränkung wird bei getrennten Eltern außerdem durch die gegenseitige Vorurteilsbildung verstärkt. Die Sichtweisen verhärten sich.

Eine wesentliche Aufgabe von Beratung und Therapie besteht darin, die Perspektive des Klienten auf sich und sein Umfeld zu erweitern, damit sich daraus neue Verhaltensoptionen eröffnen. Zu versuchen, die Klienten dabei zu unterstützen, sich wieder mehr in die Position des Gegenübers hineinzuversetzen, ist dafür ein wichtiges Mittel.

Eine bewährte Methode ist das **zirkuläre Fragen.** Beispiel: *Was glauben Sie, wie es dem Vater Ihrer Kinder in dieser Situation geht? Wenn die Mutter Ihres Kindes das gerade Gesagte hören könnte, was glauben Sie, wie es ihr damit ginge?*

Nach unserer Erfahrung bieten die Einzelsitzungen eine gute Gelegenheit, diesen Perspektivwechsel zu unterstützen (siehe S. 40 ff.).

Eine andere Variante ist die Nutzung der **Zeitprogression.** Es wird hypothetisch ein zeitlicher Abstand hergestellt, von dem aus der Klient seine aktuelle Situation betrachtet: *Es wird andere Zeiten geben. Stellen Sie sich vor, es sind 10 Jahre vergangen. Sie sind dann x Jahre alt und Ihr Kind ist y Jahre alt, mit welchen Gedanken und Gefühlen schauen Sie dann auf die heutige Situation zurück? Welchen Rat würden Sie sich aus dieser Perspektive selbst geben? Stellen Sie sich vor, Ihr Kind ist erwachsen und schaut auf die heutige Zeit zurück. Was glauben Sie, mit welchen Gedanken und Gefühlen Ihr Kind dann auf Sie als Eltern zurückblicken wird?*

Hypothetisches Arbeiten kann auch dann sehr hilfreich sein, wenn gegensätzliche und verfestigte Lösungsvorstellungen bei den Eltern existieren, wie zum Beispiel bei Familie Weide zur Frage des Lebensmittelpunktes des Kindes (siehe S. 154 oben). Die Eltern werden dort gebeten, sich jeweils vorzustellen, sie wären am Ende derjenige, bei dem das Kind nicht primär lebt. Folgende Fragen schließen sich an: *Welchen*

Umgang würden Sie als umgangsberechtigtes Elternteil minimal realisieren wollen und können? Angenommen, das Kind würde primär bei Ihnen leben, welchen Umgang würden Sie dann dem anderen Elternteil gewähren? Auf diesem Weg nehmen beide Elternteile die mögliche Position des anderen ein. Daraus können sich Spielräume für Kompromisse eröffnen (siehe auch S. 86ff.).

Ein **Positionswechsel in vivo** kann heißen, an einer geeigneten Stelle in der Beratungssitzung die Eltern ihre Sitzplätze tauschen zu lassen. Dies ist mit der Einladung verbunden, sich für einen Moment die Perspektive des anderen zu eigen zu machen, und verläuft zuerst als ein stiller Prozess. In einem zweiten Schritt werden die Klienten gebeten, aus der Perspektive des anderen zu sprechen. Die Berater unterstützen dieses Hineinversetzen durch Doppeln der Erlebnisinhalte. Später nehmen beide Elternteile wieder ihre gewohnten Plätze ein.

Die Bereitschaft, sich für Positionen des anderen zu öffnen, könnte sich im besten Fall etwas vergrößert haben und den weiteren Verlauf der Beratung günstig beeinflussen.

5.7 Metaphern und Geschichten

Metaphern eignen sich besonders zur Darstellung bestimmter Beziehungsaspekte. Durch die Kommunikation auf bildhafter, analoger Ebene ist die Missverständlichkeit verringert, stattdessen können die Assoziationen der Beteiligten darin Platz finden: gleichzeitig und erlebnisnah. Schwer Aussprechbares kann geschützt thematisiert und bearbeitet werden. Kreative Lösungen werden so eher gefunden.

Metaphorisches Arbeiten beginnt damit, sich bei den vielen Wortbildern, die es in unserem Sprachgebrauch, also auch in der Sprache der Klienten, gibt, zu bedienen, um dann damit bildhaft weiter zu arbeiten.

In einem weiter hinten beschriebenen Praxisbeispiel ergab sich aus dem Beratungsgespräch heraus die Metapher des »Elefanten«, der mit im Raum sei. Er stand für die schwerwiegenden emotionalen Altlasten des Paares, die sich nicht so leicht bewegen ließen. Mit diesem Begriff wurde im weiteren Verlauf der Beratung immer wieder operiert, sowohl vonseiten der Berater als auch vonseiten der Klienten.

In einem anderen Fall wurde der »Fall der Mauer« zum Thema und in einem weiteren Beispiel die »Elternbrücke« als Sinnbild für eine mögliche Einigung der Eltern am Ende der Beratung. Häufig wird auch formuliert, *als Eltern wieder an einem Strang zu ziehen* oder *in einem Boot zu sitzen.*

In den Gesprächen mit zerstrittenen Eltern tauchen überzufällig oft Wortbilder auf, die aus dem militärischen Gebiet stammen, wie: *Beide Seiten suchen Verbündete und bringen ihre Geschütze in Stellung* oder *Das ist wie ein Minenfeld* oder *Die Grabenkämpfe zwischen uns hören nicht auf* oder *Das Kind gerät zwischen die Fronten.* Solche Formulierungen machen die Dramatik der Situation deutlich. Der Berater kann dann den Fokus in Richtung Befriedung lenken: *Was brauchen Sie, um die Waffen ablegen zu können? Wie kann das Kind aus der Schusslinie gebracht werden? Wie könnte ein »kleiner Frieden« aussehen?*

Die Rolle des Beraters illustrieren wir gegenüber den Klienten gern so: *Er ist ein Wanderführer, der sich im Gelände auskennt und dieses Wissen gern zur Verfügung stellt. Die Wanderung muss jedoch von den Klienten selbst bewältigt werden und das Gepäck müssen sie ebenfalls allein tragen.*

Metaphern werden dann identitätsstiftend, wenn sie ein gemeinsames Thema der Eltern widerspiegeln bzw. die Eltern als Ganzes betreffen. Diese Gemeinsamkeit wird durch die Metapher identifiziert.

Auch identitätsfördernd kann es wirken, wenn sich die Eltern in einer für beide zutreffenden Geschichte wiederfinden. In der Trennungsberatung lädt die Atmosphäre leider oft nicht zum Geschichtenerzählen ein. Wenn die Berater es trotzdem tun, kann es deshalb gerade die bestehenden, meist destruktiven Kommunikationsmuster unterbrechen und Neuentwicklungen unterstützen. Die Klienten werden in eine Zuhörerposition gebracht, die meist mit einer entspannteren Haltung verbunden ist. Auch das kann schon im Nachgang zu einer Verbesserung der Gesprächsatmosphäre beitragen.

Als Geschichten können all jene verwendet werden, die der Beraterin gerade passend erscheinen: gehörte, gelesene oder selbst erlebte. Auch das Vorlesen von Geschichten hat eine ähnliche Wirkung. In der Literaturliste sind dazu noch einige Kinderbücher aufgeführt, die auch für Erwachsene geeignet sind.

Hier eine kleine Sammlung von Geschichten als Anregung zum Weitersuchen und Finden:

Die Geschichte von der traurigen Traurigkeit
Im Schloss der tausend Spiegel
Warten bis die Seele nachkommt
Beppo Straßenkehrer
Das Wesen der Wahrheit/Volksmärchen

Wer hat recht?

Ein Rabbi wurde gebeten, in einem Streitfall schlichtend zu entscheiden. Die Frau kam also zum Rabbi und schilderte ihm ihre Argumente. Der Rabbi hörte aufmerksam zu, dachte eine Weile nach und erklärt dann: »Du hast recht!« Dann kam der Mann, schilderte dem Rabbi seine Sicht der Dinge und legte seine Argumente dar. Auch hier hörte der Rabbi aufmerksam zu, überlegte etwas und sagte abermals: »Du hast recht!« Die Frau des Rabbiners hatte beide Gespräche mit angehört, und als das Paar gegangen war, sagte sie vorwurfsvoll zu ihrem Manne: »Es können doch niemals beide Recht haben!« Wieder dachte der Rabbi einen Augenblick nach und antwortete dann: »Liebes, da hast Du ganz recht!«

Nach einer jüdischen Geschichte

6 Kinderperspektive einbeziehen

In der Beratung sehen wir unseren Auftrag darin, die Eltern dabei zu unterstützen, ihrer gemeinsamen Verantwortung gegenüber den Kindern auch nach einer Trennung gerecht zu werden. Das heißt, wir arbeiten in erster Linie *mit* den Eltern *für* die Kinder.

In diesem Kapitel wollen wir zwei wichtigen Intentionen nachgehen. Zum einen betrifft das die Frage, wie wir die Eltern immer wieder für den Zustand ihrer Kinder sensibilisieren können, und zum anderen wollen sich die Berater selbst einen Eindruck verschaffen, wie es den Kindern geht. Emotional sehr verletzten Eltern gelingt es nicht immer, sich zum Wohl ihrer Kinder miteinander als fürsorgende Eltern zu verhalten, weil sie zunächst einmal mit der eigenen Stabilisierung beschäftigt sind und die Kinder mit ihren Nöten weniger wahrnehmen können.

Grundsätzlich wollen wir die Kinder schützen und nicht zusätzlich belasten. Deshalb werden sie aus den Elternsitzungen herausgehalten.

Dennoch gibt es einige Möglichkeiten, sie indirekt oder auch real in die Beratung einzubeziehen. Dazu in den folgenden Abschnitten einige Anregungen.

6.1 Der Auftrag des Kindes

Wie schon beschrieben, gibt es die Möglichkeit, den vermuteten Auftrag des Kindes bereits bei der Erstellung des Themenkataloges (siehe S. 39) mit aufzunehmen. Bei der Formulierung sind sich Eltern nicht selten sehr schnell einig. Für einen kurzen Moment sind sie als Einheit wahrnehmbar, schauen sich an, beziehen sich aufeinander. Es entsteht eine besondere Stimmung im Raum, wenn Eltern, angeregt durch die Berater, versuchen, sich in die Situation des Kindes hineinzudenken und die Stimme ihres eigenen Kindes laut werden zu lassen.

Handelt es sich um mehrere Kinder, sollten die Eltern aus der Perspektive jedes ihrer Kinder einen Auftrag formulieren. Dies signalisiert schon an dieser Stelle, dass die Kinder differenziert betrachtet werden müssen, jedes mit seiner eigenen Persönlichkeit und seinen individuellen Bedürfnissen.

Ebenso ist es möglich, den Auftrag des Kindes für eine konkrete Beratungssitzung ins Gespräch zu bringen: *Was denken Sie, was sich Ihr Kind von der heutigen Stunde erhoffen würde?*

6.2 Der symbolische Platz

Eine andere Form, das Kind auf indirekte Weise mit einzubeziehen, ist die Arbeit mit dem leeren Stuhl. Gerade in einem Moment, in dem das Elternpaar innerhalb der Sitzung in Streit gerät, bitten wir die Klienten, einen Stuhl zwischen sich zu plazieren und sich vorzustellen, ihr Kind würde darauf sitzen. Die Wirkung ist eindrucksvoll. Es erinnert die Trennungspaare sofort daran, dass sie als Eltern in der Beratung sind, um gute Lösungen für die Kinder zu finden. Der Umgang miteinander wird vorsichtiger, und der Blick wandert häufiger weg vom Ex-Partner hin zum imaginierten Kind.

Wir erinnern uns an einen Beratungsprozess, bei dem der Vater, ohne Aufforderung durch die Beraterin, den Stuhl für den Sohn in jeder weiteren Sitzung zwischen sich und die Mutter stellte. Es half ihm, sich selbst zu erinnern, dass es in der Beratung nicht um die Aufarbeitung ihrer Paargeschichte gehen sollte, sondern darum, zukünftig gute Lösungen für den gemeinsamen Sohn zu finden. Der Stuhl hatte die Funktion eines Mahnmals bekommen.

Fällt es Klienten schwer, ihr Kind auf einen leeren Stuhl zu imaginieren, kann der Berater die Eltern dazu anregen, gemeinsam eine Puppe als Stellvertreter für das Kind auszuwählen und auf den Stuhl zu setzen. In dieser Intervention steckt für die Eltern die Möglichkeit, miteinander einen kleinen Einigungsprozess zu erleben. Außerdem lösen Puppen oft den Effekt aus, dass die Klienten sanfter werden.

Des Weiteren kann der leere Stuhl für einen Rollentausch genutzt werden. Um die Eltern darin zu unterstützen, besser durch die Augen des Kindes schauen zu können, kann die Beraterin sie bitten, sich nacheinander auf den Platz des Kindes zu setzen. Besonders, wenn Eltern während der Sitzung in Streit geraten, kann dieser Perspektivwechsel einen sehr eindrücklichen Effekt für sie haben.

6.3 Die Familienskulptur

Würde man die charakteristische Dynamik zerstrittener Eltern in ein Bild übersetzen, würde es so aussehen: Die Eltern stehen abgewandt und entfernt voneinander, das Kind in der Mitte dazwischen. Die Beziehungsdynamik wird durch ein Seil symbolisiert, welches um die Brust des Kindes geschlungen ist und an dem beide Eltern ziehen.

Im Sinne der Problemaktualisierung kann diese Situation den Eltern plastisch vor Augen geführt werden, um ihnen die Zerrissenheit und den Loyalitätskonflikt ihres Kindes zu demonstrieren. Es ist sorgsam abzuwägen, welche der folgenden erlebnisintensiven Methoden gewählt werden – je nachdem, wie viel gemeinsames Arbeiten den Eltern gerade möglich ist oder wie viel Schutz und Distanz sie brauchen. Dementsprechend kann auch variieren, ob die Beraterin die Skulptur als ihr Bild von der Situation anbietet oder ob die Eltern es aktiv mitgestalten.

Skulptur mit Double fürs Kind

Im Folgenden beschreiben wir eine Form, die für die Klienten mit einer hohen emotionalen Verdichtung verbunden ist. Bei dieser Variante nehmen die Eltern selbst ihre jeweilige Position zueinander ein. Der Platz des Kindes wird von einer anderen Person (z. B. Praktikantin) stellvertretend besetzt. Das Double kann sich meist gut in die Lage des Kindes hineinversetzen und dessen Befinden laut werden lassen.

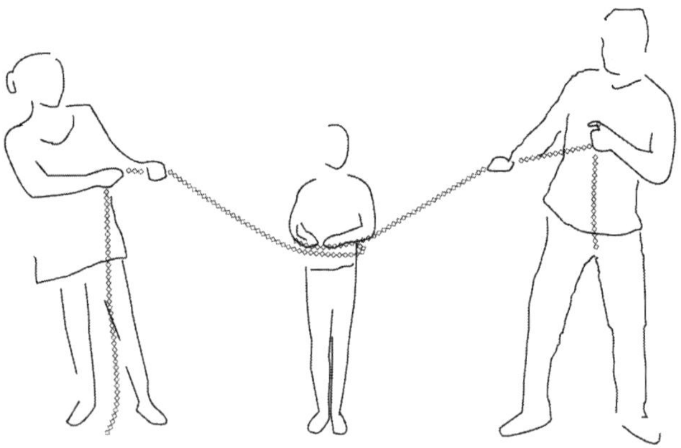

Abbildung 10: Typische Familienskulptur im zerstrittenen Zustand getrennter Eltern

Ausgangspunkt für die Skulptur bildet immer der Entwicklungsweg des Kindes. Die Beraterin sollte dafür symbolisch ein Seil in den Raum legen. Das Kind-Double wird am Gegenwartspunkt seines Lebensweges positioniert, seine Eltern entfernt voneinander auf entgegengesetzten Seiten in ihrer Haltung zueinander. Als Symbol für das Bemühen der Elternteile kommt ebenfalls ein Seil zum Einsatz, welches einmal um das Kind gewickelt ist (siehe Abbildung 10).

Wichtig im weiteren Vorgehen ist das **Doppeln** der Eltern. Auch das Double des Kindes sagt, wie es ihm an seiner Stelle geht. Des Weiteren ist die Außenperspektive von enormer Bedeutung. Dazu tritt zunächst ein Elternteil heraus, um sich das »Familiendenkmal« von außen zu betrachten, dann der andere Elternteil. Dafür kann sich jeweils die Beraterin/der Berater an die Stelle der Eltern stellen und nach einiger Zeit auch noch einmal stellvertretend die Empfindungen des Elternteils, den er/sie repräsentiert, äußern.

Stuhlskulptur

Dieses Vorgehen bietet besonders flexible Möglichkeiten für die Klienten, die Innen- und Außenperspektive einzunehmen. Auch hier wird wieder von dem Entwicklungsweg des Kindes ausgegangen und von seiner derzeitigen Position. Für die Eltern und weitere wichtige Personen im System werden jeweils Stühle im Raum plaziert. Abstand und Ausrichtung stehen für die aktuelle Beziehungssituation. Im weiteren Verlauf nehmen die Eltern zunächst ihren eigenen Platz ein, können ihr Befinden äußern oder/und vom Berater gedoppelt werden. Später können sie auch andere Plätze einnehmen, um sich dort einzufühlen, vorzugsweise die Position des Kindes. Zwischendurch ist immer wieder die Außenperspektive sehr wichtig, um das ganze System wahrzunehmen, insbesondere den Platz des Kindes darin. Die Eltern schauen aus dem Abstand und verschiedenen Richtungen auf die Stuhlskulptur. Veränderungsimpulsen kann hypothetisch und durch Veränderung der Stuhlpositionen nachgegangen werden. Am Ende der Sitzung wird immer der reale aktuelle Zustand wiederhergestellt. Es ist zu empfehlen, die Eltern aus dieser Position zu entlassen.

Puppenskulptur

Die Arbeit mit Puppen ermöglicht den Eltern einen Draufblick aus sicherer Distanz. Hierbei werden die Positionen der Personen stellvertretend durch Puppen (Gliederpuppen, Plüschtiere o. Ä.) besetzt.

Eine emotionale Dichte kann entstehen, wenn die Beraterin bereit ist, die einzelnen Personen (Puppen) aus der jeweiligen Position heraus zu doppeln – also für sie zu sprechen und mögliche Gefühle und Bedürfnisse laut werden zu lassen. Am Ende kann auch ein mitgegebenes Foto von der Puppenskulptur den Eltern helfen, die Situation des eigenen Kindes aufmerksamer im Blick zu behalten.

6.4 Einzelkontakt mit dem Kind

In diesem Abschnitt fokussieren wir auf die Bedeutung der Einbeziehung des Kindes für die Elternberatung. Die Initiative dazu kann von einem oder beiden Elternteilen ausgehen, weil sie sich um den Zustand ihres Kindes sorgen. Genauso gut kann die Beraterin den Vorschlag bzw. Wunsch vorbringen, das Kind kennenlernen zu wollen, um sich ein Bild von dessen Befinden machen zu können: Inwieweit ist es ggf. durch die Trennungssituation und den Streit der Eltern belastet, gibt es besonderen Unterstützungsbedarf?

Die Einzelsitzung(en) mit dem Kind werden von der Elternberaterin selbst oder einer anderen kinderpsychologisch erfahrenen Mitarbeiterin realisiert. In der Regel findet der Einzeltermin mit dem Kind erst statt, wenn mit den Eltern eine gute Zusammenarbeit gegeben ist (siehe Beratungsverlauf Familie Esche 12. Sitzung und Familie Weide 11. Sitzung). Wenn die Sitzung mit dem Kind in der Anfangsphase der Beratung erfolgt, besteht die Gefahr einer ungünstigen Attribuierung oder Instrumentalisierung durch die Eltern. Auch dem Anliegen eines Elternteils, *Sie müssten mal unser Kind befragen, was das will!*, sollte der Berater nicht ohne Weiteres entsprechen, um sich nicht in eine Gutachterrolle bringen zu lassen. Wichtig ist, dass die Kinder nicht in die Position gebracht werden, Entscheidungen über die Familiensituation treffen zu müssen, was möglicherweise vorhandene Loyalitätskonflikte verstärken würde. Auch wenn ein Kind z. B. den Wunsch äußert, primär bei einem Elternteil zu leben, bleibt die Haltung und Botschaft der

Verantwortlichen klar: *Wir haben deinen Wunsch gehört und nehmen ihn ernst, letztlich entscheiden werden das deine Eltern.*

Oft fragen die Eltern, wie sie diesen Termin ihrem Kind im Voraus vermitteln sollen. Für jüngere Kinder bietet sich folgende Begründung an: *Du weißt, Mama und Papa treffen sich regelmäßig in einer Beratungsstelle. Wir holen uns dort Hilfe, um besser miteinander klarzukommen und wichtige Dinge abzusprechen. Die Beraterin dort möchte auch dich einmal kennenlernen. Du kannst dir anschauen, wohin Mama und Papa gehen. Vielleicht kannst du auch mit der Beraterin etwas spielen …*

Methodisches Vorgehen:
Zum Termin kann das Kind zusammen mit dem Elternteil, welches dabei ist, in den Beratungsraum kommen. Der Berater stellt sich vor und fragt, was Mama oder Papa bereits zum Grund dieses Treffens erklärt haben. Er kann weitere Informationen geben und vor allem darauf hinweisen, dass sich in diesem Raum auch die Eltern regelmäßig treffen, um sich zu verständigen. Wenn möglich, kann sich dann der Elternteil in den Wartebereich zurückziehen. Nun hat der Berater die Gelegenheit, auf unterschiedlichste Weise mit dem Kind in Kontakt zu treten. Vielleicht erklärt er das Familiengenogramm, welches am Flipchart hängt, und kommt mit dem Kind über die Familie, seine Freunde, die Schule und die Freizeitaktivitäten ins Gespräch. Einige Fakten, von denen das Kind berichtet, können ergänzend in das Genogramm eingetragen werden. Des Weiteren kann leistungs- und persönlichkeitsdiagnostisches Inventar zum Einsatz kommen, bei jüngeren Kindern eingebettet in ein spielerisches Geschehen. Auch kleine Familienskulpturen mit Tier- oder Playmobilfiguren sind denkbar.

Wichtig ist, mögliche Belastungen des Kindes und seine Wünsche nach Unterstützung herauszufiltern. Gleichzeitig registrieren wir die oft beeindruckenden Resilienzen bei den Kindern.

Bedeutsam ist die ausführliche Information beider Eltern in einer der folgenden Sitzungen. Stärken des Kindes, aber auch Auffälligkeiten werden beschrieben, um an dieser Stelle die Aufmerksamkeit der Eltern für ihr Kind zu aktivieren. Es können sich konkrete Empfehlungen oder Ideen anschließen, wie das Kind besser unterstützt werden kann. Vielleicht nehmen die Eltern gemeinsam eine Erziehungsberatung in Anspruch, was wir als integrativen Schritt zu mehr Kooperation und Verantwortungsgemeinschaft werten und würdigen.

Hinweisen möchten wir an dieser Stelle auf die Möglichkeit, die Kinder aus Trennungssituationen durch Gruppenangebote zu unterstützen. Unsere Kollegen Annegret Weiß und Sebastian Funke haben ein systemisch fundiertes und erlebnisorientiertes Gruppenangebot für Kinder, deren Eltern sich getrennt haben, entwickelt, welches an anderer Stelle veröffentlicht wird. Dabei sind die Eltern in den Prozess einbezogen, um sie für die Situation ihrer Kinder zu sensibilisieren.

Einstiegskonstellation

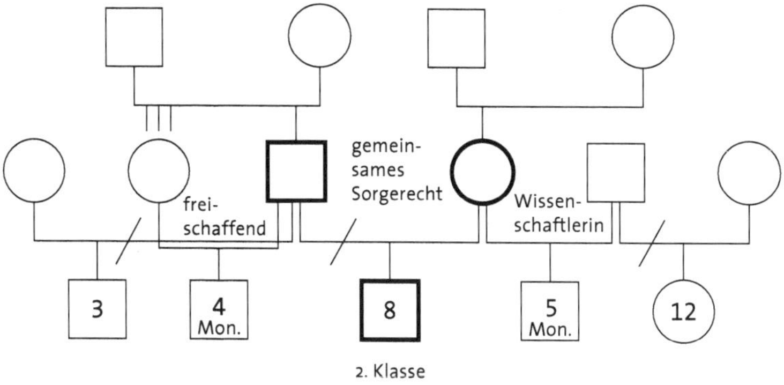

Abbildung 11: Konstellation Familie Weide

Wir treffen in der Beratung auf ein Elternpaar, das bereits drei Jahre getrennt lebt. Für den 8-jährigen Sohn haben die Eltern das gemeinsame Sorgerecht. Er wechselt 14-tägig von einem zum anderen. In der Zwischenzeit sieht er den anderen Elternteil unregelmäßig.

Für einen großen Teil der Fragen, die nach einer Trennung zu klären sind, haben die Eltern bereits Lösungen gefunden. Beide Partner haben inzwischen neue Familien gegründet. Die Umorganisation der bisherigen Familie nach der Trennung verlief demnach parallel zur Gründung jeweils neuer Familien, was ein enormes Maß an Beziehungsarbeit vermuten lässt. Im Zuge dessen wurde den Eltern klar, dass sie für die Organisation ihres erweiterten Familiensystems eine handfestere Struktur brauchen als die bisherige. Dazu kommt, dass die Eltern sich in ihrem Lebensstil und ihren Lebensansichten sehr unterscheiden. Dies führte in der Vergangenheit dazu, dass die Kommunikation zwischen den Elternteilen immer schwieriger wurde. Die Eltern machen sich aktuell Sorgen um den Sohn. Mithilfe der Beratung wollen sie ein für alle Beteiligten passenderes Betreuungsmodell finden. Des Weiteren möchte das Elternpaar über die Belange des Sohnes in einen konstruktiven Austausch miteinander kommen.

Die Elternpaarsitzungen erfolgen mit Co-Team.

Beratungsverlauf

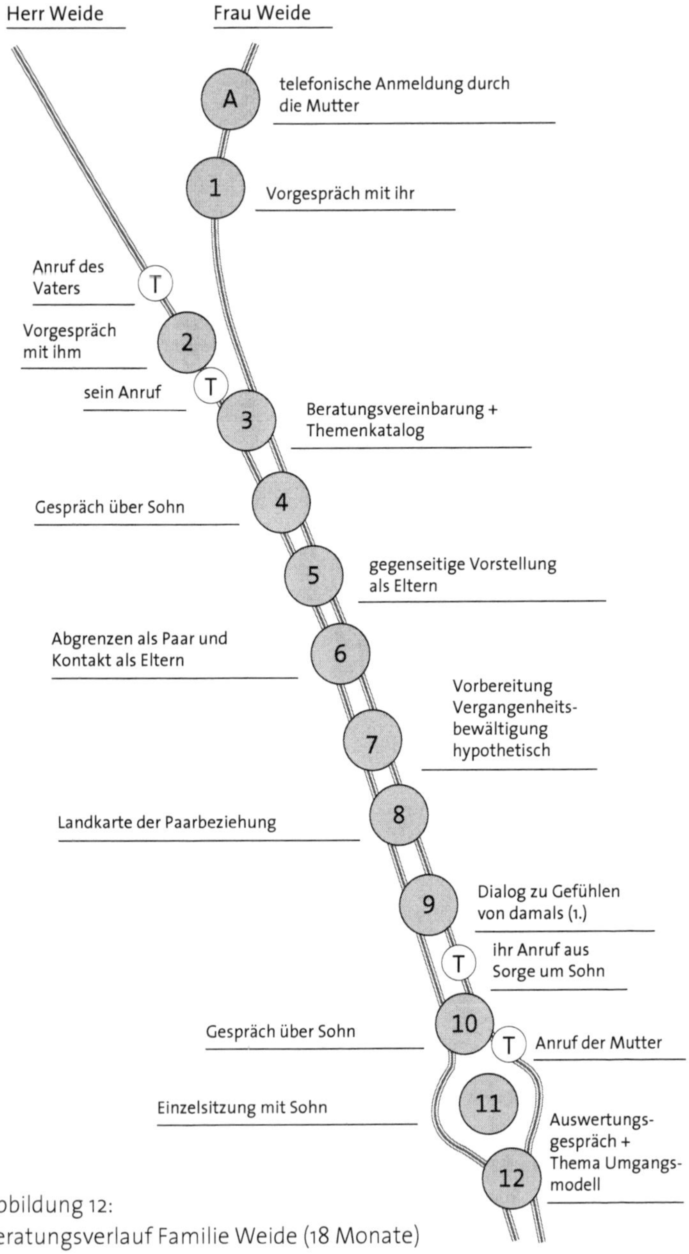

Abbildung 12:
Beratungsverlauf Familie Weide (18 Monate)

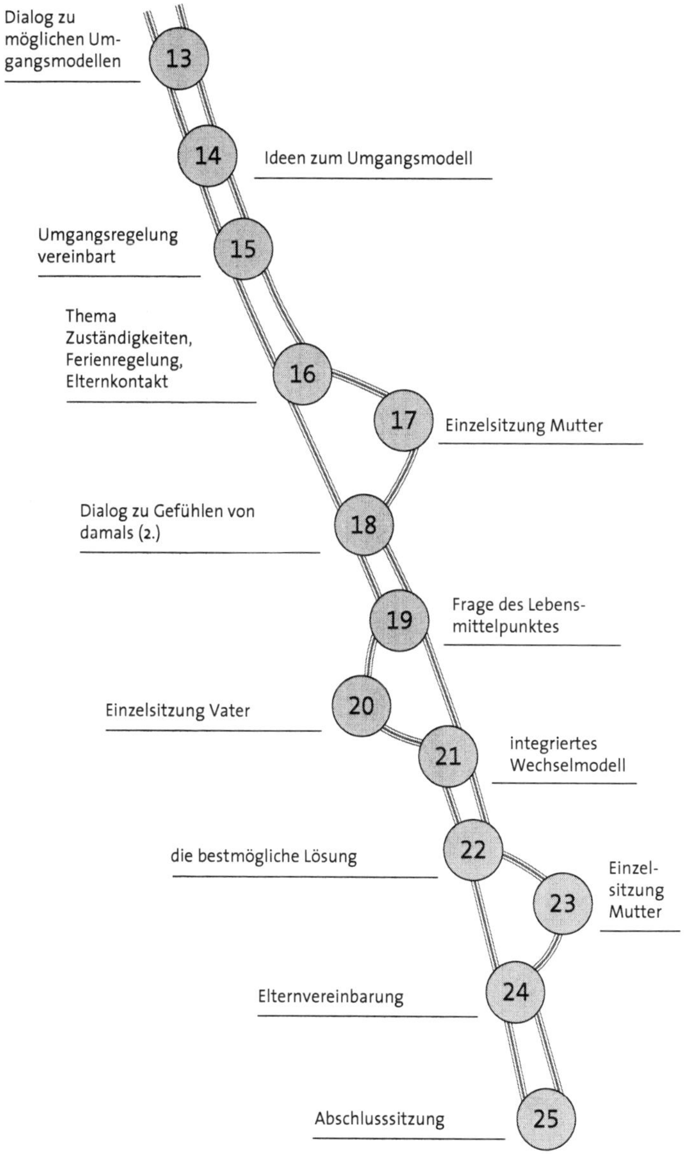
Dialog zu möglichen Umgangsmodellen
13
14
Ideen zum Umgangsmodell
Umgangsregelung vereinbart
15
Thema Zuständigkeiten, Ferienregelung, Elternkontakt
16
17
Einzelsitzung Mutter
Dialog zu Gefühlen von damals (2.)
18
19
Frage des Lebensmittelpunktes
Einzelsitzung Vater
20
21
integriertes Wechselmodell
die bestmögliche Lösung
22
23
Einzelsitzung Mutter
Elternvereinbarung
24
Abschlusssitzung
25

A **Telefonische Anmeldung:** Frau Weide meldet sich telefonisch und bittet um Unterstützung. Vor drei Jahren hatte sie zusammen mit dem Vater ihres Sohnes einige wenige Beratungssitzungen bei uns in Anspruch genommen. Damals befanden sie sich gerade im aktuellen Trennungsgeschehen. Mittlerweile können beide kaum noch miteinander reden, und es gibt heftige Auseinandersetzungen bei Absprachen, die ihren gemeinsamen Sohn betreffen. Um dessen Entwicklung ist die Mutter im Moment sehr besorgt. Beide Elternteile haben inzwischen neue Partner und sind mit diesen gerade noch einmal Mutter bzw. Vater geworden. Frau Weide ist bereits wieder verheiratet.

Ihr Wunsch ist es, die Gespräche von damals fortzusetzen und neue Regelungen miteinander zu entwickeln, die an die aktuelle Situation angepasst sind. Es wird ein erstes Vorgespräch mit der Klientin vereinbart.

1 **Vorgespräch mit Frau Weide – Zielklärung:** Während die Klientin von ihrer neuen Lebens- und Familiensituation erzählt, erstellt die Beraterin ein aktuelles Genogramm des inzwischen entstandenen erweiterten Familiensystems.

Frau Weide beschreibt die aktuelle Umgangsregelung, bei der der achtjährige Sohn 14-tägig zwischen den Elternteilen wechselt. Die Kontakte zum Vater ihres Sohnes seien durch starke Spannungen gekennzeichnet. Sie ist mit der Erziehungshaltung des Vaters nicht einverstanden. Der Sohn habe beim Vater viele Freiheiten und werde mit Geschenken überschüttet. Der Vater überfordere den Sohn, wenn er beispielsweise mit dem Kind den Urlaub plant, ohne vorher mit ihr darüber gesprochen zu haben. Ihren Sohn erlebe Frau Weide zwischen den Welten der Eltern unruhig und zerrissen, weshalb sie sich aktuell sehr um ihn sorgt. Ihr Ziel ist es, die bestehende Umgangsregelung zusammen mit dem Vater zu überdenken, um mehr Ruhe für den Sohn zu schaffen. Frau Weide möchte sich mit dem Vater bezüglich der Erziehungshaltungen absprechen und gegenseitige Erwartungen und Grenzen abgleichen.

Die Beraterin orientiert auf einen Beratungsprozess, dessen Ziel darin besteht, gemeinsame Lösungen zu finden, die tragfähig sind. Über die Möglichkeiten der Beratung will die Klientin Herrn Weide persönlich informieren.

Frau Weide macht einen sehr klaren und geordneten Eindruck in ihrer Rolle als Mutter und scheint sehr motiviert. Kurz nach dem Gespräch ruft der Vater an, um für sich einen Termin für ein Vorgespräch zu vereinbaren.

2 Vorgespräch mit Herrn Weide – Zielklärung: Zum Vorgespräch erscheint ein sehr jung wirkender Mann, der sich etwas fahrig bewegt. Er beschreibt, dass er die Abgrenzungsbedürfnisse seiner Ex-Partnerin nicht nachvollziehen könne und sich oft stark abgewiesen bzw. ausgeschlossen fühle. Er hatte immer die Vorstellung, dass alle Mitglieder des erweiterten Familiensystems zusammen eine große Familie bilden und einen reibungslosen Kontakt miteinander pflegen. Nun muss er schmerzlich feststellen, dass es dafür nur begrenzt »Mitspieler« gibt. Für ihn stellt sich die aktuelle Situation so dar: Die Mutter seines Sohnes grenzt sich ihm gegenüber deutlich ab, unterstützt von ihrem Ehemann. Die Partnerin von Herrn Weide signalisiert Grenzen in ihrer Rolle als Stiefmutter seinem Sohn gegenüber, und der 14-tägige Wechsel seines Sohnes scheint für alle Beteiligten eine emotionale Überforderung darzustellen.

Herr Weide ist daran interessiert, zu seiner Ex-Partnerin einen stimmigen Abstand und eine tragbare Nähe zu finden. Der Berater übersetzt dieses Anliegen in die Frage: Wie können wir als Paar getrennt leben und gleichzeitig als Eltern in gutem Kontakt miteinander sein? Das zweite Anliegen des Vaters bezieht sich auf die Überprüfung der bestehenden Umgangsregelung. Er möchte zusammen mit der Mutter seines Sohnes ein für alle Beteiligten passenderes Umgangsmodell finden. Er ist zu gemeinsamen Beratungssitzungen mit Frau Weide bereit und will ihr das auch selbst übermitteln. Kurz darauf vereinbart er telefonisch einige gemeinsame Beratungstermine.

3 Beratungsvereinbarung/Themenkatalog: In der ersten gemeinsamen Beratungssitzung mit den Eltern entsteht der Themenkatalog, die Beratungsvereinbarung wird abgeschlossen und weitere Termine werden verabredet. Den Schwerpunkt für die Beratung setzen die Eltern an sehr unterschiedlichen Punkten. Der Vater möchte an der Beziehung zu seiner Ex-Frau arbeiten und am liebsten etwas dafür tun, dass es eine Freundschaft werden kann. Er möchte außerdem eine Regelung, nach der er jederzeit seinen Sohn sehen und besuchen kann, wenn ihm danach ist. Die Mutter lehnt eine Freundschaft ab, möchte klare Grenzen bezüglich der Paarebene und einen angemessenen Kontakt zwischen ihnen als Eltern. Sie ist eher daran interessiert, die Umgangsregelung auf den Prüfstand zu stellen und diese weiterzuentwickeln.

4 **Sorge um den gemeinsamen Sohn:** In dieser Sitzung steht die Sorge um den gemeinsamen Sohn im Vordergrund. Frau Weide berichtet, dass sie ihren Sohn oft sehr angespannt erlebt. Er sei sehr ehrgeizig, könne im Spiel nicht verlieren und habe die Tendenz, es allen recht machen zu wollen. Er fange an, Lügengeschichten zu erzählen. Abends könne er dann oft nicht einschlafen.

Der Vater bestätigt, ähnliche Beobachtungen gemacht zu haben. Er habe deshalb dem Sohn vorgeschlagen, einen Psychologen zu konsultieren. Der Sohn sei damit einverstanden gewesen. Da Herr Weide jedoch diese Idee vorher nicht mit der Mutter abgesprochen habe, sei es bei einer Übergabe des Kindes zum Streit zwischen den Eltern gekommen. Diesen wolle der Vater in Zukunft durch bessere und häufigere Absprachen mit der Mutter vermeiden und seinen Sohn dadurch entlasten. Der Vater möchte dafür sorgen, dass sein Sohn glücklich ist, und ihn in jedem Fall beschützen. Die Mutter erkenne sich selbst in ihrem Sohn mit ihrem Ehrgeiz wieder und möchte vermeiden, dass der Sohn zum Problemkind gemacht wird.

Auf die Frage, was der Sohn gut kann, wissen die Eltern einiges zu berichten, z. B. kann er manchmal allein längere Zeit entspannt und selbstvergessen spielen und seine Bedürfnisse deutlich äußern. Nachdem der Berater eine Weile zugehört hat, stellt er den Eltern seine ersten Hypothesen zur Verfügung. Er wirft die Frage auf, ob das Verhalten des Sohnes tatsächlich als bedenklich eingeschätzt werden soll, da die Anzeichen für eine positive Entwicklung immer noch überwiegen. Möglicherweise gehören bestimmte Besonderheiten einfach zu seinem Charakter, sind vielleicht sogar angeboren. Danach würde sich dann eher die Frage ergeben, wie man als Eltern einen Umgang damit findet oder welche Angebote dem Sohn guttäten. Beispielsweise könnte körperliche Aktivität, die nicht leistungs- und wettbewerbsorientiert angelegt ist, einen entscheidenden Ausgleich bringen und zur Entspannung beitragen. Eine andere Annahme könnte sein, dass das Verhalten des Sohnes phasentypisch ist, also ein Durchgangsphänomen. Vielleicht dient das Verhalten dazu, die Grenzen auszuloten, z. B. mit seinen

»Lügengeschichten« die Erwachsenen zu testen, mit ihnen in einen Wettbewerb zu treten. Außerdem stellt die besondere Familiensituation mit der gelebten Vielfalt spezielle Anforderungen an den Sohn. Er lebt in zwei Familienwelten und ist Grenzgänger, manchmal Bote zwischen den Eltern. Er muss sich oft verabschieden und wieder ankommen. Wahrscheinlich muss er immer wieder um seinen Platz im Gefüge ringen, hat innerhalb eines halben Jahres zwei weitere Halbgeschwister bekommen.

Die Eltern können die Erweiterung der Perspektive auf die Situation ihres Sohnes gut aufnehmen. Die Atmosphäre im Raum ist entspannt, und das Elternpaar geht nachdenklich aus der Sitzung.

5 **Gegenseitige Vorstellung als Eltern:** In der nächsten Beratungssitzung 14 Tage später berichten die Eltern, dass sie entspannter auf ihren Sohn schauen und ihn auch entspannter erleben. Er sei jetzt für eine längere Zeit beim Vater und danach längere Zeit bei der Mutter, was vielleicht auch zur allgemeinen Beruhigung beitrage. Frau Weide habe sich inzwischen bei ihrer Mutter nach ihrem eigenen Verhalten als Kind erkundigt und einige Parallelen zu ihrem Sohn festgestellt. Insofern ist sie zuversichtlich, dass sich bestimmtes Verhalten im Erwachsenenalter verliert. Es herrscht eine lockere Atmosphäre, es wird gelacht.

Das Elternpaar will sich heute der Frage zuwenden, welche gemeinsamen Werte und Regeln sie in der Erziehung vertreten wollen und wie sie es schaffen können, Unterschiede gegenseitig wertzuschätzen und zu achten.

Die Berater schlagen den Klienten dazu vor, sich zuerst einmal als Eltern gegenseitig vorzustellen.

Was können Sie am anderen als Mutter oder Vater Ihres Sohnes wertschätzen?

Frau Weide betont die Geduld des Vaters beim Spielen mit dem Sohn, meint, dass der Sohn sich gut von ihm angenommen fühle und der Vater sich immer Zeit für ihn nehme.

Herr Weide empfindet die ruhige Seite der Mutter als gute Ergänzung für die Entwicklung des Sohnes. Er akzeptiert sie als Mensch und rechnet ihr hoch an, dass sie dem Sohn den Kontakt zum Vater ermöglicht.

Was finden Sie schwierig?

Frau Weide findet, dass der Vater dem Sohn zu viele und zu große

Geschenke macht. Außerdem meint sie, dass er ihm zu gewichtige Entscheidungen überließe und ihn damit permanent überfordere. Wenn der Sohn dann bei ihr sei, würde er sich auf den Vater berufen und das gleiche Recht zu eigenen Entscheidungen für sich in Anspruch nehmen wollen.

Herrn Weide fällt nicht so einfach etwas Kritisches zur Mutter ein. Sie sollte mehr darauf vertrauen, dass sie dem Sohn viel gibt, und nicht diesen unsäglichen Vergleich anstellen, wer von den Eltern mehr zu bieten habe.

Welche Punkte lassen Sie auf eine Einigung hoffen?

Frau Weide weiß, dass sie beide ihr Kind sehr lieben und deshalb versuchen, ihr Bestes zu geben. Sie weiß, dass ihr Ex-Mann ein hoffnungsvoller guter Mensch ist.

Herr Weide erlebt die Mutter immer gesprächsbereit. Er sieht eine gute Grundlage für eine Einigung darin, dass Frau Weide jetzt eine Sicherheit hat, dass sie als Paar getrennt sind, er nichts mehr von ihr als Partnerin will und sie sich damit als Eltern entspannter begegnen können.

6 **Wie sich gut abgrenzen und gleichzeitig gut im Kontakt bleiben?** Die Eltern berichten zu Beginn der Sitzung, dass sie in der Zwischenzeit gut im Kontakt waren. Schnell kommt der Grundkonflikt zur Sprache, welcher sich auf das erweiterte Familiensystem bezieht. Kurz gesagt heißt dieser: *Alle zusammen* (Vater) versus *Zusammen mit sicheren Grenzen* (Mutter). Beide Elternteile fühlen sich schlecht damit, sind verunsichert und haben das Gefühl, etwas falsch zu machen: Herr Weide z. B., wenn er die Mutter und ihren neuen Mann zu seinem Geburtstag einlädt, und Frau Weide, wenn sie ablehnt. Beide haben das Gefühl, der andere würde mit seiner Haltung dem Kind etwas zumuten. Kränkungen sind vorprogrammiert.

Die Berater nehmen die Darstellungen der Eltern erst einmal entgegen. Es bleibt die Frage bestehen, wie die Eltern im Einzelnen Kompromisse finden, die sie dann gemeinsam vor dem Sohn vertreten können, z. B. mit der Aussage: *Wir haben gemeinsam besprochen und entschieden, dass …* Dies würde dem Sohn die Möglichkeit geben, die unterschiedlichen Herangehensweisen seiner Eltern zu integrieren.

7 Was wäre, wenn wir uns noch mal den alten Verletzungen zuwenden würden? Einen Monat später findet die nächste Beratungssitzung statt. Die Eltern erzählen von einer Zwischenzeit, in der es gute Ansätze der Kommunikation miteinander gab, genauso wie schwierige Momente. Die beiden neuen Elternpaare (die Mutter mit ihrem neuen Partner, der Vater mit seiner neuen Partnerin) hatten sich zusammengesetzt, um Absprachen bis zum Sommer zu treffen. Weiterhin positiv war, dass der Sohn seiner Mutter den Hof des Vaters zeigen konnte, als diese ihn von dort abholte. Die Berater sind voll des Lobes. Verwunderlich ist, dass es den Eltern schwerfällt, die positiven Momente zu würdigen. Beide berichten, dass ihnen immer wieder alte Verletzungen in die Quere kommen und das Gespräch miteinander erschweren. Sie sind motiviert, ihre Gesprächskultur zu entwickeln, wissen aber nicht wie. Ziel ist es, einen Rahmen für die Kommunikation miteinander zu schaffen, um dann vielleicht zu einer gemeinsamen Linie in der Erziehung zu finden. Während des Gesprächs entsteht die Idee, dass es dazu nötig sein könnte, gemeinsam auf die alten Verletzungen zu schauen, um sie vielleicht aus dem Weg zu räumen und damit diesen latenten Konflikt zu beruhigen. Die Berater erläutern das Vorgehen beim *entschleunigten Dialog* sowie die damit verbundenen Möglichkeiten des Umgangs mit alten Verletzungen und bieten an, die Eltern dabei zu begleiten (siehe auch S. 164 ff.).

Doch bevor die Klienten einen Entschluss treffen können, regen die Berater mit der folgenden Frage das Elternpaar an, darüber nachzudenken, ob sie sich auf diese Methode wirklich einlassen wollen: *Angenommen, Sie würden auf diese Art und Weise miteinander in einen Austausch treten, was könnte schlimmstenfalls passieren?* Frau Weide befürchtet, dass ihre Wut wieder hochkommt, wenn sie beginnt, über die alten Verletzungen zu sprechen. Herr Weide hat Sorge, dass sie sich weiter voneinander entfernen könnten.

Die Eltern bekommen bis zur nächsten Sitzung Zeit, sich zu überlegen, ob sie sich auf das beschriebene Gesprächsritual einlassen wollen.

Die Stimmung in der Sitzung ist geprägt durch eine ruhige, aber auch traurige Atmosphäre. Das Elternpaar verlässt den Beratungsraum nachdenklich.

8 Landkarte der Paarbeziehung: In der darauffolgenden Sitzung berichten die Eltern von einer reibungslosen Zwischenzeit. Die Übergänge waren problemlos verlaufen. Dem Sohn ginge es gut. Er sei häufig mit seinen Freunden zusammen. Der Vater war viel unterwegs. Frau Weide beschreibt eine innere Aufregung in Erwartung der Sitzung, da sie sich nicht so genau vorstellen kann, was auf sie zukommen wird. Herr Weide habe sich bewusst nicht vorbereitet, um offen zu sein. Beide haben entschieden, sich den alten Verletzungen zuzuwenden.

Als Einstieg dafür orientieren wir die Klienten zuerst auf eine Lebensfluss-Arbeit. Wie in Abschnitt 7.1 (s. S. 161) ausführlich beschrieben, laden wir sie ein, die Landkarte ihrer Paarbeziehung analog darzustellen. Es entsteht ein eindrückliches Gesamtbild, welches Vergangenheit, Gegenwart und Zukunft miteinander verbindet und den Klienten die Möglichkeit eröffnet, ihre Paargeschichte aus verschiedenen Blickwinkeln zu betrachten und einzuordnen. Das Elternpaar Weide lässt sich gut darauf ein und kann recht schnell ein gemeinsames Bild entwickeln. Aus dem Abstand betrachtet, ist er mit seinem Leben zufrieden, so wie es ist. Sie hätte es gern etwas ruhiger, findet den Verlauf jedoch stimmig und wertvoll. Mit der abschließenden Ressourcenorientierung am Lebensfluss mit Blick in die Zukunft würdigen wir das Erreichte und den gesammelten Erfahrungsschatz und beschließen die Sitzung.

9 **Entschleunigter Dialog zu alten Verletzungen (1.Teil):** Einen Monat später, die Eltern haben sich in der Zwischenzeit aufgrund der Auswärtstätigkeit des Vaters kaum gesehen, beginnen wir mit dem entschleunigten Dialog. Wie im Abschnitt 7.2 (s. S. 164) ausführlich beschrieben, sitzen sich die Klienten gegenüber und haben die Berater als sogenannte »Übersetzer« an ihrer Seite. Herr Weide beginnt. Seine Erinnerung geht zurück in die Zeit kurz nach der Trennung. Frau Weide hatte bei einer Übergabe des Sohnes ein Gespräch mit seiner Freundin, zu der sie schon immer einen guten Draht hatte. Von dieser habe er im Nachhinein erfahren, was seine Ex-Frau von ihm dachte. Er hörte, dass er den Jungen, aus Sicht der Mutter, ausnutze, manipuliere und erpresse. Diese Sicht verletzte ihn zutiefst, da sein Junge ihm immer schon sehr am Herzen lag. Er beschreibt, wie die Traurigkeit von damals immer noch spürbar ist und er die Situation heute noch als Vertrauensbruch empfindet. Diese Erfahrung mache ihn im Kontakt mit ihr unruhig, da er seitdem unsicher ist, was sie von ihm hält bzw. denkt.

Frau Weide kann sich an die Situation gut erinnern. Die harten Bezeichnungen und die Art, wie die Aussagen zu ihm gelangt sind, findet sie aus heutiger Sicht nicht mehr in Ordnung. Es tut ihr leid. Sie erzählt, wie verzweifelt sie damals war, und fängt an zu weinen. Es mache sie heute noch wütend, wenn er mit dem Sohn Dinge bespricht, die nur die Erwachsenen etwas angehen. Ihr wäre viel daran gelegen, wenn sie es schaffen könnten, als Eltern für ihren Sohn zu entscheiden und ihn damit zu entlasten. Die Sicht des Jungen sei natürlich zu hören, sollte aber nur eine Grundlage für die Entscheidung darstellen. Sie wünscht sich kindgerechte Erklärungen, dem Alter des Kindes angepasst. Das heißt, manches Detail bleibt beim Erwachsenen zurück und kann dem Kind nicht mitgeteilt werden, weil es eine Überforderung für den Jungen darstellen würde.

Herr Weide ist erschrocken über die Reaktion seiner Ex-Partnerin, kann es schwer aushalten, sie weinen zu sehen, reagiert verlegen. Ihm sei es damals sehr schwergefallen, die Trennung zu akzeptieren. Er habe bis heute Mühe damit, die Regulierung seines Alltags infolge der Trennung anzunehmen. Überhaupt strenge ihn zu viel Struktur an. Aus seiner eigenen Geschichte heraus falle es ihm manchmal schwer, zwischen den Generationen zu unterscheiden. Keinem wehtun zu wollen, sei seine oberste Lebensmaxime.

Die Eltern erscheinen am Ende der Sitzung berührt und sehr viel weicher.

Da der Vater saisonal beruflich sehr eingebunden ist, kann der nächste geplante Termin zwei Wochen später nicht stattfinden, sodass eine Beratungspause von zwei Monaten entsteht.

Die Mutter meldet sich zwei Wochen vor dem vereinbarten Termin telefonisch, weil sie sich aktuell große Sorgen um den Sohn mache. Sie möchte am liebsten sofort einen Einzeltermin für den Jungen. Er habe starke Brechanfälle gehabt und dann geäußert, dass er das Hinundherreisen zwischen den Eltern satt habe, aber keinem wehtun wolle und deshalb keine Lösung für sich finde. Die Mutter habe den Jungen erst einmal beruhigt und ihm versprochen, sich zu kümmern. Sie selbst frage sich allerdings, wie sie zusammen mit Herrn Weide diesbezüglich zu einer Lösung kommen soll. Die Beraterin verweist auf die nächste gemeinsame Sitzung, empfiehlt jedoch der Klientin, Herrn Weide über das veränderte Anliegen vorher zu informieren.

10 **Sorge um den Sohn – Einbezug des Kindes?** Die Sitzung beginnt damit, dass die Mutter noch einmal zusammenfasst, was sie von ihrem

Sohn wahrgenommen, gehört und bereits am Telefon formuliert hat. Frau Weide möchte dieses Thema vor die Weiterführung des Dialogs stellen, da es sie sehr beschäftigt und sie ihrem Sohn versprochen habe, mit seinem Papa eine Lösung zu finden. Herr Weide bestätigt die Wahrnehmung der Mutter. Er wäre auch schon mit seinem Sohn beim Arzt gewesen, ohne organischen Befund. Somit wäre er dafür, den Sohn zum Psychologen zu schicken, damit er Hilfe für sein »Kopfproblem« bekomme. Vielleicht würde dieser dann auch herausbekommen, wo der Sohn leben wolle. Der Berater bietet an, den Sohn einmal zu sehen, ihn kennenzulernen und sich einen Eindruck von ihm zu verschaffen. Er erläutert, dass es sich bei diesem Kontakt nicht um den Beginn einer fortlaufenden Behandlung oder Begutachtung des Sohnes handle, sondern dass ein Kennenlernen nützlich sein könnte, um Hinweise für das weitere Vorgehen zu bekommen. Für den Sohn sollte das Treffen eher unter der Überschrift stehen, sich den Ort anschauen zu können, an dem seine Eltern sich Unterstützung holen, um ihm zu vermitteln, dass diese die Verantwortung für die Situation tragen. Beide Elternteile finden das als ersten Schritt zur Lösung eine gute Idee und stimmen zu.

Im Moment ist der Sohn über die üblichen zwei Wochen hinaus beim Vater. Wann der nächste Wechsel ansteht, ist noch nicht entschieden. Beide Eltern betonen, dass es nötig sein wird, die Umgangsregelung auf den Prüfstand zu stellen, um ihren Sohn zu entlasten. Die Berater würdigen diesen Entschluss, betonen, dass Umgangsregelungen oft für eine bestimmte Zeit gelten und dann an die sich veränderten Lebensumstände angepasst werden müssen. Dabei kann es manchmal nützlich sein, in größeren Zeiträumen zu denken.

Kurz nach der Sitzung meldet sich die Mutter telefonisch und berichtet, dass der Sohn auf den Vorschlag der Eltern, einen Termin beim Berater wahrzunehmen, sagte, dass er gern mal vorbeikommen würde.

11 Einzelsitzung mit dem Sohn: Der Berater trifft auf einen aufgeweckten Jungen, der sich problemlos auf den Kontakt mit ihm einlässt. Auf der einen Seite ist er offen, aufmerksam und kooperativ, auf der anderen Seite nachdenklich und sensibel. Motorisch zeigt er sich eher angespannt, unruhig und schnell.

Der Berater verschafft sich einen Eindruck von dem Jungen, nutzt einige projektive Verfahren und einen nichtsprachlichen Intelligenztest, um nebenbei mit ihm ins Gespräch zu kommen. Als Problem benennt der Junge seine Angst vorm Alleinsein, die er aber inzwischen ziemlich in den Griff bekommen habe, seit er die Angst von der Übelkeit (Erbrechen) getrennt habe. Er habe Angst gehabt zu sagen, was ihn bedrückte, und habe dadurch erbrochen. Seitdem er es der Mutter gesagt habe, ginge es besser. Hier möchte er nicht weiter darüber sprechen. Der Berater soll es von den Eltern erfahren. Ein anderes Problem sei seine Unkonzentriertheit, die ihn besonders beim Fußballspielen störe, da durch sie Fehler passierten und Gegentore fielen. Wenn er groß ist, wolle er Meeresforscher werden.

12 Auswertung der Einzelsitzung mit dem Sohn. Wie sieht ein passenderes Umgangsmodell für alle Beteiligten aus? Zu Beginn der Sitzung berichtet der Berater von dem Treffen mit dem Sohn. Die Eltern fühlen sich bestätigt und gleichzeitig beruhigt. Die Rückmeldungen des Beraters gehen in die Richtung, dass der Sohn Entspannung eher über Aktivität erreicht und von den Eltern Hilfe benötigt, eine gute Balance zwischen Anspannung und Entspannung zu finden. Es ist deutlich geworden, dass der Junge viel auf (sich) nimmt und sich damit latent überfordert und allein gelassen fühlt. Er ist sehr intelligent, macht sich viele, auch tiefsinnige, Gedanken und möchte keinem wehtun.

Die Eltern berichten ihrerseits davon, dass sie in der Zwischenzeit erste Überlegungen angestellt haben, wie eine Veränderung der Umgangsregelung aussehen könnte. Herr Weide erzählt von der entstandenen Idee, dass es für den Sohn einen halbjährlichen Wechsel zwischen den Eltern geben könnte – im Winter beim Vater, da dieser immer im Sommer beruflich stark eingebunden ist, und im Sommer bei der Mutter. Frau Weide interveniert, spricht davon, dass sie im Nachhinein zusammen mit ihrem Mann die Idee verworfen habe, da sie vielleicht nicht zu der gewünschten Ruhe führe, die ihr Sohn und sie alle brauchten. Der Gegenvorschlag sei, dass der Junge einige Jahre bei einem Elternteil und dann einige Jahre beim anderen Elternteil lebe. Sie lässt offen, bei wem er zuerst sei, bringt jedoch die Arbeitsbelastung des Vaters ins Spiel und stellt indirekt seinen Lebensstil infrage. Daraufhin reagiert der Vater massiv gekränkt, verärgert und traurig und ist eigentlich nicht mehr arbeitsfähig. Mit Rücksicht darauf wird die Sitzung an dieser Stelle beendet. Der Verlauf der Sitzung hat gezeigt, dass der Austausch der Eltern unbedingt von den Beratern flankiert sein muss, damit er konstruktiv verlaufen kann.

13 **Austausch zu möglichen Umgangsmodellen:** Das nächste Mal berichten die Eltern, dass der Sohn immer noch beim Vater sei und sogar seinen Geburtstag bei ihm gefeiert habe. Am Wochenende gab es dann eine Nachfeier bei der Mutter. Das Erbrechen sei nicht mehr aufgetreten, wohl aber die Unruhe und die Angst vorm Alleinsein. Den Vater habe der Sohn gefragt, was die Eltern nun in der Beratung erreicht hätten, worauf dieser ihm zur Antwort gab: »Wir brauchen noch Zeit.« Der Berater lobt den Vater für diesen Satz, der impliziert, dass die Eltern zusammen an einer Lösung arbeiten und erst bei einem Ergebnis die Information an den Sohn weitergeben werden. Die Eltern sind sich einig, dass die Klärung für den Sohn oberste Priorität hat.

Infolge des Verlaufs der letzten Sitzung gibt es, aus unserer Sicht, jedoch zuerst einige wichtige Fragen zu klären, bevor wir weiterarbeiten können. Die Mutter hatte das letzte Mal von »*Wir*« gesprochen und sich und ihren neuen Partner gemeint. Deshalb unsere Frage:

Wer ist entscheidungsbefugt, wenn es wichtige Fragen für den gemeinsamen Sohn zu klären gibt?

Mutter: *Wir Eltern mit dem Votum der neuen Partner.*
Vater: *Wir Eltern mit dem Votum unseres Sohnes.*
Beide können diese Aussagen gegenseitig bejahen.

Was ist zu entscheiden? Soll überhaupt eine Veränderung angestrebt werden, oder geht es um die Frage, welche Veränderung aktuell die passende ist? Diese Frage erscheint redundant, soll an diesem Punkt jedoch ein inneres Ja bei den Eltern erzeugen und ermöglichen, dass sie sich in einem Punkt schon mal einig sind.

Die Eltern bestätigen, dass es eine Veränderung des Umgangsmodells geben soll und es jetzt darum geht, wie das neue Modell genau aussehen kann. Wir lassen beide einander gegenüber in Dialogposition Platz nehmen. Der Berater gibt eine Kurzzusammenfassung von dem, was zur Frage der Veränderung des Umgangsmodells bereits ausgetauscht wurde. Herr Weide bekommt Redezeit und beschreibt seine Kränkung aus der letzten Sitzung, in der die Mutter seinen Lebensstil massiv infrage gestellt hatte. Bevor Frau Weide dazu kommt, darauf zu reagieren, redet der Vater einfach weiter und lässt sich nicht unterbrechen, holt offenbar nach, was ihm in der letzten Sitzung nicht möglich war. Er sei davon überzeugt, dass für den Sohn eine Entscheidung getroffen werden müsse, möchte aber keine Entscheidung gegen den anderen Elternteil und seine Lebenswelt. Er empfindet die Lebenswelten der Eltern für den Sohn als gute Ergänzung und plädiert deshalb für einen Halbjahreswechsel des Lebensmittelpunktes. Einen längeren Zeitraum fände er schwierig.

Die Berater stellen am Ende der Sitzung den Klienten ihre Wahrnehmung zur Verfügung: Der Vater hält an der »Halbierungsmethode« fest und möchte so viel Flexibilität wie möglich, die Mutter bevorzugt dagegen ein Modell, bei dem das Kind einen Lebensmittelpunkt hat und den anderen Elternteil nur besucht. Sie möchte einen klaren Rhythmus definieren. Es macht den Anschein, dass beide davon ausgehen, dass die Familienwelt des anderen Elternteils ausgeblendet ist, wenn sich das Kind gerade bei einem selbst aufhält. Davon ist unserer Meinung nach nicht auszugehen. Auch wenn noch keine endgültige Entscheidung für ein neues Modell getroffen werden kann, braucht der Sohn demnächst eine Orientierung, wann es einen nächsten Wechsel zur Mutter geben wird. Als Aufgabe für die Zwischenzeit formulieren die Berater folgende Frage: *Angenommen, das Halbjahresmodell wäre von Ihnen beiden bestätigt worden, wie sollte dann die Umgangsregelung zum jeweils anderen Elternteil aussehen? Welche Zuständigkeiten möchte jeder Elternteil behalten, egal, wo das Kind gerade seinen Lebensmittelpunkt hat (z. B. bezogen auf Freizeitaktivitäten)?*

14 **Neue Ideen zum Umgangsmodell:** Zu Beginn der nächsten Beratungsstunde berichten die Eltern, dass sie das Thema Betreuungsmodell miteinander nicht weiter bewegt haben. Die Mutter habe sich jedoch damit beschäftigt. Sie könnte sich vorstellen, dass der Junge nach fünf Jahren den Lebensmittelpunkt wechselt. Der Elternteil, bei dem er gerade nicht wohnt, sollte in dieser Zeit für zwei Nachmittage in der Woche und jedes zweite Wochenende im Monat für den Sohn zuständig sein. Ein Nachmittag könnte der Tag sein, an dem der Sohn z. B. Fußballtraining oder Schlagzeugunterricht hat, der andere wäre ein freier Nachmittag.

Der Vater bekräftigt erneut seine Idee des halbjährlichen Wechsels mit gelegentlichen Besuchen beim anderen Elternteil und Wochenenden, welche die Eltern vorher absprechen. Frau Weide betont, dass ihr dies auf alle Fälle zu wenig Kontakt wäre und ihr die Klarheit und Struktur für den Umgang dabei fehle. Sie sieht die Gefahr, dass am Ende wieder der Sohn in die Position kommt zu entscheiden, wo er das Wochenende verbringen will. Der Vater äußert, dass es ihm zuwider sei, feste strenge Regeln dem Sohn gegenüber durchzusetzen, wenn dieser ein langes Gesicht zieht. Die Positionen der Eltern erscheinen erneut unvereinbar. Die Berater orientieren darauf, dass die Regelung auch für die Eltern passen muss, und splitten sich: Die Beraterin äußert das Gefühl, dass die Entscheidung für ein neues Betreuungsmodell noch Zeit braucht. Der Berater meint, die Eltern müssen jetzt langsam auf den Punkt kommen und sich entscheiden, damit die Situation für den Sohn endlich klarer wird. Der Vater unterstützt diese Seite und möchte beim nächsten Mal zu einer Lösung kommen, damit sie dann weiter an ihrer Beziehung arbeiten können.

15 Übergangsregelung vereinbart: Am Anfang der Sitzung steht erneut die Frage: *Was hat sich zum Thema Betreuungsmodell weiter bewegt?* Wieder werden die gegensätzlichen Positionen der Eltern deutlich. Frau Weide schlägt nun einen Testlauf von einem Jahr vor, in dem der Sohn bei ihr lebt und zwei Tage in der Woche sowie zwei Wochenenden im Monat die Zuständigkeit an den Vater übergeht. Den Aufenthaltsort bei ihr begründet sie damit, dass sie im Moment die geringere Arbeitsbelastung habe. Herr Weide bleibt konsequent bei der Verteidigung seiner Halbjahresvariante. Er untermauert diese erneut mit seinem Gefühl, dass sein Sohn diese auch gut fände. Dazu käme, dass er im Winterhalbjahr beruflich kaum eingespannt sei, dafür im Sommerhalbjahr aber übermäßig zu tun habe. Die Zuständigkeit für das Fußballtraining könnte er sich sehr gut vorstellen. Die Suche nach festen Regelungen steht dem Wunsch nach flexibler Lebensgestaltung gegenüber. Was tun? Wir entscheiden uns vorerst für eine konkrete Planung für die nächsten zwei Monate mit dem Kalender. Für den Jungen entsteht ein 3-wöchiger Wechsel mit neuen Zuständigkeiten der Eltern für die Freizeitaktivitäten des Sohnes über die ganze Zeit, eine Art kleine verbindliche Umgangsregelung. Die Berater erwägen, Einzeltermine anzubieten.

16 Zuständigkeiten – Ferienregelung – Wie den Austausch zwischen den Eltern sichern? Einen Monat später, die Eltern haben die Vereinbarungen aus der letzten Sitzung umgesetzt: Die Zuständigkeitsregel für die Tage, an denen der Sohn zum Fußballtraining oder zum Schlagzeugunterricht geht, hat sich bewährt. Das Elternpaar bezeichnet diese Wochentage sogar als *Mama- oder Papa-Tage,* was bedeutet, dass die Treffen mit dem Sohn auch an den Tagen stattfinden, wenn die Freizeitaktivitäten einmal ausfallen.

Als Nächstes wollen die Eltern eine Regelung für die Aufteilung der Betreuung ihres Sohnes in den Ferien aufstellen. Sie entscheiden, dass sie die Ferienzeit über das Jahr hinweg betrachtet nahezu gleich unter sich aufteilen wollen, d. h., sie teilen nicht jede Ferienzeit, sondern es kann auch einmal so sein, dass einer z. B. die Betreuung in den Winterferien übernimmt und der andere in den Osterferien.

Die Stimmung ist gut, es lässt sich etwas entwickeln. Die Eltern werden auf die Frage orientiert, wie sie in Zukunft auch ohne Beratung als Eltern immer wieder gut ins Gespräch kommen können, um Absprachen für ihren Sohn zu treffen. Die Berater geben einige Hinweise zur Schaffung eines günstigen Rahmens dafür (siehe auch S. 84). Die Klienten finden schnell die für sie passende Zeit und den geeigneten Ort und vereinbaren miteinander monatliche Treffen. Der erste Temin wird noch in der Sitzung verabredet.

Der Anfang ist gemacht. Wir loben die Klienten für das Erreichte. Beide Eltern bestätigen sich noch einmal, dass sie sich gegenseitig als erste Ansprechpartner ansehen, wenn es um die Belange ihres Sohnes geht. Ist das der Durchbruch? Frau Weide äußert den Wunsch, die bereits getroffenen Absprachen schriftlich festhalten zu wollen. Der Vater ist einverstanden. Frau Weide wird die Verschriftlichung übernehmen. Die Berater nehmen ihre Idee aus der letzten Sitzung auf und vereinbaren Einzeltermine. Zum Schluss der Sitzung betont Frau Weide, dass sie in der nächsten gemeinsamen Sitzung gern den Paardialog fortsetzen möchte, um auch auf dieser Ebene noch etwas weiterzukommen.

17 Einzelgespräch mit Frau Weide – Nachbetrachtungen zur Trennung: Frau Weide berichtet zu Beginn der Sitzung, dass sie zuerst überrascht war über unser Angebot eines Einzeltermins, ihn dann aber als eine hilfreiche Aussicht gesehen habe, sich selbst noch einmal klarer zu werden, warum sie es mit der strukturschwachen Seite von Herrn

Weide so schwer hat. Das Gespräch wird sehr persönlich und berührend und kann aus diesem Grund nur stark zusammengefasst wiedergegeben werden. Vor dem Hintergrund ihrer eigenen Lebensgeschichte beschreibt sie eine große Sorge, den Sohn nicht ausreichend schützen zu können.

Die Beraterin würdigt an dieser Stelle den Anteil der Klientin, der mit dazu beigetragen hat, dass die Beratung den bisherigen konstruktiven Verlauf nahm, und ermutigt sie, den Rahmen der Gespräche weiterhin zu nutzen, um Dinge, die ihr wichtig erscheinen, anzusprechen. Frau Weide wird außerdem dabei unterstützt, ihren Sohn weiter zu stärken, ihm etwas von ihrer Lebensart mitzugeben und auf ihn zu vertrauen. Die Klientin beschreibt, dass sie große Angst habe, dass sich das Verhältnis zu Herrn Weide verhärten könnte, wenn sie selbst zu hart in ihren Forderungen werde. Sie befürchte, falls die Beratung nichts bringe, doch noch vor Gericht zu landen, was sie auf keinen Fall wolle.

18 **Entschleunigter Dialog zu alten Verletzungen (2.Teil):** Beide Elternteile sind darauf eingestellt, dass in der heutigen Beratungssitzung der Dialog zu den alten Verletzungen fortgesetzt wird. Im Beratungsraum wird alles wieder so eingerichtet wie in der 9. Sitzung. Die Klienten sitzen sich gegenüber. Frau Weide beginnt und beschreibt einen Moment kurz nach der Trennung. Der Sohn habe ihr im Beisein von Herrn Weide einen an sie adressierten Liebesbrief vom Vater mit den Worten überbracht: *Mama, warum bist du nicht mehr glücklich mit uns? Hier ist ein Liebesbrief von Papa.* Sie beschreibt ihre Wut, ihren Ärger und ihre Traurigkeit, die sie heute noch spüre, wenn sie daran denke, dass ihr Sohn diese Rolle vom Vater aufgeladen bekam. Es mache sie hilflos, weil sie nicht wisse, wie sie ihren Sohn vor solchen Momenten schützen kann. Sie weint. Herr Weide hat Mühe, sich in der strukturierten Gesprächssituation zurechtzufinden. Er sei erschrocken über ihr Weinen, finde es aber gut, dass sie hier so offen mit ihm spreche. Schwierig werde es für ihn, wenn seine Offenheit und Toleranz von ihr als Problem dargestellt werden. Beides seien für ihn wichtige Werte aus seiner Ursprungsfamilie. Er könne die Unterschiedlichkeit zwischen ihnen gut stehen lassen und hoffe sehr, dass die Gespräche in der Zukunft zu einer besseren Verständigung führten. Frau Weide ist froh, dass sie es geschafft hat, die Situation von damals anzusprechen, sie fühlt sich erleichtert. Sie will das Vergangene nicht weiter auseinandernehmen, sondern eher für die Zukunft einen guten Umgang miteinander finden.

19 Frage des Umgangs zu einem Elternteil vor der Frage des Lebensmittelpunktes: Herr Weide beginnt damit, dass die letzte Sitzung bei ihm stark nachgewirkt habe. Er konnte die Kritik von seiner Ex-Frau gut annehmen. Frau Weide möchte den Blick jetzt mehr nach vorn richten und weiter an der Elternvereinbarung arbeiten. Die Berater orientieren auf die Ausformung der Umgangsregelung, bevor es um die Frage nach dem Lebensmittelpunkt für den Sohn gehen wird. Die Eltern verständigen sich darüber, dass der Elternteil, bei dem der Junge gerade nicht lebt, alle drei Wochen von Freitag nach der Schule bis Sonntag 18 Uhr ein Umgangswochenende mit dem Sohn verbringt. Sollte ein Elternteil zu diesem Termin kurzfristig verhindert sein, kann er den anderen Elternteil als Erstes fragen. Kann dieser auch nicht übernehmen, muss er sich um eine passende Alternative kümmern. Die Verantwortung für die Betreuung des Sohnes bleibt also in seiner Zuständigkeit.

Das Gespräch der Eltern läuft sehr konstruktiv ab.

20 Einzelgespräch mit Herrn Weide: Der Vater äußert zu Beginn der Stunde, dass ihm die langsame Vorgehensweise der Beratung Mühe macht. Er wäre gern viel schneller zu einem Ergebnis gekommen. Gleichzeitig spürt Herr Weide, dass dieses schrittweise vorsichtige Vorgehen sehr sinnvoll ist. Er habe inzwischen eingesehen, dass es eine Freundschaft zu seiner Ex-Partnerin wohl nicht geben kann. Er wünscht sich, dass die Beratung in der Erprobungsphase der getroffenen Vereinbarungen weiterläuft. Herr Weide fände es zudem gut, eine Begleitung zu haben, wenn sie in der Konfliktbewältigung wieder auf sich gestellt sind. Seine Erzählungen über die Beziehung zum Sohn zeigen immer wieder, dass sich der Vater als guten Freund des Jungen sieht. Der Berater versucht auf verschiedene Weise, die Perspektive des Sohnes einzubringen und die Überforderungssituation des Kindes zu verdeutlichen.

Für die Elternvereinbarung sei dem Vater wichtig, dass vermerkt wird, dass der Sohn bei jedem Elternteil ein eigenes Zimmer behält.

Vor der nächsten Beratungssitzung erreicht uns von der Mutter eine E-Mail mit dem ersten Entwurf einer Elternvereinbarung (endgültiger Text auf S. 170 ff.).

21 **Integriertes Wechselmodell:** Alle haben den Entwurf der Elternvereinbarung schriftlich vorliegen. Nachdem nun die Umgangsregelung klar ist, bleibt die Frage zu klären, bei welchem Elternteil der Lebensmittelpunkt des Kindes sein soll und wann der Wechsel zum anderen stattfinden wird. Der Berater stellt folgende Fragen dazu: *Angenommen, der Lebensmittelpunkt des Jungen wäre zuerst beim anderen Elternteil, welche Zeitdauer würden Sie dem jeweils anderen zubilligen?* Der Vater würde der Mutter 6–8 Monate zugestehen. Die Mutter umgekehrt ein Schuljahr. *Wenn der Lebensmittelpunkt des Kindes zuerst bei Ihnen ist, wie lange soll das Kind mindestens bei Ihnen seinen Lebensmittelpunkt haben, bevor es wechselt?* Die Mutter möchte wiederum ein Schuljahr zuständig sein, der Vater wäre mit zwei Monaten zufrieden.

Der Berater empfiehlt den Eltern, die eigenen Möglichkeiten und Grenzen der beruflichen Verpflichtungen mit einzubeziehen. Die Mutter betont, dass ihre Arbeitsanforderung über das Jahr verteilt ähnlich groß ist und einem Schuljahr gleiche, nur dass sie mehr Ferien habe. Der Vater dagegen ist meist von Mai bis September beruflich unterwegs, hat aber dafür im Winterhalbjahr kaum zu tun. Die Beraterin fasst diese Informationen zusammen und benennt eine mögliche 8:4 Aufteilung, was hieße, dass der Sohn im Winterhalbjahr vier Monate beim Vater und im Sommerhalbjahr acht Monate bei der Mutter leben würde. Um den Rhythmus des Schuljahres zu beachten, benennt der Berater folgende Variante: Von den Herbstferien bis zu den Winterferien wäre der Sohn beim Vater und den Rest der Zeit bei der Mutter. Herr Weide reagiert schockiert. Die Aufteilung würde nicht seinem Gerechtigkeitssinn entsprechen. Zudem könne er sie schwer seinem Sohn gegenüber vertreten, dem er signalisiert habe, dass er gut für ihn sorgen würde. Er glaubt, dass der Sohn die Monate nachzählen würde und damit so nicht einverstanden wäre. Der Berater geht mit dieser Aussage mit und zeigt gleichzeitig auf, dass der Sohn an dieser Stelle von den Eltern lernen könne, dass Gerechtigkeit nicht automatisch mit der Halbierung seiner Zeit zu tun habe. Dies könnte den Jungen absolut entlasten und ihn aus dem Dilemma erlösen, die Eltern gleich behandeln zu müssen und es beiden immer recht machen zu wollen. Diese Aussage kann der Vater annehmen, schlägt allerdings vor, dass die Aufteilung nach ein paar Jahren umgedreht werden könnte und der Sohn dann acht Monate bei ihm und 4 Monate bei der Mutter lebe. Herr Weide bringt noch eine andere Variante ins Spiel: Wenn sich der Zeitraum von den Herbstferien bis zu den Osterferien verlängern ließe, würde er damit besser leben können. Dies entspräche dann annähernd der Halbierung des Jahres. Die Mutter befürwortet die Variante bis zu den Winterferien, betont ihre bereits gemachten Zugeständnisse. Sie wäre schließlich an den Verhandlungstisch mit dem Vorsatz gekommen, den Jungen für die nächsten vier Jahre zu sich zu nehmen. Der Konflikt spitzt sich zu, die Fronten fangen an, sich zu verhärten. Es besteht die Gefahr, dass alles bisher Erreichte wieder verloren geht. Die Berater bremsen. Es wäre zu schnell, jetzt schon eine endgültige Entscheidung zu treffen. Es seien einige Varianten benannt worden, und es empfehle sich nun, darüber in Ruhe nachzudenken und in der nächsten Sitzung erneut in einen Austausch zu treten. Der Sohn sollte von den Eltern hören, dass eine endgültige Entscheidung noch ausstehe. Sie würden ihn informieren, wenn diese gefunden sei. Die Klienten beruhigen sich und sind mit der Bedenkzeit einverstanden.

22 **Beste versus bestmögliche Lösung:** Es vergeht ein Monat, bevor die Eltern wieder im Beratungsraum sitzen. Sie haben es geschafft, dem Sohn gemeinsam zu sagen, dass ein endgültiges Ergebnis noch nicht feststeht, ohne ihn mit ungelösten Fragen zu belasten. Frau Weide berichtet, dass sie ein Kind erwartet. Dem Sohn habe sie es bereits erzählt. Dieser habe mit Freude darauf reagiert.

Herr Weide äußert, dass er mit der Variante einverstanden sei, dass der Sohn von den Herbstferien bis zu den Osterferien bei ihm seinen Lebensmittelpunkt habe und die restliche Zeit bei der Mutter. Frau Weide hat große Schwierigkeiten damit und beginnt zu weinen. Sie äußert große Sorge um ihren Sohn und kann sich diese Regelung als feste Variante für den Jungen schwer vorstellen. Es macht den Anschein, dass die Mutter sehr bedauert, dass sie keine »normale Familie« mehr haben kann. Stattdessen wird es immer eine »Leporello-Familie« (siehe auch S. 202 ff.) sein, was mit einer größeren Unruhe im Alltag und in den Beziehungen verbunden ist. Der Vater reagiert zeitweise gekränkt, weil er meint, vonseiten der Mutter einen Vorwurf bezüglich seines Umgangs mit dem Sohn zu hören. Wieder entsteht eine Pattsituation. Der Berater weist an dieser Stelle darauf hin, dass die gerichtliche Klärung immer noch als Variante bleibt, zu einer Lösung zu kommen. Die Mutter reagiert prompt mit der Aussage, dass sie das vor ihrem Sohn nicht vertreten könne, da sie diesem versprochen habe, es friedlich zu klären. Dazu wisse sie um den Stress, den eine gerichtliche Klärung mit sich bringen würde.

Auf Nachfrage der Berater sind sich die Eltern einig, dass die Festlegung einer Regel für ihren Sohn besser sei als die bisherige Variante, bei der die Wechsel häufiger und unregelmäßiger stattgefunden hätten. Frau Weide betont, dass sie noch Zeit brauche, um zu der vorgeschlagenen Variante wirklich Ja sagen zu können. Ihr würde es helfen, wenn sie noch mehr Sicherheit bekommen könnte, mit dem Vater in Fragen der Erziehung an einem Strang zu ziehen. Die Berater weisen auf die regelmäßig vereinbarten Elterngespräche hin, worauf die Eltern berichten, dass ein erster Termin in Eigenregie bereits für die nächste Woche vereinbart sei.

Der Mutter würde es helfen, wenn die Festlegung erst einmal auf ein Jahr begrenzt wäre, um zu schauen, wie sich die Veränderungen auf den Sohn auswirken. Im Moment habe sie das Gefühl, dass es ihrem Sohn besser ginge. Die Beraterin bietet der Mutter ein Einzelgespräch an, welches diese dankend annimmt. Der Abschlusskommentar der Berater: *Es geht hier nicht um die beste, sondern um die bestmögliche Lösung.*

23 Einzelsitzung mit der Mutter: Zu Beginn der Sitzung betont Frau Weide, dass sie ganz sicher sei, dass sie keinen gerichtlichen Weg für die Entscheidungsfindung will. Es ärgere sie, dass Herr Weide so hartnäckig auf seinem Standpunkt beharre. Ihr würden manchmal die Kräfte zum Kämpfen fehlen. Was es ihr zusätzlich schwer mache, ist die Tatsache, dass sie die Ergebnisse der Beratung gegenüber anderen nahestehenden Personen verteidigen müsse. Frau Weide beschäftigen einige Fragen, die sie ganz persönlich betreffen und im Zusammenhang mit dem Trennungsgeschehen gesehen werden können. Ihr Wunsch wäre es, sich mit der eigenen Trennungsgeschichte zu befrieden und endlich Ruhe zu bekommen. Das erste vereinbarte Elterngespräch habe inzwischen stattgefunden und wäre konstruktiv verlaufen. Unsicher ist sie, wie es ihrem Sohn mit der Regelung gehen wird, wenn er zweimal im Jahr den Lebensmittelpunkt wechselt. Wichtig wäre noch für sie, die Frage zu klären, was passieren soll, wenn ein Elternteil sein Umgangswochenende einmal nicht wahrnehmen kann.

24 **Elternvereinbarung:** Frau Weide äußert gleich am Anfang der Beratungssitzung ihre Zustimmung zum vorgeschlagenen Umgangsmodell. Sie habe noch einige Ergänzungen, sehe jedoch dann demnächst den Abschluss des Beratungsprozesses vor sich. Herr Weide ist einverstanden. Die Eltern ergänzen noch einige Absprachen. Eine wichtige ist, dass der Elternteil, bei dem das Kind gerade lebt, die Hauptverantwortung für den Sohn trägt, wichtige Dinge allerdings mit dem anderen Elternteil absprechen soll. Frau Weide erklärt sich bereit, diese Präzisierungen in die Elternvereinbarung einzufügen und dem Vater die Endfassung zuzumailen (Text auf S. 170 ff.). Die Eltern entscheiden sich noch in der Sitzung zum Abschluss der Beratung. Es wird ein Termin für die Abschlusssitzung vereinbart.

25 **Abschlusssitzung – Rückfallprophylaxe:** Wir nutzen die Stunde, um ein Resümee zu ziehen, innezuhalten, das Erreichte zu würdigen (siehe auch S. 178 ff.). Bei Trennungspaaren kann die Abschlusssitzung den Charakter eines Rituals annehmen. Indirekt wird damit noch einmal die emotionale Trennung bekräftigt. So fühlte sich die Sitzung auch bei Familie Weide an. Die Eltern sind zu Beginn gespannt, was in einer Abschlusssitzung zu erwarten ist. Beide sind froh, dass sie eine Vereinbarung gefunden haben, die Beratung zu Ende geht und für beide Familien Ruhe einkehren kann. Die Mutter berichtet, dass es dem gemeinsamen Sohn deutlich besser gehe und er mit dem Ergebnis der Beratung sehr zufrieden scheint.

Im Rückblick sind sich die Eltern einig, dass ihnen der Rahmen der Beratung und die Unterstützung durch neutrale Dritte sehr geholfen hat, zwischen Gefühlen auf der Paarebene und Gefühlen auf der Elternebene zu unterscheiden. Für Frau Weide ist die zurückliegende Zeit besonders durch die Parallelität von Trennung auf der einen und Familiengründung auf der anderen Seite geprägt und wird als eine intensive Phase in ihre Lebenschronik eingehen. Herr Weide ist froh darüber, dass als Ergebnis der Beratung wieder ein vertrauensvolles Gespräch zwischen ihnen als Eltern möglich geworden ist.

Bei der Frage, was die Eltern in ein paar Jahren erinnern werden, wenn sie an die Beratung zurückdenken, benennen beide den direkten Dialog zu den Gefühlen von damals. Frau Weide konnte dabei erleben, dass sie von Herrn Weide gehört wurde. Gut fand sie, dass es eine direkte Klärung zwischen ihnen als Eltern gegeben hat und der Sohn unbehelligt blieb. Das Zeitmaß der Beratung hätte für sie gut gepasst. Herr Weide wird den Vorteil des neutralen Raumes erinnern. Er hatte das Gefühl, dass dieser dazu beitrug, dass die Gespräche sachlicher verlaufen konnten. Manchmal wäre er sehr ungeduldig gewesen.

Die Elternvereinbarung wird fast feierlich von den Klienten und den Beratern unterschrieben. Die Berater loben die Klienten für das Erreichte: Herrn Weide, dass er trotz seiner Vorbehalte gegenüber Regelwerken dieses mit entstehen lassen konnte, und Frau Weide dafür, dass sie mehr Vertrauen in die Beziehung zwischen Vater und Sohn entwickelte. Die Berater würdigten auch den Beitrag des Sohnes, der die Eltern durch seine Auffälligkeiten unbewusst in Beratung gebracht hatte.

Zum Ende bieten wir den Eltern eine sogenannte Rückfallprophylaxe an: *Was müssten Sie tun, um die Situation wieder zu verschlimmern?* Frau Weide meint, sie müsse auf bestimmte Anfragen des Vaters sofort emotional reagieren, ohne dass sie ein klärendes Gespräch mit ihm geführt habe. Außerdem könnte sie in Stresszeiten die vereinbarten Elterngespräche absagen und damit die Kommunikation zwischen ihnen als Eltern eindeutig erschweren. Der Vater sagt, er würde im ungünstigen Fall seinem Sohn Dinge versprechen, ohne dass die Mutter davon weiß, und die vereinbarten Regeln ignorieren. Es wird gelacht.

Als Rückfalltermin benennt der Vater das morgige monatliche Gespräch, wenn es um die Urlaubsplanung im Sommer gehen wird. Die Mutter sieht eine erhöhte Wahrscheinlichkeit für einen Rückfall vor den Herbstferien. Dann wird sie ihr drittes Kind geboren haben und der Sohn wird zum Vater umziehen.

Draufsicht

In der gerade beschriebenen Beratung hatten wir es nicht nur mit einem engagierten Elternpaar und deren gemeinsamen Sohn zu tun, sondern indirekt auch mit den neuen Partnern, also insgesamt mit einem erweiterten Familiensystem.

Betrachtet man diesen Beratungsprozess als Ganzes, fällt auf, dass er außergewöhnlich viel Zeit in Anspruch genommen hat. 25 Beratungssitzungen sind nicht die Regel. In diesem Fall brauchte es diese Zeit, damit für beide Elternteile eine tragfähige Vereinbarung entstehen konnte. Die Geduld aller Beteiligten wurde herausgefordert. Zeitweise fühlte es sich so an, als ließe sich die Unterschiedlichkeit der Elternteile in der Art der Lebensführung in keine gute Balance für den Jungen bringen, geschweige denn ein Kompromiss für die Umgangsregelung finden. Sich wiederholende Dialoge über scheinbar unverrückbare Positionen der Elternteile und die Eröffnung von »Nebenbaustellen« führten dazu, dass sowohl die Klienten als auch die Berater zwischenzeitlich in ihre Stresshaltung verfielen und erhöhte »Affektgefahr« bestand. Es gelang jedoch immer wieder, den Erregungspegel bei allen Beteiligten zu senken und die Klienten darauf einzuschwören, eine gute Lösung für ihren Sohn zu finden. Dabei halfen unter anderem die Einzelsitzungen. Sie wirkten insgesamt deeskalierend und unterstützten den Beratungsprozess. Die Unter-vier-Augen-Situationen erlaubten ein freieres Gespräch, als es in Anwesenheit des anderen Elternteils der Fall war. Für die Berater bestand dabei die Möglichkeit, die Mutter oder den Vater vor ihrem persönlichen Hintergrund zu begreifen, damit deren Stresshaltung besser einordnen zu können und wieder entspannter zu agieren.

Im Besonderen ließ sich das Elternpaar Weide sehr mutig auf einen begleiteten Dialog zu Gefühlen aus ihrer Beziehungsgeschichte ein und konnte diesen gut für sich nutzen. Dazu sind nur wenige Trennungspaare in der Lage, die wir in unserer Praxis sehen. Wenn ein solches Gespräch gelingt, dann ist es oft ein großer Gewinn für die Klienten und für den Beratungsprozess sehr förderlich.

Wichtig war weiterhin, dass die Berater die Sorge der Eltern um ihren Sohn ernst nahmen. Die Einzelsitzung mit dem Sohn und die dazugehörige Auswertung haben den Fokus der Beratung noch einmal klar herausgestellt und unterstrichen, dass wir in erster Linie mit den Eltern für ihr Kind arbeiten.

Von entscheidender Bedeutung war in diesem Beratungsprozess das Vorgehen in sehr kleinen Schritten. Zuerst wurde das Machbare geregelt. Dadurch konnte die Zuversicht entstehen, dass eine Einigung möglich werden kann. Erst am Ende des Beratungsprozesses, nachdem das Elternpaar schon viele kleine Verabredungen getroffen hatte, ging es um die größte Entscheidung, den primären Aufenthaltsort des Jungen festzulegen. Zu diesem Zeitpunkt hatten die Eltern in der Beratung schon mehrmals die Erfahrung gemacht, dass sie zusammen etwas regeln konnten. Es wurde sicherer, dass demjenigen, bei dem sich der Sohn gerade nicht aufhält, ein gewisser Umgang zum Kind garantiert sein würde. Eindrücklich war in diesem Beratungsverlauf zu beobachten, wie die Elternidentität und damit das Wir-Gefühl als Eltern wachsen konnten. War am Anfang der Beratung von den Klienten mit dem *Wir* häufig noch ein Elternteil mit neuem Partner gemeint, so stand am Ende das *Wir* ganz klar für das Elternpaar.

Im Laufe der Beratung entwickelte sich aus dem Anspruch von Gerechtigkeit zwischen den Eltern und dem genau hälftigen Wechselmodell eine Umgangsregelung, welche dem Sohn gerechter wurde. Das Ergebnis kann sich sehen lassen. Eine umfängliche Elternvereinbarung ist entstanden.

7 Vergangenheitsbewältigung des Paares

Auch wenn wir mit dem lösungsorientierten Vorgehen sehr stark auf die Zukunft fokussieren, besteht kein Zweifel daran, dass die erlebte Vorgeschichte bei beiden Eltern ständig präsent ist.

Gelegentlich wird von einem oder beiden Elternteilen der Wunsch geäußert, im Rahmen der Beratung etwas für die gemeinsame Vergangenheitsbewältigung zu tun (siehe Beratungsverlauf Familie Weide). Dafür müssen beide Eltern bereit sein, sich noch einmal sehr vertrauensvoll aufeinander einzulassen. Dem entgegen überwiegen allerdings meistens die Schutz- und Abgrenzungsbedürfnisse. Und so suchen die Trennungspartner vorzugsweise nach eigenen Möglichkeiten, um die erlebte Geschichte zu verarbeiten.

Dennoch soll nachfolgend eine mögliche Vorgehensweise beschrieben werden, die dem Elternpaar helfen soll, ihre Vergangenheit wirklich Vergangenheit werden zu lassen. Das heißt, sie so abzulegen, dass beide mit freierem Blick nach vorn schauen können. Erfahrungsgemäß ist dieses Unterfangen aussichtsreicher bzw. überhaupt erst möglich, wenn die Trennung einige Zeit – das heißt Jahre – zurückliegt.

Die Aufarbeitung des Trennungserlebens kann auch in Gruppen erfolgen. Dazu möchten wir gern auf das Buch *Gruppenarbeit mit Getrennten und Geschiedenen* von Gisela Hötker-Ponath verweisen.

7.1 Ein Bild der Paarbeziehung

Wir wissen, dass sich alle Menschen ihre eigene Lebenswirklichkeit konstruieren. Bei getrennten Paaren nehmen diese Abbilder gefühlt den Grad von Unvereinbarkeit an. Oft stehen die Partner der erlebten gemeinsamen Geschichte mit großem Unverständnis gegenüber, zweifeln an ihrem eigenen Realitätssinn oder an dem des Anderen.

Dem Bedürfnis des Paares, noch einmal gemeinsam auf ihre Geschichte zu schauen, können wir professionell gerecht werden. Es empfiehlt sich eine analoge Vorgehensweise, die dem Paar die Möglichkeit gibt, ein gemeinsames Bild der Beziehungsgeschichte entstehen zu lassen. Als Variante des Lebensflussmodells entsteht eine »Landkarte« der Paargeschichte (siehe Abbildung 13).

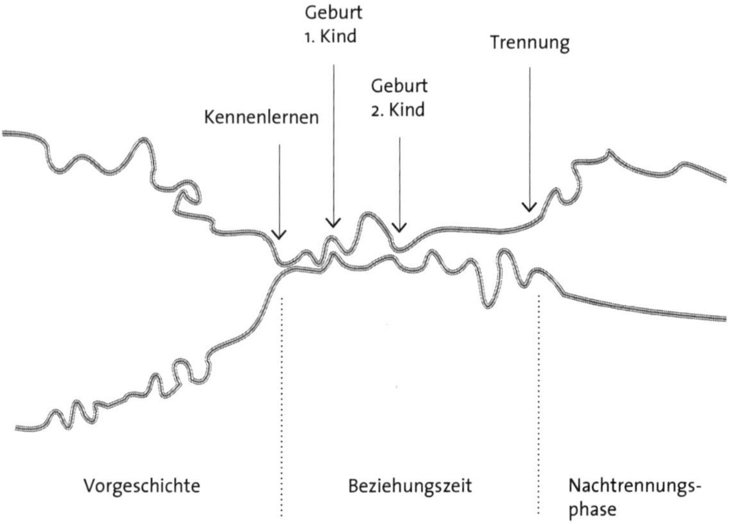

Abbildung 13: »Landkarte« einer Paarbeziehung mit Trennung

Praxisbeispiel: In einem Fall hatten sich beide Eltern schon eine geraume Zeit in der Beratung bemüht, gegenseitiges Vertrauen und Akzeptanz aufzubauen. Viele kleine Schritte und Absprachen waren erfolgt, aber ein wirklicher Durchbruch stellte sich nicht ein. Stattdessen standen Misstrauen, Ängste und Unsicherheit im Raum. Etwas lag unverrückbar zwischen ihnen. Wir haben das irgendwann den »Elefanten« genannt, der aus der gemeinsamen Vergangenheit immer wieder auftaucht und sich nicht wegbewegen lässt. Die Trennung der beiden lag inzwischen über sieben Jahre zurück! Seitdem hatten sie nicht über das Geschehen von damals gesprochen. Aktuell wollte der Vater die Zustimmung der Mutter zum gemeinsamen Sorgerecht. Sie brauchte dazu das Gefühl des Miteinanders statt Gegeneinanders. Aber damit kamen wir nicht voran.

Jetzt schien die Zeit reif zu sein, den Eltern ein Stück Vergangenheitsbewältigung zu ermöglichen. Die Mutter sah darin inzwischen eine Notwendigkeit. Der Vater befürchtete, dass alte Verletzungen aufbrechen könnten. Beide ließen sich vorsichtig und zögerlich auf die Lebensfluss-Arbeit ein.

Methodisches Vorgehen:

1. Die Metapher »Lebensfluss« wird als Sinnbild für Entwicklung und Veränderung eingeführt: *Es gibt eine Quelle und eine Fließrichtung. Ständig verändert sich die Landschaft. Der Fluss sucht seinen Weg, nimmt Umwege, mäandert. Es gibt Abschnitte mit Wildwasser und ruhige Strecken sowie Stauungen. Aber immer geht es weiter …*

   Als Symbol, um den eigenen Lebenslauf darzustellen, eignen sich Seile. Der Klient wählt sich dafür eines aus.
2. Jeder Elternteil legt seinen Lebensfluss als stille geschützte Arbeit in den Raum. Beide wählen dazu die gleiche »Fließrichtung« und stimmen sich zu den Zeitabschnitten ab. Die Beraterin unterstützt das Geschehen mit weiteren Erklärungen und Anregungen. Besondere Lebensereignisse können zusätzlich durch Symbole markiert werden. Für die gemeinsame Beziehungszeit gilt die Regel, dass der Abstand der Flüsse Ausdruck für die emotionale Nähe oder Distanz der Partner in der jeweiligen Phase ist.

   Die Klienten bekommen ausreichend Zeit und die Gelegenheit zu prüfen, ob es passt oder ob es noch etwas zu korrigieren gibt.
3. Wenn die »Landkarte« entstanden ist, wird das Bild zunächst im Ganzen wahrgenommen und dazu ein möglichst freier Blick aus dem Abstand genutzt.

   Wie nehmen Sie die gesamte Gestalt wahr? Wie wirkt es auf Sie? Verschiedene Perspektiven sollten eingenommen werden: von vorn »aus der Zukunft«: *Mit welchem Gefühl schauen Sie auf Ihr Leben zurück?, von der »Quelle« aus: Wie hat sich Ihr Leben entwickelt? Wo sind Sie gelandet?* Die Ex-Partner dürfen sich gegenseitig Fragen stellen zur Bedeutung des Gelegten.
4. Die Klienten können dann *langsam* an ihrem Lebensfluss entlanglaufen, verbunden mit der Möglichkeit des Innehaltens an wichtigen Lebenspunkten, bis zur Gegenwart. Frage dabei: *Auf welche Stelle in Ihrer gemeinsamen Geschichte müssten Sie noch einmal Ihre Aufmerksamkeit richten, damit Sie in der Zukunft gut weitergehen können?* (= Orientierung für die weitere Arbeit)

5. Wenn die Klienten am Gegenwartspunkt stehen, wird die Sitzung durch die Beraterin mit wertschätzenden Aussagen abgeschlossen, indem sie die Lebensleistung der Klienten würdigt: *Sie haben viel geschafft … Sie haben es durchgestanden … bewältigt … gelöst … haben viel Lebenserfahrung gesammelt ….*

Die Klienten können die entstandene »Landkarte« als inneres Bild oder/und Foto mitnehmen und sollen den Nachklang der Sitzung für sich beobachten.

Ergänzend empfiehlt sich zum besseren Verständnis der Vorgehensweise die Lektüre des Abschnitts *Time-Line-Arbeit mit Paaren* im Buch *Paare in Therapie* von Roland Weber sowie der Beitrag *Zum Befrieden destruktiver Elternkonflikte im Interesse der Kinder – Die Lebensflussmethode in der Trennungs- und Scheidungsarbeit* von Peter Spengler im Sammelband *Beratung von Hochkonflikt-Familien* von Matthias Weber et al.

Weiter im Praxisbeispiel: In der Lebensfluss-Sitzung wurde schnell klar, dass beide Eltern die Trennungssituation emotional noch sehr berührt. Der Trennungswunsch ging damals von der Mutter aus, und sie kämpft seitdem mit ihren Schuldgefühlen, die sagen: *Das kannst du nie wiedergutmachen!* Der Vater ist noch immer verletzt und hat latent die Angst, ausgeschlossen zu werden – auch in seiner Vaterrolle. In der Sitzung ist es sehr aufwühlend für beide. Sie weint, bekommt gleichzeitig Wut. Ihm zittern die Knie, seine Atmung wird schwer.

Wir würdigen ihren Mut, sich den Themen zu stellen. Am Schluss der Stunde erhalten beide ein Foto von ihrer »Landkarte der Paargeschichte«, und wir bieten an, sie beim nächsten Termin in einem intensiven Austausch zu den Gefühlen von damals zu begleiten (Fortsetzung im folgenden Abschnitt).

7.2 Austausch zu Gefühlen von damals und heute

Die »Landkarte« der Paarbeziehung unterstützt die Orientierung der Klienten auf ihrer Zeitschiene. Sie können sich gemeinsam an sensible Punkte in ihrer Geschichte zurückbewegen und dort in die Erinnerung eintauchen. Das bildet die Grundlage für einen intensiven Austausch zwischen beiden, der vom Berater nach dem Prinzip des *entschleunigten Dialoges* begleitet wird.

Methodisches Vorgehen:

1. Die Eltern setzen sich an ihren Lebensflüssen am ausgewählten Punkt in ihrer Geschichte einander gegenüber – sie bestimmen selbst den für sie passenden Abstand. Das Paar verabredet, wer zu reden beginnt. Der andere hat die Aufgabe, aufmerksam zuzuhören. Beide lassen sich gegenseitig ausreden. Die Beraterin setzt sich neben den Elternteil, welcher beginnt. Der passende Abstand wird jeweils mit dem Klienten abgesprochen. Bei der Arbeit im Co-Team bleiben Beraterin und Berater auf der Seite »ihres« Klienten.
2. Vor dem Beginn des Dialogs werden die Klienten dabei unterstützt, sich zu sammeln und die entscheidende Situation von damals genau zu erinnern: *Welcher Moment aus der Geschichte mit dem anderen taucht auf, der mit schmerzlichen Empfindungen verbunden ist? Was habe ich von dir gehört, gesehen, gespürt, was mich so berührt, getroffen, verletzt hat? Was hat das in mir ausgelöst – emotional, körperlich, mental? Wie habe ich mich damals gefühlt und wie fühle ich mich jetzt, wenn ich mich daran erinnere?*
3. Der Elternteil erzählt dann dem anderen von seiner schmerzlichen Erfahrung, und zwar direkt und in Ich-Botschaften. Die Beraterin unterstützt diesen unmittelbaren Bezug zwischen beiden. Sie fasst schließlich das Gesagte noch einmal zusammen und spricht dabei in der Ich-Form für den jeweiligen Elternteil (Doppeln).
4. Anschließend wechselt sie zum anderen Elternteil. Dieser soll zunächst das Gehörte so genau wie möglich wiederholen – zur Rückversicherung, ob das Wesentliche auch angekommen ist. *Ich habe gehört … Du hast gesagt …* (Die Tendenz zur eigenen Gegendarstellung sowie Rechtfertigungs- und Verteidigungsimpulse werden durch die Beraterin gestoppt.) Der andere hat die Möglichkeit, noch einmal zu korrigieren, ob er das wirklich gesagt hat.

   Danach beschreibt die zuhörende Person dem anderen, was das Gehörte in ihr ausgelöst hat, benennt ihr aktuelles Befinden – emotional, körperlich, mental. Es geht um die augenblicklichen Gefühle. Die Beraterin fasst das Gesagte nochmals zusammen und spricht dabei in der Ich-Form für den jeweiligen Elternteil (Doppeln).

5. Die Beraterin wechselt wieder zurück zum Elternteil, der angefangen hat. Nun soll dieser zunächst das Gehörte zur Rückversicherung wiederholen: *Ich habe gehört … Du hast gesagt …* Dann beschreibt er wiederum dem anderen sein aktuelles Befinden – emotional, körperlich, mental (im Hier und Jetzt).
6. Ein solcher Wechsel kann im weiteren Verlauf des Dialogs einige Male erfolgen, bis sich die Stimmung spürbar verändert. Die Beraterin fördert dabei die Richtung eines konstruktiven und versöhnenden Austausches: *Es tut mir leid … Ich hab dich missverstanden … Das hab ich nicht gewusst … Ich verzeih dir (noch nicht) …* .

   Wenn der Dialog zwischen den Eltern »fließt«, kann sich die Beraterin zunehmend zurückhalten.
7. Zum Abschluss des Austausches ist es hilfreich zu fragen: *Was würden Sie Ihrem Ex-Partner jetzt gern sagen (möglichst nur ein Satz)? Und was würden Sie sich selbst mit auf den Weg geben? Was können Sie mitnehmen? Mit welchem Gefühl, mit welchem Impuls beenden Sie demnächst den Austausch? Wonach ist Ihnen zumute? Wie können Sie die gerade gemachte Erfahrung in der Zukunft nutzen?*

Manchmal führt der Dialog bis zu einem konkreten Ergebnis, gelegentlich auch nicht, und dennoch kann der Austausch hilfreich gewesen sein und fortgesetzt werden. Meist ist es zeitlich nicht zu schaffen, dass beide Elternteile in einer Sitzung von ihrer schmerzlichen Erfahrung erzählen. Dann sollte der zweite Elternteil unbedingt in einer Folgesitzung die Gelegenheit dazu bekommen.

Um die Beziehung als Ganzes zu würdigen, kann der *entschleunigte Dialog* zum Wert der gemeinsamen Zeit und zum Wert der Trennung geführt werden. Die Berater können dann folgende Fragen vorgeben:

Was war das Trennende für mich in unserer Beziehung?
Was hat mich besonders gestört, verletzt, entfernt?
In welchen Punkten empfinde ich Erleichterung seit der Trennung?
Worüber bin ich froh, dass ich es hinter mir lassen kann?

Was habe ich an dir besonders geschätzt?
Welche Fähigkeiten habe ich bewundert?
Was war mir an unserer Beziehung sehr wichtig?
Was werde ich immer in guter Erinnerung behalten?
Wofür werde ich dir immer dankbar sein?

Es kann für ein Paar auch sehr wichtig sein, aus zeitlichem Abstand noch einmal zum eigentlichen Trennungsgeschehen in Dialog zu treten. Themen hierbei sind:

Wann war für mich der Punkt der Trennung?
Was ging damals in mir vor?
Wie habe ich dich damals verstanden?
Was arbeitet diesbezüglich immer noch in mir?

Allen Beteiligten sollte klar sein, dass diese Sitzungen sehr emotional ablaufen, ja ablaufen müssen, weil der Raum für Traurigkeit und Schmerz gerade im Rahmen der Beratung entstehen kann und für die Klienten sehr bedeutsam ist. So kann dieses Geschehen für manche Paare den Charakter eines Abschiedsrituals annehmen.

Weiter im Praxisbeispiel (aus 7.1.): Die Ex-Partner ließen sich auf einen Austausch zu Gefühlen von damals mit Hoffen und Bangen ein. Es brauchte mehrere gemeinsame Sitzungen sowie flankierende Einzelgespräche, um den »Elefanten« spürbar zu bewegen und ihm einen guten Platz zu geben.

Beide setzten sich an ihren Lebensflüssen gegenüber, jeder auf seine Seite und relativ weit voneinander entfernt, an die Stelle ihrer Trennung. Die Frau bekam das Wort und fing gleich an zu weinen. Nachhaltig hatten sich die Gefühle von damals eingeprägt: Angst, Unverständnis und Wut, weil ihr Mann sie nach der Trennung bedrängt und verfolgt habe. Der Klient hörte sich alles an und fühlte sich dabei sehr schlecht. Rückblickend empfand er sein Verhalten von damals unverzeihlich, er habe aber seinerzeit keine andere Reaktionsmöglichkeit zur Verfügung gehabt. Für sie war in diesem Dialog von enormer Bedeutung, dass er jetzt sein Verhalten von damals zugab und dazu stand.

Zum nächsten Termin berichteten beide, in der Zwischenzeit etwas Erleichterung im Umgang miteinander empfunden zu haben. Wir setzten den Austausch wie gehabt fort, und der Mann war an der Reihe. Er erzählte von seiner Verletzung und dass er bis heute nicht wisse, warum sie sich getrennt habe. Die Verunsicherung und das fehlende Vertrauen halte bei ihm bis heute an. Die Frau erklärte einiges zu ihrem Zustand von damals, wie belastend es für sie war, dass er sich nicht ausreichend von seiner Ursprungsfamilie abgrenzen konnte.

Letztlich sah sie keine andere Möglichkeit, sich zu trennen, weil es ihr seelisch und körperlich sehr schlecht ging. Er konnte das aus heutiger Sicht gut nachvollziehen. Das Thema Abgrenzung sei für ihn immer noch aktuell. Diese Aussage berührte und erleichterte die Klientin. Sie könne die Rolle seiner Familie für die gemeinsamen Kinder aus heutiger Sicht auch würdigen. Am Ende der Stunde meinte er, dass »die Tür einen Spalt aufgegangen sei« und mehr Zeit für den Austausch wünschenswert wäre. Sie meinte, dass es noch einen wichtigen »Rest« im Zusammenhang mit der unausgesprochenen Botschaft »Du bist eine schlechte Mutter!« gebe.

Der *entschleunigte Dialog* wurde in einer der nächsten Sitzungen fortgesetzt. Der Mann sagte, dass in ihm immer noch das Gefühl sei, dass sie damals sein Vertrauen missbraucht habe. In seiner Erinnerung tauchte der Ablauf eines Wochenendes vor sieben Jahren auf, als sie weggefahren war und es anschließend rapide in Richtung Trennung gegangen sei. Sie äußerte sich noch mal zu ihrem Erleben von damals, dass nicht wirklich eine Auseinandersetzung mit ihm möglich war und sie den Eindruck gewonnen hatte, dass sie ihm egal wäre. Im Verlauf des Gespräches entstand eine neue Stimmung. Er sah plötzlich etwas Tragikomisches in dem Geschehen von damals: nicht miteinander reden, seine Erwartungen dem anderen nicht mitteilen, auf die der andere demzufolge auch nicht eingehen kann. Sie verspürte erneut Erleichterung und Entlastung von ihren Schuldgefühlen, weil er seinen Anteil formuliert hatte. Schließlich kam es noch zu einer Art Identifikation miteinander, weil sie beide feststellten, dass sie jeweils Schwierigkeiten damit haben, eigene Befindlichkeiten und Bedürfnisse wahrnehmen und mitteilen zu können.

Im folgenden Einzelgespräch hob er hervor, wie wertvoll er die letzte Sitzung empfunden habe und wie überrascht er über ihre positiven Reaktionen sei. Sie verhalte sich jetzt viel freundlicher ihm gegenüber, und er habe ihr letztens das erste Mal seit Jahren die Hand gegeben!

Auch wir konnten in der nächsten gemeinsamen Sitzung feststellen, wie entspannt die beiden miteinander umgingen, wie authentisch und offen sie sich begegneten. Sie berichteten von einem normaleren Gefühl und dass der »Elefant« kleiner geworden sei. Sie sprach ihre verbliebene Unsicherheit an, ob er ihr tatsächlich vergeben habe und sie so die Verantwortung für die Trennung wirklich teilen könnten.

Daraufhin gab er spontan ein Statement ab, worin er seinen Anteil am Scheitern der Beziehung klar benannte.

In der Folge konnten beide auch ohne unsere Hilfe direkt miteinander kommunizieren. Sie fühlten sich bereit für die »Bergbesteigung«, gemeint war damit die Klärung der Sorgerechtsfrage. Das »Basislager« dafür sei errichtet.

Später wird sich der Umgang miteinander nochmals deutlich lockerer gestalten. Sie können sich über heikle Themen, die früher zuverlässig zur Eskalation führten (wie z. B. seine Schulden bei ihr aus der gemeinsamen Zeit), überraschend konstruktiv verständigen. Der Vater begegnet dem neuen Partner der Mutter mit Respekt. Sie werden eine Elternvereinbarung aufsetzen und unterzeichnen (Text auf S. 173 ff.) und das gemeinsame Sorgerecht innehaben. In der Abschlusssitzung geben sie sich selbst folgende Sätze mit auf den Weg. Sie: *Hab Vertrauen!* Er: *Bleib gelassen!*

8 Abschluss und Berichte

8.1 Wie Elternvereinbarungen entstehen

Um einen besonderen Grad der Verbindlichkeit herzustellen, können die Absprachen der Eltern in eine schriftliche Elternvereinbarung einmünden. Eine solche Verschriftlichung kann dem Bedürfnis eines oder beider Elternteile nach Absicherung entsprechen oder sich im Rahmen einer gerichtsnahen Beratung als sinnvoll erweisen. Der Familienrichter kann dieses Dokument zum Gegenstand seines Beschlusses machen.

Elternvereinbarungen können unmittelbar aus einer Beratungssitzung heraus entstehen oder Ergebnis längerer Überlegungen sein. Unterstützt durch die Berater, übernehmen die Eltern dabei eine aktive Rolle, indem z. B. einer von beiden als Schriftführer fungiert und die Punkte zu Papier bringt. Es wird so lange am Text gefeilt, bis beide Elternteile zustimmen können.

Die Unterzeichnung sollte im Rahmen einer Beratungsstunde durchaus formal-feierlichen bzw. zeremoniellen Charakter bekommen. Der Wert der Vereinbarung und die Leistung der Eltern sollen damit unterstrichen und gewürdigt werden. Es ist zu empfehlen, dass auch die Kinder in geeigneter Form von diesem bedeutsamen Schritt durch die Eltern erfahren.

Praxisbeispiele:

Familie Weide

Vereinbarung und Regeln zwischen den Eltern Weide

1. Wir vereinbaren, dass wir gleichberechtigt an der Erziehung unseres Sohnes teilhaben. Das beinhaltet, dass z. B. Entscheidungen bezüglich seines schulischen Werdegangs, seiner Hobbys (Sport, Musikinstrumente etc.) gemeinsam besprochen und getroffen werden. Des Weiteren werden wir versuchen, gerecht zu entscheiden und zu handeln, solange sich die Gerechtigkeit nicht nachteilig auf unseren Sohn auswirkt.

2. Wir beide sind als Vater und Mutter die primären Ansprechpartner bezüglich der Belange unseres Sohnes.
3. Der Elternteil, bei dem er sich befindet, trägt in dieser Zeit die Hauptverantwortung für ihn.
4. Die folgende Übereinkunft, den Aufenthalt unseres Sohnes, die Ferien und die Wochenenden betreffend (Regeln 5–8), gilt 2 Jahre ab Beginn der Vereinbarung.
5. Aufenthaltsbestimmung:
   a) Unser Sohn hat seinen Lebensmittelpunkt vom Beginn der Osterferien bis zum Beginn der Herbstferien bei der Mutter.
   b) Unser Sohn hat seinen Lebensmittelpunkt vom Beginn der Herbstferien bis zum Beginn der Osterferien beim Vater.
6. Ganz gleich, in welchem Haushalt er lebt, wird es einmal in der Woche einen Nachmittag für den Vater (im Moment – Mittwoch mit Fußballtraining) und einen Nachmittag in der Woche für die Mutter (im Moment – Dienstag mit Schlagzeugunterricht) geben. Diese Nachmittage können auch bei Ausfall der jeweiligen Veranstaltung eingehalten werden. Falls ein Elternteil seinen Nachmittag kurzfristig absagt, muss er dafür Sorge tragen, dass der Sohn trotzdem zu seinen Nachmittagsveranstaltungen gebracht wird.
7. Ferienvereinbarung:
   a) Mutter: 1 Woche Osterferien
      1 Woche Ferien zum Jahreswechsel
      (Beginn nach den Weihnachtsfeiertagen)
      4 Wochen Sommerferien
      Gesamt: 6 Wochen Ferien
   b) Vater: 2 Wochen Herbstferien
      2 Wochen Februarferien
      2 Wochen Sommerferien
      Gesamt: 6 Wochen Ferien
8. Unser Sohn wird jedes dritte Wochenende bei dem Elternteil verbringen, bei dem er gerade nicht verweilt. Das Wochenende umfasst: Abholen von der Schule am Freitag und Zurückbringen am Sonntag so gegen 18.00 Uhr. Falls es zu kurzfristigen Absagen eines solchen Wochenendes kommt, muss der verhinderte Elternteil Sorge für die Ersatzbetreuung tragen. Als Erstes sind die jeweiligen Partner zu fragen, ob sie das Wochenende trotzdem über-

nehmen können. Danach wird der andere Elternteil gefragt. Wenn beide Möglichkeiten nicht funktionieren, muss der verhinderte Elternteil dafür sorgen, dass der Junge an dem betreffenden Wochenende bei Freunden bzw. Verwandten untergebracht wird. Ausfallende Wochenenden können von dem jeweilig betroffenen Elternteil später nicht nachgeholt werden, d. h., sie verfallen.

9. Die Feiertage (Weihnachten, Ostern, Geburtstag und Silvester) wird unser Sohn wechselseitig bei jeweils einem der Eltern verbringen. Bezüglich der Weihnachtsfeiertage bedeutet das, dass er immer den 24./25.12. bei einem Elternteil ist und am 26.12. bei dem anderen Elternteil. Zu Ostern wird er einmal Karfreitag und Ostersamstag in der einen Familie und Ostersonntag und Ostermontag in der anderen Familie verbringen und im nächsten Jahr andersherum.
10. Es gibt die Möglichkeit einer Zwischenbilanz nach einem Jahr, falls es Bedenken bezüglich der Vereinbarungen bei einem oder beiden Elternteilen gibt. Die Eltern treffen sich entweder allein oder in der Familienberatungsstelle. Diese Entscheidung wird nach Bedarf getroffen werden.
11. Wir vereinbaren, dass wir uns einmal im Monat in dem Café … so gegen 9.30 Uhr zum Frühstück treffen, um sowohl terminliche als auch andere Dinge, die unseren Sohn betreffen, zu besprechen (Dauer der Treffen: 1–1,5 h). Falls ein Elternteil nicht kann, muss dieser Elternteil einen neuen Termin vorschlagen.

Unterschriften:

______________________	______________________
Mutter	Vater
______________________	______________________
Beraterin	Berater

Die folgende Elternvereinbarung entstand im Rahmen einer Beratung, die als Praxisbeispiel im Kapitel Vergangenheitsbewältigung (S. 162 ff.) beschrieben ist. Insbesondere der Mutter ging es darum, Eckpunkte der Kooperation und Akzeptanz zwischen beiden Elternteilen zu manifestieren, bevor sie die Zustimmung zum gemeinsamen Sorgerecht erteilte.

Elternvereinbarung von (Name der Mutter) und (Name des Vaters) für die Kinder (Name der Kinder)

Wir einigen uns, das Sorgerecht gemeinsam auszufüllen:

1. Wir Eltern handeln im Interesse unserer Kinder.
2. Wir bemühen uns, Streit von den Kindern fernzuhalten.
3. Bei Unstimmigkeiten versuchen wir einen Kompromiss zu finden.
4. Wir respektieren die Privatsphäre des jeweils anderen.
5. Wir vereinbaren ein monatliches Elterntreffen, dessen Ort wir noch festlegen.
6. Wir verpflichten uns, den jeweils anderen über wichtige Belange der Kinder in den vergangenen Umgangstagen zu informieren.
7. Wir verpflichten uns, bei ernsthaften Erkrankungen und Notfällen den anderen Elternteil zeitnah zu informieren.
8. Wir verpflichten uns, bei anstehenden gravierenden privaten oder beruflichen Veränderungen den anderen Elternteil rechtzeitig zu informieren.
9. Zu folgenden Entwicklungsthemen der Kinder wollen wir uns absprechen und verständigen, z. B.:
   - Selbständigkeitsschritte der Kinder
   - Schulische Angelegenheiten der Kinder
   - Schlafenszeiten/Schlafordnung
   - Umgang mit Medien
   - Beteiligung an der Hausarbeit
   - Umgang mit Religion
10. Die Gesundheitsfürsorge liegt grundsätzlich bei der Kindsmutter. Absprachebedürftig sind zum Beispiel Impfungen, Behandlungsformen und operative Eingriffe.
11. Wir bemühen uns, unsere Kinder aus einem Loyalitätskonflikt weitestgehend herauszuhalten. Dazu gehört:
    - dass die Kinder nicht angehalten werden, Dinge vor dem anderen Elternteil geheimzuhalten,
    - dass mit oder vor den Kindern nicht schlecht über den anderen Elternteil gesprochen wird,
    - dass zu klärende Unstimmigkeiten auf der Elternebene besprochen werden und die Kinder weitgehend herauszuhalten sind. (»Das muss ich erst mal mit Mama/Papa besprechen.«)

12. Wenn ein Elternteil für längere Zeit ausfällt, liegt die primäre Verantwortung für die Kinder beim anderen Elternteil. Dabei soll die Kontinuität der Lebensabläufe möglichst erhalten bleiben. Der Partner der Mutter soll dabei einen zumutbaren Anteil der Kinderbetreuung übernehmen.

    Im Falle, dass beide Elternteile ausfallen, soll die Mutter der Kindesmutter die Vormundschaft über beide Kinder übernehmen.
13. Bei Punkten, in denen wir keine Einigkeit erzielen können, verpflichten wir uns, die Hilfe der Familienberatungsstelle in Anspruch zu nehmen.

Leipzig, den ________________

________________ ________________

Mutter Vater

Im nächsten Beispiel erfolgten die Beratung und ein begleiteter Umgang auf Empfehlung des Familiengerichtes. Die Situation der Eltern hatte sich in der Scheidungsphase zugespitzt. Inzwischen versuchten sie ihre Interessen mithilfe von Anzeigen und einstweiligen Verfügungen durchzusetzen, was allerdings nicht zielführend war. In einem Zeitraum von zehn Monaten fanden insgesamt neun gemeinsame und zwei getrennte Elterngespräche statt. Ziel war es, eine Stärkung der gemeinsamen Elternverantwortung und eine Einigung über eine tragfähige zukünftige Umgangsregelung zu erreichen. Im gleichen Zeitraum fanden elf begleitete Umgänge zwischen dem vierjährigen Sohn und seinem Vater in der Beratungsstelle statt. Im Laufe des Vermittlungsprozesses waren die Eltern zunehmend in der Lage, die anstehenden Fragen konstruktiv zu klären. Im Ergebnis entstand folgende schriftliche Elternvereinbarung.

Elternvereinbarung

Wir (Name der Mutter) und (Name des Vaters) haben uns in der Beratungsstelle XY bezüglich unseres gemeinsamen Sohnes (Name des Sohnes) auf Folgendes geeinigt:

1. Wie sieht eine tragfähige Umgangsregelung für die nächste Zeit aus?

   Unser Sohn ist alle 14 Tage von Freitag 18 Uhr bis Sonntag 18 Uhr beim Vater. Die Übergabe erfolgt an der Haustür der Mutter. Vor

der Übergabe erfolgt Kontakt per SMS über die Vorhaben am Wochenende, damit die Mutter passende Anziehsachen einpacken kann. Fahren Vater und Sohn am Wochenende weg, bekommt die Mutter eine kurze Bestätigung der Ankunft, damit sie sich keine Sorgen machen muss.
Weiterhin gibt es Telefonkontakt zwischen Sohn und Vater mittwochs kurz nach 18 Uhr.

2. Welche Betreuungspersonen sind im Ersatzfall akzeptiert?
   Im Bedarfsfall sind beide Eltern gegenseitig die ersten Ansprechpartner – mit der Option, so kurzfristig nicht zu können (Arbeit, andere Termine etc.). Nächste akzeptierte Betreuungsperson ist die Oma mütterlicherseits.
3. Wie schaffen wir es, als Eltern unseres gemeinsamen Sohnes einen entspannteren und normaleren Umgang miteinander zu haben?
   Am (Datum) einigten sich die Eltern in der Beratung darauf, dass sie keine juristischen Prozeduren mehr wollen, und konkret darauf, einen anberaumten Gerichtstermin im April abzusagen.
   Weiterhin wurde vereinbart, Ostern den ersten unbegleiteten Umgang von Vater und Sohn zu realisieren.
4. Wie wird zukünftig ein passender Informationsaustausch bezüglich unseres Sohnes zwischen uns aussehen?
   Momentan sind gute Möglichkeiten: Kurzmitteilung per SMS, Elterngespräche am Telefon, Kontakt per E-Mail.
   Zunächst wird es noch gemeinsame flankierende Elterngespräche in der Familienberatungsstelle geben (2 Termine einen und zwei Monate später).

Ort, Datum ____________________

____________________ ____________________
Eltern Berater

In der Arbeit mit sehr zerstrittenen Eltern kann die Initiative zu einer schriftlichen Vereinbarung auch von den Beratern ausgehen, wenn die Eltern nach intensiven Bemühungen im Beratungsprozess nicht in der Lage sind, Kompromisse zu finden. Dann kann es eine Entlastung sein, wenn die Berater alle bekannten Aspekte für die Eltern in einem Entwurf für eine Einigung integrieren (z. B. eine befristete Umgangsregelung) und den Klienten nur die Option offeriert wird, den Vorschlag anzunehmen oder abzulehnen.

8.2 Irgendwann ist jede Beratung zu Ende

Beratungen können auf ganz unterschiedliche Weise zu Ende gehen. Dass sie zu Ende gehen, sollte allen Beteiligten von Anfang an klar sein. Deshalb ist es sinnvoll, schon zu Beginn der Beratung zu kommunizieren, dass die Hilfe so lange wie nötig und so kurz wie möglich geleistet wird. In der Beratungsvereinbarung kann eine maximale Anzahl von Beratungssitzungen festgelegt sein.

Das Machbare ist erreicht

Wie im Beratungsverlauf bei Familie Esche beschrieben, gibt es bei Trennungspaaren mitunter das Gefühl *mehr geht im Moment nicht.* Dann ist es ratsam, dies zu respektieren und das Erreichte wertzuschätzen. Vielleicht sind zu einem späteren Zeitpunkt weitere Fortschritte möglich, wie zum Beispiel bei Familie Weide, die sich nach sieben Jahren noch einmal in Beratung begab und etwas klären konnte.

Andere Beratungen gehen mit mehr Zufriedenheit zu Ende wie z. B. bei Familie Linde. Die Klienten haben eine Zeit lang den geschützten Rahmen der Beratung für sich genutzt und konnten einiges entwickeln. Als die Eltern das Gefühl hatten, allein gut weitergehen zu können, wurde die Beratung beendet. Oft mutet dieser Zeitpunkt wie ein gemeisterter Übergang von einer Lebensphase in die nächste an.

Manchmal entscheidet sich ein Elternteil im Laufe des Beratungsprozesses, den anwaltlichen Weg einzuschlagen, weil die Zuversicht, dass mit der Beratung ein handhabbares Ergebnis erreicht werden könnte, zu gering ist. An dieser Stelle wird mit den Klienten besprochen, ob sie die Beratung beenden oder lediglich aussetzen wollen. Wenn sie sich für Letzteres entscheiden, wird vereinbart, dass sie sich melden können, wenn die Voraussetzungen für eine Beratung wieder gegeben sind, wie z. B. bei Familie Kiefer beschrieben. Oder aber es gibt vorübergehend ausschließlich Einzelgespräche.

Nicht ausgeschlossen sind Beratungsabbrüche. Die Klienten bleiben einfach weg ohne Erklärung. Dann versuchen wir telefonisch Kontakt aufzunehmen und nachzufragen, welche Beweggründe es gibt. Außerdem beharren wir höflich auf einem abschließenden Gespräch.

Wenn das nicht gelingt, ist es empfehlenswert, einen Brief an die Klienten zu schreiben, um abschließend etwas über den Verlauf der Beratung zu formulieren und zu signalisieren, dass es den Klienten jederzeit offensteht, die Hilfe vielleicht zu einem späteren Zeitpunkt wieder in Anspruch zu nehmen.

Beendigung durch die Berater

Sind Eltern vom Gericht geschickt und es ist nach ca. fünf Sitzungen kein Ansatz für eine Entwicklung zu mehr Kooperationsbereitschaft zu sehen, sollte die Beratung vonseiten der Berater infrage gestellt werden. Nach Offenlegung dieser Wahrnehmung kann sich manchmal noch etwas bewegen. Die Berater können den Eltern an dieser Stelle erneut eine konkrete Zielarbeit anbieten. Der Fokus sollte besonders auf das gerichtet sein, was die Eltern für den nächsten kleinen Schritt in die richtige Richtung brauchen. Es bietet sich an, mit den Eltern hypothetisch die drohende Beendigung der Beratung durchzugehen und sich die daraus resultierenden Szenarien gemeinsam auszumalen.

Wenn das alles zu nichts führt, muss eingeschätzt werden, dass die Eltern momentan trotz vieler Bemühungen nicht in der Lage sind, sich über wesentliche Punkte zu verständigen. Stattdessen erscheint es aussichtsreicher, eine externe Instanz entscheiden zu lassen. Dafür wird der Fall ans Gericht zurückgegeben mit der begründeten Bitte einer juristischen Klärung (siehe auch S. 180 ff.). Für Elternpaare, die in der außergerichtlichen Beratung nicht vorankommen, ist eine richterliche Entscheidung oft die einzige Möglichkeit, um sie vom Einigungskonflikt zu entlasten und für die Kinder etwas Ruhe und Stabilität zu entwickeln. Im Fall von Familie Kiefer brachte die Festlegung des Umgangsmodells durch das Gericht eine klare Orientierung und damit mehr Ruhe. Dem Sohn sicherte es einen stabilen Kontakt zu beiden Elternteilen. Eine flexiblere Form des Umgangs zu entwickeln, war der Familie zu diesem Zeitpunkt nicht möglich. In einer solchen Situation scheint eine parallele oder »koexistentielle Elternschaft« das machbare Modell zu sein. Das heißt, die entscheidenden Abläufe sind gerichtlich geregelt und zwischen den Elternteilen gibt es vorübergehend keinen Kontakt.

8.3 Abschlusssitzung

Abschlusssitzungen haben einen ganz besonderen Wert in der Beratung. Es sind keine Arbeitssitzungen im herkömmlichen Sinn, obwohl in ihnen viel passiert. Es sind Sitzungen zum Innehalten, zum Draufschauen, zum Resümieren. Sie haben oft eine hohe emotionale Dichte. Wir Berater betrachten die Abschlusssitzung als wichtigen Teil unserer Beziehungskultur im Verhältnis zu den Klienten, um uns miteinander aus dem gemeinsamen Beratungsprozess zu verabschieden. Bei Trennungspaaren kann sie eine doppelte Bedeutung haben, wenn für diese Eltern der Abschied aus der Beratung sinnbildlich auch noch einmal für den Abschied aus der Paarbeziehung steht.

Manchmal fragen Klienten: *Wozu soll diese Sitzung gut sein?* Wir erläutern dann unsere Absicht wie oben beschrieben und erinnern an die Vereinbarung vom Anfang. Gelegentlich müssen wir auch mit Nachdruck auf einem abschließenden Treffen bestehen bzw. dazu einladen. Wenn sich die Klienten dann darauf einlassen, kann oft etwas sehr Berührendes entstehen.

Methodisches Vorgehen: Grundsätzlich ist es sinnvoll, den Klienten einen Blick auf die zurückliegende Zeit, auf den erreichten Stand und die Zukunft zu ermöglichen. Im Folgenden einige Anregungen zu hilfreichen Fragen und Gesprächsinhalten.

Standortbestimmung im Hier und Jetzt:
Mit welchem Gefühl beenden Sie die Beratung zum jetzigen Zeitpunkt?
Was ist erreicht? Was hat sich bewegt? Was haben Sie bewegt?
Was ist jetzt anders als damals? Woran bemerken Sie diese Veränderungen?
Wie haben Sie das geschafft?

Rückblick auf den Beratungsverlauf:
Was waren wesentliche Schritte im Beratungsprozess?
Was war hilfreich?

Wenn Sie in ein paar Jahren an die Beratung hier zurückdenken werden, was wird Ihnen konkret einfallen?

Blick aus der Zukunft:

Angenommen, Sie würden später eine Lebenschronik schreiben, welche Überschrift bekäme das jetzt zurückliegende Lebenskapitel?

Welche Überschrift hätte möglicherweise der nächste Lebensabschnitt?

Rückfallprophylaxe und Verschreibung:

Eine etwas verrückte Frage, quasi als »Schutzimpfung« gegen mögliche Rückfälle: Angenommen, Sie wollten eine Verschlechterung Ihres Zustandes absichtlich herbeiführen. Was müssten Sie konkret dafür tun (oder lassen), um den Rückfall auszulösen?

Wann wird dieser höchstwahrscheinlich das nächste Mal eintreten?

Tragen Sie bitte den Termin des wahrscheinlichen Rückfalls in Ihren Kalender ein!

Verabredung in der Zukunft:

Wie können Sie die Elterngespräche in Eigenregie fortsetzen? Was wäre dafür ein passender Rahmen (wann, wo)? Welcher neutrale Ort (außerhalb Ihrer Wohnungen) erscheint Ihnen geeignet, um gut ins Gespräch zu kommen? Vielleicht gibt es einen Ort, an dem Sie schon einmal eine gute Gesprächserfahrung miteinander gemacht haben?

Was glauben Sie, wie häufig wäre ein Elterngespräch gut und wie häufig realistisch möglich? Gibt es eine Möglichkeit, sich tagsüber ohne Kinder für ca. 1 – 2 Stunden zu treffen, ähnlich der Zeit in der Beratungsstelle?

Wie könnten Sie das realisieren?

Verabreden Sie jetzt hier den nächsten Termin miteinander!

Abschied nehmen:

Wie gehen Sie sonst mit Abschieden um? Wie nehmen Sie sonst Abschied, z. B. wenn Sie jemanden zum Zug bringen?

Sie kennen den Brauch, beim Verabschieden einen guten Wunsch mit auf den Weg zu geben. Wenn Sie sich jetzt selbst einen Spruch aussuchen könnten, den Sie für die nächste Zeit gut gebrauchen können, wie würde der lauten?

Was brauchen Sie von mir, um sich gut von mir verabschieden zu können?

Ich (Berater) *möchte mich von Ihnen verabschieden ... Ich habe die Zeit mit Ihnen so ... erlebt, ich habe von Ihnen gelernt ..., mich hat beeindruckt, ...*

Am Beratungsende einen Abschluss zu finden, ist sowohl für die Klienten als auch für die Berater wichtig, denn es ist leichter, etwas Neues anzufangen, wenn etwas Altes beendet ist.

8.4 Berichte ans Gericht

Wenn die Beratung durch das Familiengericht initiiert wurde, ist es im Sinne der interdisziplinären Kooperation legitim und erforderlich, die Familienrichterin – eventuell auch den Verfahrensbegleiter – über den Stand der Beratung zu informieren. Dies erfolgt üblicherweise schriftlich in Gestalt von Zwischen- und Abschlussberichten. Die Klienten stimmen bereits in der Beratungsvereinbarung dieser Vorgehensweise zu. Sie erhalten immer eine Kopie des Schreibens.

Praxisbeispiele:

Familie Kiefer, Zwischenbericht nach der 7. Sitzung

An die
Richterin beim Amtsgericht

Information zur außergerichtlichen Beratung
von Frau Kiefer und Herrn Kiefer
in der Beratungsstelle Schirmerstraße
AZ:

Die erste Kontaktaufnahme mit unserer Beratungsstelle durch die Mutter fand im November 20// statt. Gemeinsame Elterngespräche fanden im Januar, Februar und April statt.

Nachdem im Rahmen der Beratung zum Thema Schulwahl für den Sohn keine einvernehmliche Einigung möglich war, hat sich Frau Kiefer entschlossen, juristische Hilfe in Anspruch zu nehmen. Das bedeutet gleichzeitig, dass die Beratung während der Zeit der juristischen Klärung ausgesetzt wird.

Anschließend steht den Eltern unsere Unterstützung wieder zur Verfügung. Beide Elternteile bekundeten ihr Interesse daran.

Mit freundlichen Grüßen

Sabine Holdt Marcus Schönherr
Diplom-Psychologin Diplom-Psychologe

Kopien an: Frau Kiefer, Herrn Kiefer

Familie Kiefer, Abschlussbericht nach der 15. Sitzung

An die
Richterin beim Amtsgericht

Information zur außergerichtlichen Beratung
von Frau Kiefer und Herrn Kiefer
in der Beratungsstelle in der Schirmerstraße
AZ:

Nachdem im Juli 20// die strittige Schulfrage mithilfe des Gerichts geregelt wurde, kam es zu einer Fortsetzung der außergerichtlichen Beratung.

Im Zeitraum zwischen September 20// und Juli 20// fanden 9 Gespräche in der Beratungsstelle statt. Im Detail handelte es sich um 6 Elterngespräche, 2 Einzelgespräche mit der Kindesmutter und 1 Einzelgespräch mit dem Kindesvater.

Die Gespräche wurden geleitet von Dipl.-Psych. Sabine Holdt und Dipl.-Psych. Marcus Schönherr.

Ziel war es, eine bessere Kommunikation und Kooperation zwischen den Eltern und eine Einigung über eine tragfähige Ausgestaltung der vom Gericht verfügten Umgangsregelung zu erreichen.

Beide waren bemüht, sich an die verabredeten Regeln für die Begegnung im Beratungsraum zu halten, und konnten sich über konkrete Ferien- und Feiertagsregelungen verständigen. Genauso zuverlässig setzten beide Elternteile die vom Gericht festgelegte Umgangsregelung im Alltag um, was die Situation insgesamt beruhigte und kleine Fortschritte in der Kommunikation ermöglichte.

Es ist allerdings festzustellen, dass sich die Kommunikation zwischen den Elternteilen nachhaltig sehr schwierig gestaltet. Leider war es den Eltern bis zum jetzigen Zeitpunkt nicht möglich, das nötige gegenseitige Vertrauen hierfür aufzubauen.

Keine Bewegung gab es bezüglich einer möglichen Veränderung des Umgangsrhythmus, sodass der Kindesvater erwägt, diese Frage erneut mithilfe des Gerichts zu klären. Damit kam es am … zu einem zumindest vorläufigen Abschluss der Beratung.

Mit freundlichen Grüßen

Sabine Holdt	Marcus Schönherr
Diplom-Psychologin	Diplom-Psychologe

Kopien an: Frau Kiefer, Herrn Kiefer

Familie Zeder, Zwischenbericht nach 4. Sitzung

An den
Richter beim Amtsgericht

Zwischenbericht zum begleiteten Umgang
sowie zu den außergerichtlichen Vermittlungsgesprächen
der Eltern Frau Zeder und Herr Zeder
in der Beratungsstelle Schirmerstraße
AZ:

Seit Juni 20// fanden 5 begleitete Umgänge zwischen dem Kindesvater und seinem Sohn in der Beratungsstelle statt. Betreut wurden diese von Dipl.-Soz.päd. … Außerdem gab es 3 Einzelgespräche mit den Elternteilen sowie ein erstes gemeinsames Elterngespräch mit Dolmetscher. Die Gespräche wurden geleitet von Dipl.-Psych. Sabine Holdt und Dipl.-Psych. Marcus Schönherr. Der begleitete Umgang fand regelmäßig in der Beratungsstelle statt und wurde von beiden Eltern pünktlich wahrgenommen. Zwischen den Eltern waren in den Übergabesituationen kurze Kontakte möglich. Der betreute Umgang wurde vor und nach dem Termin mit dem Kindesvater besprochen. Der Umgang zwischen dem Kindesvater und dem Sohn lief in entspannter Atmosphäre ab, beide spielten viel miteinander.

Regelmäßige Elterngespräche können erst jetzt beginnen, da der Dolmetscher in der Zwischenzeit nicht zur Verfügung stand. Ziel des Verständigungsprozesses zwischen den Eltern wird eine tragfähige Umgangsregelung sein. Wir sehen unsere Aufgabe in der Entwicklung und Begleitung einer solchen Vereinbarung. Inwieweit dies möglich sein wird, ist offen. In jedem Fall ist dafür ein erheblicher zeitlicher Aufwand einzuplanen.

Sabine Holdt	Marcus Schönherr
Diplom-Psychologin	Diplom-Psychologe

Kopien an: Frau Zeder, Herrn Zeder

Familie Zeder, Abschlussbericht nach 7. Sitzung

An den
Richter beim Amtsgericht

Abschlussbericht zum begleiteten Umgang
sowie zu den außergerichtlichen Vermittlungsgesprächen
der Eltern Frau Zeder und Herr Zeder
in der Beratungsstelle in der Schirmerstraße
AZ:

Am ... konnte der Beratungsprozess einvernehmlich abgeschlossen werden. Die familiengerichtlich bestätigte Elternvereinbarung vom ... hat sich in der Praxis bewährt. Beide Eltern haben den Umgang zuverlässig realisiert. Bei Abweichungen konnten sie sich eigenverantwortlich verständigen. Aus der gewonnenen Sicherheit heraus entwickelten die Eltern die bestehende Umgangsregelung wie folgt weiter:

Ab sofort erfolgt die Übergabe des Sohnes nach dem montäglichen Umgang im Wohnhaus der Mutter – konkret so, dass der Vater an der Haustür klingelt und die Mutter den Sohn im Treppenhaus übernimmt.

Die Eltern bekundeten die Absicht und Bereitschaft, bei Bedarf erneut unsere Beratungshilfe in Anspruch zu nehmen.

S. Holdt	M. Schönherr
Dipl.-Psychologin	Dipl.-Psychologe

Kopien an: Frau Zeder, Herrn Zeder

Einstiegskonstellation

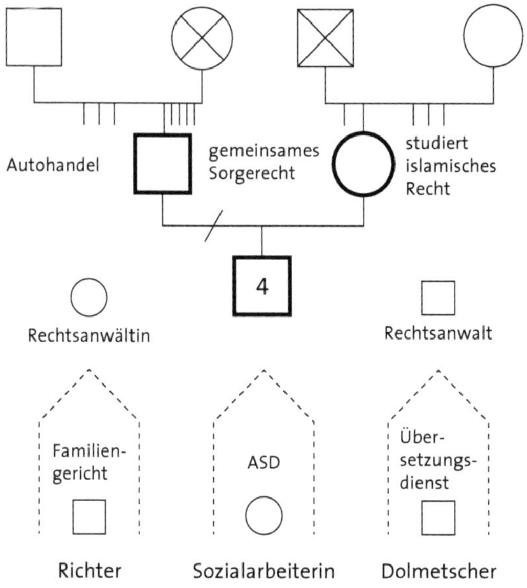

Abbildung 14: Konstellation Familie Zeder

Zur Familie Zeder gehören der Vater, ursprünglich aus Afghanistan, und die aus dem Iran stammende Mutter sowie der gemeinsame vierjährige Sohn, der in Deutschland geboren ist. In der Familie wird persisch gesprochen. Der Vater kann etwas deutsch, die Mutter nicht. Seit zwei Jahren sind die Eltern getrennt. Für den Sohn haben sie das gemeinsame Sorgerecht. Nach einem tätlichen Übergriff des Mannes gegenüber der Frau gibt es einen Gerichtsbeschluss, der aussagt, dass sich der Mann bis auf 100 m von der Frau fernzuhalten hat und vorerst keinen Umgang zu seinem Sohn haben darf. Der Vater hat daraufhin ein gerichtliches Verfahren angestrengt, in dem er sich um eine Regelung des Umgangs mit dem Sohn bemüht. Das Gericht rät den Eltern, die Möglichkeit eines begleiteten Umgangs und parallele Elterngespräche in einer Beratungsstelle in Anspruch zu nehmen. Die Eltern willigen ein. Nachdem sie die Zusage von der Beratungsstelle haben, entscheidet das Gericht, das Verfahren in der Zwischenzeit ruhen zu lassen.

Den ersten Kontakt zur Beratungsstelle stellt die Anwältin des Vaters her. Sie fragt an, ob wir die Möglichkeit haben, einen begleitenden Umgang und parallele Elterngespräche für Familie Zeder zu realisieren. Wir nehmen die Anfrage als Co-Beraterpaar an und halten zusätzlich die Einbeziehung eines Dolmetschers für notwendig. Die Anwältin kümmert sich darum. Nach einigen Schwierigkeiten bekommt die Familie die Finanzierung des Dolmetschers für vorerst vier Termine von der Stadt bewilligt. Mit dem Übersetzer werden zuerst zwei Termine für Vorgespräche mit jeweils einem Elternteil vereinbart. Die Termine für die Einzelgespräche gibt die Anwältin an ihren Mandanten und den Rechtsanwalt der Mutter weiter, der sie wiederum seiner Mandantin übermittelt. Es gibt ein kurzes Vorgespräch mit dem Dolmetscher, um den Ablauf der Sitzungen und unser Zusammenspiel abzustimmen.

Beratungsverlauf

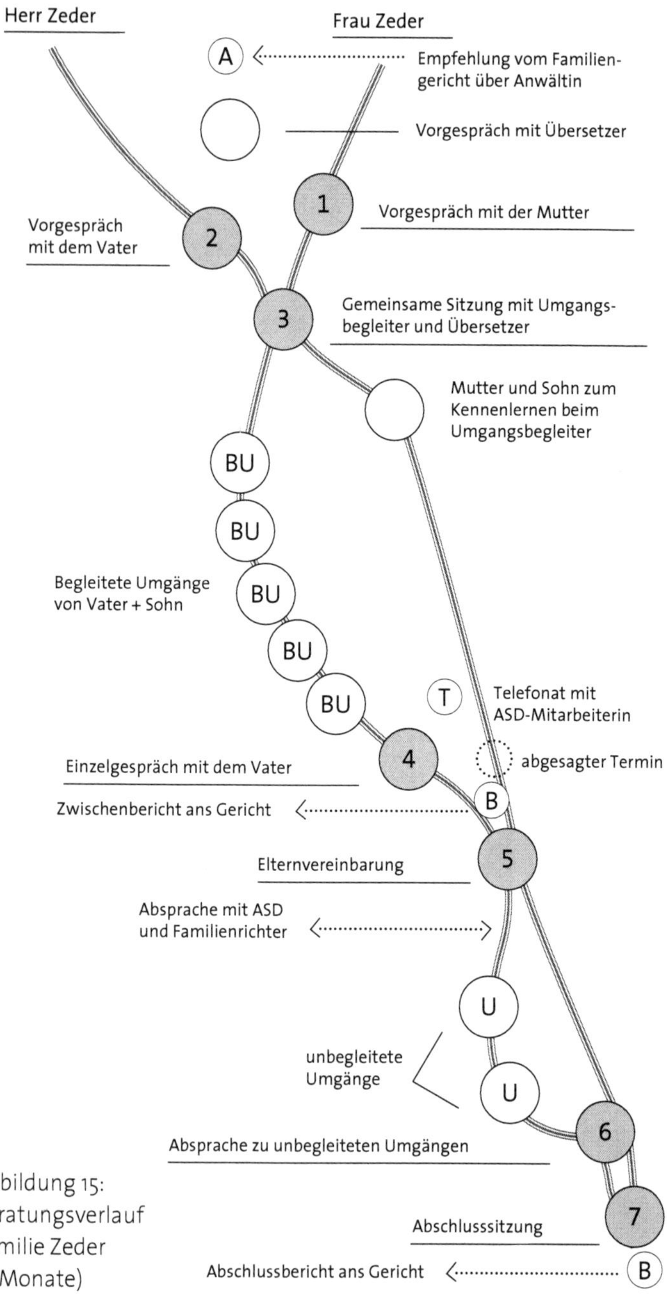

Abbildung 15: Beratungsverlauf Familie Zeder (6 Monate)

1 Vorgespräch mit Frau Zeder: Die Beraterin stellt der Mutter den Übersetzer vor. Für Frau Zeder ist es von besonderer Bedeutung, dass der Dolmetscher zur Vertraulichkeit verpflichtet ist. Sie hat von diesem Termin durch einen Brief der Rechtsanwältin des Mannes erfahren. Ihr geht es darum, das Umgangsrecht zu regeln, vorerst im Sinne eines begleiteten Umgangs. Frau Zeder sorgt sich um das Wohl des Kindes. Sie selbst sei vom Vater des Kindes geschlagen worden und habe sich ins Frauenhaus retten müssen. Die Klientin beschreibt Herrn Zeder als unberechenbar und schwer einzuschätzen. Einerseits sei er sehr fürsorglich, andererseits schnell aufgebracht und aggressiv, vor allem nach Alkoholgenuss. Sie wolle ihm den Sohn nicht vorenthalten, sorge sich aber um sein Wohl. Der Vater habe großen Stolz und Ehrbewusstsein. Seine Reaktionen auf Trennung und Kindesentzug sind für sie nicht akzeptabel.

Frau Zeder erzählt viel und aufgeregt, weint zwischendurch und ist im Redefluss kaum zu stoppen. Die Beraterin nimmt die Aussagen erst einmal entgegen und fertigt mit der Klientin ein Genogramm an. Es zeigt sich, dass ihre Familie im Iran lebt und ihren Sohn gar nicht kennt. Die Familie von Herrn Zeder lebt teilweise in Deutschland und weiß von der Existenz ihres Sohnes. Das gemeinsame Gespräch mit dem Ex-Mann wird hypothetisch durchgespielt. Was braucht die Klientin von der Beraterin in der gemeinsamen Sitzung, um sich ausreichend geschützt zu fühlen? Die Beraterin erläutert das weitere Vorgehen und die Möglichkeiten des Schutzes. Der Dolmetscher übersetzt die Beratungsvereinbarung. In diesem Fall gibt es keine Bedenkzeit, da das Gericht die Beratung beauftragt hat. Ein nächster gemeinsamer Termin wird vorgeschlagen.

2 Vorgespräch mit Herrn Zeder: Der Vater tritt dem Übersetzer sehr kritisch gegenüber. Er befragt ihn nach seiner Herkunft und seiner Qualifikation. Erst dann stimmt er der Übersetzung durch ihn zu. Herr Zeder berichtet von der Vorgeschichte und beklagt, dass er nicht genügend gehört wurde. Er habe seine Frau nie geschlagen, sondern sei Opfer übler Nachrede geworden. Dass er seinen Sohn so lange nicht gesehen hat, mache ihn traurig. Er bekennt sich wiederholt zum Wohl des Kindes und damit auch zum Wohl der Frau, da er die Mutter als wichtigste Bezugsperson für das Kind respektiert. Herr Zeder betont, dass er eine flexible, spontane Regelung des Umgangs bevorzugt, bei der

Mutter und Vater die Möglichkeit haben, das Kind jederzeit sehen zu können.

Der Berater nimmt die Ausführungen des Klienten erst einmal unkommentiert entgegen, erklärt das Herangehen, die Möglichkeiten der Deeskalation und erläutert die Beratungsvereinbarung. Der gemeinsame Termin wird vereinbart.

3 Gemeinsame Sitzung aller Beteiligten (Mutter, Vater, weiblich-männliches Co-Team, Umgangsbegleiter, Übersetzer): Die Sitzung soll in erster Linie dazu dienen, gemeinsam die Beratungsvereinbarung abzuschließen und Termine für die Beratung und vor allem für den begleiteten Umgang festzuschreiben. Die Atmosphäre ist friedlich. Die Eltern begegnen sich überraschend entspannt. Sie beteuern beide, dass sie sich in Zukunft gegenseitig als Eltern akzeptieren wollen, und drücken ein gewisses Bedauern darüber aus, dass es überhaupt so weit gekommen sei. So, wie sich die Eltern zu diesem Zeitpunkt gegenüber sitzen, lässt sich schwer nachvollziehen, dass sie sonst einen Sicherheitsabstand brauchen.

Herr Zeder berichtet, dass der Sohn von seinen Eltern noch nicht erfahren habe, dass sie als Paar getrennt sind. Er bittet darum, dass auch in diesem Rahmen keine Äußerungen dazu dem Sohn gegenüber gemacht werden. Er empfindet die Trennung als großes Versagen und möchte das vor seinem Sohn verheimlichen. Die »Notlüge« der Eltern lautet: *Papa ist auf Arbeit.* Die Berater merken sich dieses Thema für einen der nächsten Termine vor.

Die Beratungsvereinbarung und die Vereinbarung für den begleiteten Umgang werden abgeschlossen sowie Termine dafür verabredet. Die Rahmung der Umgangstermine wird detailliert festgehalten: Demnach kommt der Vater zuerst in die Beratungsstelle. Etwas später kommt Frau Zeder mit ihrem Sohn, bringt ihn in das Spielzimmer und zieht sich dann in den Wartebereich zurück. Der Vater bringt etwas zu trinken für den Sohn mit und die Mutter etwas zu essen sowie ein Spielzeug. Frau Zeder erlaubt dem Vater, Geschenke für den Sohn mitzubringen. Mit diesen Festlegungen geht die Beratungssitzung zu Ende.

Begleitete Umgänge: In den nächsten zwei Monaten finden fünf begleitete Umgänge statt. Vorher gab es ein Treffen zum Kennenlernen zwischen Umgangsbegleiter und Sohn. Die Elterngespräche müssen ruhen, da der Dolmetscher eine Weile nicht zur Verfügung steht, ein Wechsel aber für die Familie nicht vorstellbar ist. Die Umgänge laufen in dem abgesprochenen Rahmen immer ähnlich ab. Es gibt ein kurzes Vorgespräch mit dem Vater, welches er meist dafür nutzt, über das Familiengericht und die kulturellen Unterschiede zwischen ihm und seiner Ex-Frau zu klagen. Die Begegnung mit Frau Zeder bei der Übergabe ist allerdings entspannt und freundlich. Der Junge geht problemlos zu seinem Vater, lässt sich auf ein intensives Spiel mit ihm ein und kann sich am Ende oft schwer trennen. Herr Zeder kann sich gut auf seinen Sohn einstellen, zeigt sich einfühlsam und konsequent. Im Anschluss an den Umgang gibt es noch ein kurzes Nachgespräch mit dem Vater, um das Erlebte zu reflektieren.

Die zuständige Mitarbeiterin vom Allgemeinen Sozialdienst (ASD) ruft in der Beratungsstelle an und berichtet, dass der nächste Gerichtstermin ansteht und ein Zwischenbericht unserer Arbeit gewünscht wird.

Die Mutter teilt telefonisch mit, dass sie den nächsten Elternberatungstermin aufgrund ihres Umzuges nicht wahrnehmen könne. Dieser Termin wird daraufhin als Einzelgespräch mit dem Vater genutzt.

4 **Einzelgespräch mit Herrn Zeder:** Der Vater zeigt sich entspannt, ist zufrieden mit dem Verlauf des begleiteten Umgangs. Nachdem er seinen Sohn jetzt einige Male gesehen hat und sich überzeugen konnte, dass es ihm gut geht, fühlt er sich beruhigt. Besonders gefreut habe ihn die Tatsache, dass der Junge so positiv auf ihn reagiert.

Manchmal sehe er den Sohn auch außerhalb der Beratungsstelle auf dem Spielplatz aus der Ferne. Herr Zeder betont erneut, dass er an einer flexiblen Umgangsregelung interessiert sei. Er möchte für seinen Sohn da sein, wenn er seinen Vater braucht.

Die Berater formulieren den gewünschten **Zwischenbericht für das Familiengericht** (Text auf S. 182), der auch den Eltern zugesandt wird.

5 **Elternvereinbarung:** Am Anfang der Sitzung teilt der Dolmetscher mit, dass seine Finanzierung unklar ist. Die Beraterin will sich darum kümmern.

Wie ist der aktuelle Stand? Herr Zeder betont, dass er für jeden Kontakt mit dem Sohn sehr dankbar ist. Er habe sich daran gehalten, ihn nur hier zu treffen, wolle allerdings gern wieder zu einer flexibleren Form des Umgangs zurückkehren. Demnächst findet ein Gerichtstermin zum aktuellen Stand im Beratungsprozess statt. Die Frage ist, ob die Eltern den ersten Entwurf eines möglichen Umgangsmodells aus der Beratung mitnehmen und dem Gericht vorschlagen können. Die Berater folgen dabei dem Grundsatz *weniger ist mehr*, weil es dann sicherer ist, dass die Absprachen wirklich umgesetzt werden. Die Suche nach einer Regelung geschieht auf Basis dessen, was in den letzten Wochen gut funktioniert hat. Demnach liegt es nahe, dass der wöchentliche Umgangstermin, der bisher in der Beratungsstelle mit Begleitung stattgefunden hat, in einem ersten Schritt in Eigenregie übergeführt wird. Das heißt, dass der Vater den Sohn an einem festen Tag in der Woche vom Kindergarten abholt, ihn nachmittags betreut und ihn am Abend wieder der Mutter übergibt. Die Eltern sind damit zufrieden. Sie wollen dies dem Gericht vorschlagen und nächste Woche mit der Umsetzung beginnen.

Die restliche Zeit der Sitzung nutzen wir, um einen Fragenkatalog zu erstellen:

Wie können wir in nächster Zukunft wieder zu einem flexibleren Umgangsmodell gelangen?
Wann rückt der Vater als Betreuungsperson nach?
Bei welchen Dingen, den Sohn betreffend, wird der Vater informiert?
Wie bleiben die Eltern in Kontakt?
Wie sagen wir es unserem Kind, dass wir getrennt sind?

Anruf der ASD-Mitarbeiterin: Frau Zeder sei bei ihr gewesen und habe über den erarbeiteten Vorschlag zum Umgang zwischen Vater und Sohn berichtet. Die ASD-Mitarbeiterin war überrascht, dass die Klientin den Vater an ihre Haustür lassen wolle, wo sie doch gerade erst umgezogen ist, damit Herr Zeder nicht weiß, wo sie wohnt. Die Beraterin weist darauf hin, dass diese Angst in der Beratung nicht deutlich geworden ist. Die Mitarbeiterin des ASD habe mit der Mutter abgesprochen, dass sie gemeinsam dem Gericht vorschlagen werden, die Übergaben des Kindes vorerst in der Beratungsstelle zu realisieren, und fragt, ob wir das leisten könnten. Die Beraterin bejaht die Anfrage.

Anrufe des Familienrichters: Der Richter erkundigt sich persönlich beim Berater zum Stand im Beratungsprozess der Familie Zeder.

Der Berater erläutert die zuletzt getroffene Vereinbarung. Vom Richter erhält er die Information, dass die nächste Verhandlung in drei Monaten stattfinden wird, falls in der anstehenden Gerichtsverhandlung keine Einigung erzielt werden kann.

Im Anschluss an die Verhandlung teilt der Richter das Ergebnis telefonisch mit. Die Eltern haben sich darauf geeinigt, dass ab sofort der Umgang an einem Tag in der Woche nachmittags in Eigenregie verläuft, die Übergabe zurück zur Mutter vorerst aber noch in der Beratungsstelle stattfindet und nicht an der Tür der Mutter. Die Elterngespräche sollen fortgeführt werden. Das Gerichtsverfahren wird damit abgeschlossen. Das Protokoll mit der bei Gericht getroffenen Elternvereinbarung geht der Beratungsstelle per Post zu.

Die Mitarbeiterin vom ASD übermittelt telefonisch das gleiche Ergebnis.

6 **Elternsitzung:** Inzwischen haben zwei unbegleitete Umgänge stattgefunden. Der Vater ist sehr zufrieden damit, die Mutter bestätigt seine Zuverlässigkeit, kommt aber gleich auf ein Problem zu sprechen. Frau Zeder berichtet davon, dass der Sohn im Anschluss an den Umgang noch tagelang nach dem Vater frage. Sie wisse langsam nicht mehr, wie sie dem Jungen erklären soll, dass der Vater nicht nach Hause kommt. Außerdem sei es für den Sohn schwierig, dass er in der Beratungsstelle nur übergeben wird und nicht mehr dort mit dem Vater spielen kann.

In der Sitzung können die Klienten folgende Absprachen treffen:

1. Bis zum nächsten Beratungstermin in einem Monat finden die Umgänge wie bisher an einem Tag in der Woche statt mit Übergabe zurück zur Mutter in der Beratungsstelle.
2. Eine alternative Übergabevariante wird in der nächsten Sitzung besprochen.
3. Der Vater gibt sein »Ehrenwort«, die Mutter und den Sohn nicht in deren Wohnung aufzusuchen.
4. Die Eltern vereinbaren für die Zwischenzeit einen zusätzlichen Umgang an einem Samstag, an dem die Mutter den Sohn am Vormittag zum Vater bringt und dort gegen 15 Uhr wieder abholt.
5. Im Notfall erlauben sich die Eltern, sich gegenseitig anrufen zu können.

Frau Zeder reagiert irritiert darüber, dass der Vater ihre neue Adresse schon zu wissen scheint, und ist froh, dass er in der Sitzung noch einmal verspricht, die Grenze zu wahren.

Für das Thema, wie die Eltern ihrem Sohn die Familiensituation erklären können, bleibt nur noch wenig Zeit. Die Frage, ob die Eltern glauben, dass ihr Kind ihnen die Version *Papa ist auf Arbeit* abnimmt, verneinen beide. Sie schätzen ihn so klug ein, dass er das Besondere der Situation schon erfasst, jedoch keine richtigen Worte dafür hat. Die Sitzung endet mit der Frage der Berater: *Was glauben Sie, ist es für Ihren Sohn besser, mit der Wahrheit oder mit einem Trugbild aufzuwachsen?*

7 **Abschlusssitzung:** Frau Zeder erzählt, dass die unbegleiteten Umgänge gut funktioniert haben. Auch der zusätzliche Kontakt am Samstag wurde erfolgreich umgesetzt. Der Sohn hat dabei eine neue Version zur Situation der Eltern bekommen: *Wir leben getrennt in zwei verschiedenen Wohnungen.* Der Junge habe diese Aussage gelassen aufgenommen. Als der letzte Umgang nicht stattfinden konnte, war es ihnen als Eltern möglich, dies selbstverantwortlich zu regeln. Das Elternpaar zeigt sich freundlich im Umgang miteinander.

Auf die Frage, wie es mit der Beratung weitergehen soll, plädieren beide für einen Abschluss. Wir sind überrascht und fragen, was sie noch brauchen, um die Übergabe des Sohnes in Eigenverantwortung realisieren zu können. Die Mutter schlägt vor, dass die Übergabe in ihrem Wohnhaus im Treppenflur stattfinden kann, da ihr Vertrauen zum Vater des Kindes wieder gewachsen sei. Der Vater ist mit dem Umgang an einem Nachmittag in der Woche zufrieden und bereit einzuspringen, wenn er zur Betreuung des Jungen gebraucht wird. Beide bekunden, sich wieder zu melden, wenn sie unsere Hilfe noch einmal benötigen. Es folgt eine Abschlusssequenz, die von den Beratern mit folgender Frage eingeleitet wird: *Mit welcher Überschrift betiteln Sie die vergangene Lebensphase?*

Sie: *Ein schweres Jahr.*
Er: *Mit jedem Tag beginnt ein neues Leben.*
Welchen Leitsatz könnten Sie für sich selbst gut gebrauchen in der nächsten Zeit?
Sie: *Lebe dein Leben!*
Er: *Frau und Kind soll es gut gehen.*

Wir würdigen die Eltern noch einmal dafür, dass sie in so kurzer Zeit so viel geschafft haben. Es entsteht eine berührende, fast feierliche Atmosphäre, die für sich wirkt und keine Worte mehr braucht.

Die Berater erstellen den **Abschlussbericht für das Familiengericht** (Text auf S. 183). Beide Elternteile erhalten eine Kopie.

Draufsicht

In diesem Praxisbeispiel zeigt sich, dass manchmal schon vor Beginn der eigentlichen Beratung eine Anzahl von Weichenstellungen nötig ist. In diesem Fall waren es die Organisation des Dolmetschers, das Warten auf die Entscheidung des Gerichts, das Verfahren während der Beratung ruhen zu lassen, und die Klärung des Settings für den Einstieg. Diese Fallgeschichte ist beispielhaft für eine gelungene Kooperation zwischen den Professionen. Die kurzen Informationswege unterstützten den Klärungsprozess.

Durch die begrenzte Finanzierung des Dolmetschers war die Anzahl der Beratungssitzungen limitiert, was den Druck, in kurzer Zeit etwas zu erreichen, für alle Beteiligten erhöhte.

Wir arbeiteten als weiblich-männliches Co-Team. Die getrennten Einzelsitzungen zu Beginn der Beratung waren für die Vertrauensbildung zwischen den Elternteilen auf der einen und den Beratern nebst Übersetzer sowie dem Umgangsbegleiter auf der anderen Seite von großer Bedeutung.

Um die Kooperation des Vaters zu gewinnen, war es sehr wichtig, dass die Umgänge zeitnah begannen. Herr Zeder war froh und dankbar für die Möglichkeit, seinen Sohn zu sehen, und zeigte sich im Elterngespräch zunehmend entspannter.

Unserer Erfahrung nach ist es förderlich, parallel zu den Elterngesprächen sofort mit den begleiteten Umgängen zu beginnen. Meist hatten die betroffenen Elternteile längere Zeit keinen Kontakt zu ihren Kindern, sind frustriert und resigniert. Wenn sie merken, dass sie im Rahmen der außergerichtlichen Beratung bald eine Möglichkeit bekommen, ihre Kinder zu sehen – wenn auch unter Aufsicht –, dann sind sie meist in der Zusammenarbeit motivierter und kooperativer.

Die Beratung erfolgte mit Übersetzung, was mit einigen beachtenswerten Aspekten verbunden ist:

1. Der Gesprächsverlauf beansprucht etwa die doppelte Zeit. Die Beratung wird verlangsamt. Die Fragen müssen sehr klar formuliert sein. Schnelles Nachfragen zum Verständnis ist nur begrenzt möglich. Hypothetische und zirkuläre Fragen sind insgesamt schwerer zu übersetzen und erfordern beim Dolmetscher ein fachliches Vorwissen.
2. Der Dolmetscher wird Teil des Systems. Durch seine Übersetzung wird er zum Akteur und wird auch emotional beteiligt. Die Berater müssen ihn vor der Sitzung über die aktuelle Familiensituation informieren und ihm gegebenenfalls nach der Stunde die Gelegenheit geben, seine eigene Betroffenheit zu artikulieren.
3. Nach unserer Erfahrung sollte der Platz des Dolmetschers an der Seite des Beraters sein, damit vom direkten Bezug zwischen Berater und Klient nicht abgelenkt wird.

Unsere Hochachtung galt den Eltern, die sich von »fremdartigen Beratern« in so hochgradig emotional besetzten Angelegenheiten helfen ließen.

9 Schlussbetrachtungen

9.1 Navigation im Prozess

Üblicherweise orientieren sich die Berater an den Möglichkeiten und Zielen der Klienten. Wesentliche Beratungsanliegen sind im sogenannten Themenkatalog (siehe auch S. 37 ff.) erfasst. Im Verlauf können neue Fragen hinzukommen.

Abrechenbare Fortschritte

Es gibt sehr konkrete Themen, an deren Bearbeitung sich ein Beratungsfortschritt festmachen lässt, zum Beispiel eine Einigung zur Umgangsregelung und zu allen Fragen, die in Kapitel 4 beschrieben sind. So stellt der Blick auf den Themenkatalog, der in jeder Sitzung verfügbar sein sollte, eine naheliegende Orientierungshilfe im Beratungsprozess dar. Er ist mit der Frage an die Klienten verbunden, welche Punkte sie für erledigt ansehen und an welchen noch gearbeitet werden muss. Eine schriftliche Elternvereinbarung kann zusätzlich als Erfolg gelten.

Weiche Faktoren

Es gibt daneben mehrere bedeutsame Entwicklungsparameter, deren Veränderung subjektiv wahrnehmbar ist. Dazu gehören beispielsweise die Ausprägungen folgender Zustandsmerkmale:

- Erregungs- vs. Entspannungsniveau während der Begegnung
- Arbeitsfähigkeit in der Beratung
- Sicherheit in der Begegnung mit dem anderen Elternteil
- Zuversicht hinsichtlich einer Einigung/positiven Entwicklung
- Kooperations- und Kompromissbereitschaft
- Gemeinsame Handlungsfähigkeit als Eltern
- Vertrauen in den anderen Elternteil

- »Wir-Gefühl« als Eltern
- Selbstwirksamkeitsgefühl als Eltern.

Die Berater sollten jede kleinste Veränderung hinsichtlich dieser Faktoren aufmerksam registrieren und den Eltern gegenüber wertschätzend kommentieren.

Skalierung

Potentiell kann man in der Praxis zusammen mit den Klienten zu allen genannten Parametern eine Skalierung vornehmen. Im Einzelfall ist zu entscheiden, was sinnvoll ist. Generell ist **scaling** eine leicht durchführbare Methode zur »Messung« von Zuständen bzw. deren Veränderung. Üblicherweise wird am Flipchart eine Skala von 0 bis 10 angezeichnet und mit einer für die Klienten relevanten Kategorie belegt, z. B. Grad der Kooperation oder der Kooperationsbereitschaft, Ausmaß des gegenseitigen Vertrauens oder der Zuversicht, dass sich etwas entwickeln lässt. Folgende Einschätzungen der Elternteile können markiert werden:

Wie schätzen Sie Ihren Zustand bezüglich dieser Kategorie vor Beratungsbeginn ein?
Was war der bisher beste Wert und was der schlechteste?
Wie ist der Stand heute?
Welche Zielmarke halten Sie für realistisch?
Was wäre ein nächster kleiner Schritt in diese Richtung?
Was müssten Sie tun, um einen halben Schritt auf der Skala zurückzufallen?

All diese Fragen können auch zirkulär behandelt werden, also z. B.: *Was denken Sie, wie Ihr Ex-Partner den heutigen Stand einschätzt?*

Zielerreichungsskala

Im Verlauf einer Beratung kann es immer wieder einmal dazu kommen, dass das Ziel aus den Augen verloren wird. Auch ist fraglich, wie die Klienten die Entwicklung einschätzen. Dann ist es notwendig, den Stand im Beratungsprozess zu klären (siehe Beratungsverlauf Familie Esche 11. Sitzung). In der Praxis setzen wir gern eine erlebnisorientierte Variante des *scaling* ein.

Methodisches Vorgehen: Dazu legen die Berater ein Seil als Symbol für den Beratungsprozess auf den Boden. Das eine Ende des Seiles steht für den Zustand des Elternpaares zu Beginn der Beratung, das andere Ende für den Punkt, an dem sie die Beratung nicht mehr brauchen. Jeder Elternteil soll überlegen, an welcher Stelle im Beratungsprozess er sich gerade befindet. Dabei ist die Linie mehr eine Zustandslinie als eine Zeitlinie – *Was glauben Sie, ist schon geschafft und was liegt noch vor Ihnen?* Auf ein Zeichen soll jeder einen Ball oder ein selbst gewähltes Symbol an die vorher anvisierte Stelle legen. Daraufhin fragen die Berater: *Was hätten Sie gedacht, wo der andere seinen Punkt markiert?* Im weiteren Verlauf gehen an jeden Elternteil die Fragen:

Was ist für Sie schon geschafft? Woran merken Sie konkret im Alltag, dass Sie einen Schritt weiter sind?

Was liegt noch vor Ihnen? Was brauchen Sie noch, um sagen zu können: Wir benötigen die Beratung nicht mehr? Woran würden Sie merken, dass Sie an diesem Ziel angekommen sind? Wie hätten Sie das geschafft?

Es schließt sich eine Verständigung zur weiteren Beratungsplanung an – inhaltlich wie zeitlich. Wenn die Anzahl der Beratungsstunden von Beginn an limitiert ist, so ist die Frage zu klären, wie die verbleibenden Sitzungen sinnvoll genutzt werden können.

9.2 Verlaufsmerkmale der Beratung

Es gehört zu den Merkmalen eines Beratungsprozesses, dass er einen Anfang und ein Ende hat und dazwischen mehrere Termine stattfinden. Was die Arbeit mit getrennten Eltern betrifft, wollten wir es etwas präziser wissen und haben die Beratungsverläufe der letzten Jahre unter die Lupe genommen.

Initiative zur Beratung

Interessant ist die Tatsache, dass in knapp 50 % der Fälle die Anmeldung zur Trennungsberatung durch die Väter erfolgt – deutlich mehr als bei anderen Beratungsanliegen. Vermutlich spiegelt sich hier der gesellschaftliche Trend in Richtung Gleichstellung getrennter Väter wider.

Da dieser Prozess noch in vollem Gange ist, sehen offenbar viele Väter in der Beratung die Chance, ihre Position bezüglich der Teilhabe an der Kindererziehung nach der Trennung zu entwickeln bzw. zu sichern.

Auch bei den Müttern erleben wir inzwischen im Rahmen der Trennungsberatung einen größeren Unterstützungsbedarf im Vergleich zu früher. Wir erklären uns das damit, dass die Reformen im Kindschaftsrecht die Mütter in ihrem bisherigen Selbstverständnis vor neue emotionale und lebenspraktische Herausforderungen stellen. Unter anderem muss die Aufgabe bewältigt werden, ihre Ex-Partner in das weitere Leben zu integrieren.

Dauer und Umfang

Die Beratungsverläufe mit getrennten Eltern dauern nach unserem statistischen Mittel ein gutes Jahr und umfassen durchschnittlich 13 Sitzungen (Einzel- und Paarsitzungen).

Die Arbeit mit getrennten Eltern ist in dem Sinne zeitintensiver als andere Beratungsverläufe, weil oft viele »Nebenkontakte« sowohl mit den Elternteilen als auch den involvierten Institutionen über Telefon oder E-Mail geleistet werden müssen. Die eigentlichen Beratungssitzungen werden meist erst über solch konfliktmildernde Vermittlungen möglich. Nicht selten sind die Fallakten bereits gut gefüllt, bevor wir die Klienten das erste Mal sehen.

Eine weitere Besonderheit von Trennungsberatungen sind häufigere Terminabsagen (siehe Beratungsverlauf Familie Kiefer). Dies ist aus unserer Erfahrung Ausdruck von Ambivalenzen der Elternteile gegenüber der Beratung. Dem Wunsch, nach einer Trennung Abstand zum Ex-Partner herzustellen, steht die Notwendigkeit diametral gegenüber, als Eltern für die Kinder kooperativ zusammenzuarbeiten. Durch Absagen von Sitzungen sorgen die Klienten bewusst oder unbewusst für eine Spannungsregulierung und passen das Tempo der Beratung an ihre eigenen emotionalen Möglichkeiten an.

Insgesamt kann man als Merkmal von Trennungsberatungen erkennen, dass sie häufig »schleifenförmig« verlaufen. Oft werden im Beratungsprozess zu einem Thema mehrere »Runden gedreht«, bis sich ein Kompromiss abzeichnet.

Dazu gehören auch »Ausflüge« zum Gericht. Unter Umständen

kann es für eine Trennungsfamilie durchaus sinnvoll und hilfreich sein, wenn eine externe Autorität wie das Familiengericht verbindliche Festlegungen trifft, an die sich die Eltern halten können und müssen. Dies kann als Entlastung von kräftezehrenden Auseinandersetzungen und Schutz vor vergeblichen Verständigungsbemühungen gesehen werden. Wenn es bei Gericht möglich war, strittige Teilfragen zu regeln, kann sich das förderlich auf einen weiteren Beratungsverlauf auswirken. Bestand vor einer solchen juristischen Episode bereits eine Vertrauensbeziehung zu den Beratern, setzen die Klienten oft anschließend die Beratung fort – auf eigenen Wunsch oder auf Empfehlung des Gerichts.

Setting

Die Vorzüge der Arbeit im Co-Team wurden im Abschnitt 3.8 (siehe S. 74 ff.) ausführlich erläutert. Was zusätzlich auffällt, ist die Bedeutung der Einzelsitzungen. Ihr Anteil ist mit knapp 40 % an der Gesamtsitzungszahl relativ hoch. Mütter und Väter nehmen die Einzelgespräche annähernd zu gleichen Teilen wahr. Diese Ausgeglichenheit zeigt, dass sowohl Männer als auch Frauen das Bedürfnis haben, sich in begleitenden Einzelprozessen mit der Trennung auseinanderzusetzen.

Beratungsphasen

Aus einer Metaperspektive können wir bei den Beratungsverläufen grob drei Phasen unterscheiden:

1. **Die Einstiegsphase:** Am Anfang der Beratung ist dem Vertrauensaufbau zwischen Klienten und Beratern besondere Aufmerksamkeit zu schenken. Es gilt, ein Arbeitsbündnis zu schmieden und einen sicheren Rahmen für die Beratungsarbeit zu etablieren. Der Anteil von Einzelsitzungen ist relativ hoch, und es dominiert ein strukturierendes und deeskalierendes Vorgehen.

   Wichtiger Grundsatz: Ein sorgsamer Einstieg entscheidet über den Verlauf der Beratung!
2. **Die Arbeitsphase:** Jetzt können konkrete Fragen besprochen werden. Zunächst sind kleine Absprachen möglich, später kann es im Laufe eines Klärungsprozesses zu Elternvereinbarungen kommen. Die Regelungen werden in der Alltagspraxis erprobt und gegebenen-

falls nachjustiert. Die beginnende Vertrauensbildung zwischen den Elternteilen wird in der Beratung gezielt unterstützt, um Elternidentität zurückzugewinnen.

3. **Die Abschlussphase:** Eine stabile und kontinuierliche Umsetzung der Absprachen führt zu mehr Sicherheit und Entspannung in der Elternbeziehung. Es wächst das Vertrauen aller Beteiligten, dass die Eltern die Belange ihrer Kinder wieder selbst regeln können. Die Elterngespräche sollen in Eigenregie fortgeführt werden.

Wenn man den Zustand der Eltern zur Grundlage der Betrachtung macht, so kann man oft einen Veränderungsprozess von zerstrittener Elternschaft über parallele Elternschaft zu kooperierender Elternschaft beobachten. Für manche Eltern kann auch die parallele Elternschaft ein geeigneter Zielzustand sein, wenn vorläufig nicht mehr zu erreichen ist, als dass die Eltern einige Regelungen festlegen und sich ansonsten aus dem Weg gehen (siehe Beratungsverlauf Familie Kiefer).

Gefühlte und erlebbare Veränderungen

Ein besonderes Kennzeichen von Trennungsberatungen ist das erhöhte Erregungsniveau bei den Klienten. Die Berater sind gefordert, immer wieder für Entspannung zu sorgen, um die Arbeitsfähigkeit herzustellen. Im optimalen Fall ist zu beobachten, wie die Eltern ruhiger auf ihren Stühlen sitzen, sich freundlicher anschauen und direkter austauschen können. Besonders bleiben Momente in Erinnerung, in welchen sich die Verhärtung spürbar löst und die Eltern weicher und entspannter im Umgang miteinander sein können. Dann ist auch ein gemeinsames Lachen wieder möglich.

Was sich in günstigen Beratungsverläufen auch spürbar ändert, ist der Grad der Ambivalenz. Könnte man beim Menschen die Ausprägung seiner Ambivalenz messen, so wäre vermutlich dieser Wert bei allen an der Trennung Beteiligten zu Beginn der Beratung deutlich erhöht: Ein Elternteil fragt sich beispielsweise, ob es seine Interessen eher mit juristischer Hilfe oder lieber auf dem Beratungsweg verfolgen sollte. Der Kontakt zum Ex-Partner ist vom Abgrenzungsbedürfnis einerseits und der Notwendigkeit zur Verständigung andererseits geprägt. Dementsprechend ist auch die Einstellung zur Beratung ambivalent. Das Kind wiederum befindet sich im Loyalitätskonflikt zwischen den Eltern. Und die Berater schwanken vielleicht zwischen professionellem Engagement und der Frage: *Was tue ich mir da eigentlich an?*

Mithilfe aller im Kapitel 3 beschriebenen Arbeitsprinzipien sollte es gelingen, sowohl einen professionellen Umgang mit den Ambivalenzen zu finden als auch deren Ausprägung im Laufe der Beratung bei allen Beteiligten auf ein normales verträgliches Maß zu senken.

Zeitpunkt und Tempo

Jeder Beratungsprozess ist individuell und hat sein eigenes Zeitmaß. Es lässt sich kaum voraussagen, welches Elternpaar wann am besten wie vorankommt. Manchmal ist gerade dann ein Fortschritt möglich, wenn ein Paar ganz frisch getrennt ist, oder aber erst dann, wenn die juristischen Schritte abgearbeitet sind und etwas Abstand zur Trennung entstanden ist. Wir erinnern uns an ein Paar, welches eine längere Geschichte mit Einbezug von Anwälten, dem Gericht und diversen Beraterinnen hinter sich hatte und als äußerst hochstrittig angekündigt war. Es zeigte sich allerdings ab dem ersten gemeinsamen Gespräch sehr kooperativ. Der Prozess verlief geradlinig und sehr lösungsorientiert. Wir hatten das Gefühl, dass die Phase des Kämpfens vorbei war und eine versöhnliche Zeit begann. Dies war vielleicht nur deshalb möglich, weil es die Auseinandersetzungen vorher gegeben hatte und die Trennung inzwischen etwas zurück lag.

Unsere Erfahrung ist, dass sich der Klärungsprozess durch Beratung nicht unbegrenzt beschleunigen lässt. Eine Trennung zu verarbeiten und die dazu notwendige Umstrukturierung zu vollziehen, ist ein ganz individueller Prozess, der von vielen inneren und äußeren Einflussfaktoren abhängt. Auch gibt es überraschende Beschleunigungen. Beispielsweise können Eltern am Ende der Beratung unerwartet schnell auf »Eigenregie« umschalten, wie einige Verläufe im Buch zeigen.

Wenn sich Klienten zu einem anderen Zeitpunkt erneut melden, sind manchmal Jahre vergangen. Dann gibt es entweder ein aktuelles Thema, welches das Elternpaar moderiert haben möchte, oder sie wollen nunmehr über ihre gemeinsame Geschichte reflektieren. Manchmal geht es auch darum, Vereinbarungen aus der ersten Beratung weiterzuentwickeln, da die Kinder größer und die Lebensumstände verändert sind.

Interdisziplinäre Kooperation

In das Trennungsgeschehen von Familien können sehr viele Professionen involviert sein. Interdisziplinäre Kooperation ist angebracht. In vielen Kommunen haben sich Arbeitskreise gebildet, um das professionelle Vorgehen gegenseitig bekannt zu machen, Arbeitsabläufe abzustimmen und Verfahrensstandards zu entwickeln. Das Cochemer Modell ist eines der bekanntesten.

9.3 »Leporello-Familien« – eine Würdigung

Durch Trennungen und neue Partnerschaften werden Familiensysteme größer, vielfältiger und komplexer. Betrachten wir eine Mutter, die aus einer vorhergehenden Beziehung einen Sohn mit in die neue Verbindung gebracht hat. Der jetzige Partner hat seinerseits einen Sohn aus seiner ehemaligen Beziehung. Beide haben inzwischen eine gemeinsame Tochter. In Abbildung 16 ist vereinfacht eine solche Konstellation dargestellt, die wir gern »Leporello-Familie« nennen, weil sich die Struktur in beide Richtungen wiederholt und sich wie aufgeklappt darstellt. In horizontaler Richtung ist nicht klar auszumachen, wo ein einzelnes Familiensystem aufhört und das andere beginnt. Die Struktur ist bi- oder polynuklear (vgl. Sieder 2008). Zumindest aus Sicht der Kinder, die anteilig bei beiden Elternteilen leben, gibt es zwei familiäre Zentren. Es entstehen komplexe Verwandtschafts- und Beziehungsgeflechte.

Charakteristisch ist, dass sich die Familie zu unterschiedlichen Zeiten an verschiedenen Orten konstelliert. Oder anders ausgedrückt, dass sich die Familie je nachdem anders zusammensetzt. Die Kinder haben eventuell zwei Zuhause. Dort treffen sie ggf. neben dem leiblichen Elternteil auf dessen neuen Partner und die neuen Halbgeschwister sowie zeitweise auf die Kinder aus der vorherigen Beziehung dieses Partners. Aus der Sicht einer neuen Partnerin stellt sich die Situation z. B. so dar: Sie ist mit ihrem jetzigen Partner eine Liebesbeziehung eingegangen, es gibt ein gemeinsames Kind, und sie leben anteilig als Kleinfamilie zusammen. Zu anderen Zeiten kommen die Kinder aus vorherigen Beziehungen dazu, und es gibt eine Konstellation zu viert, zu fünft oder zu sechst. Dieses variable Setting birgt naturgemäß viele sensible Stellen in

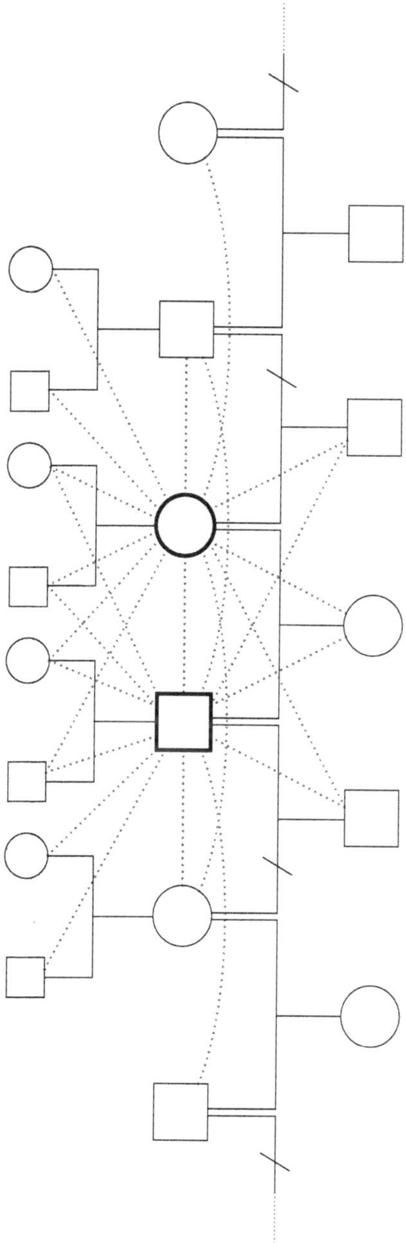

Abbildung 16: Beziehungsfülle in »Leporello«-Familiensystemen

sich. Aus professioneller Sicht könnte man von einer »systemischen Fundgrube« sprechen. In der Beratung erscheint zum Beispiel das neue Elternpaar (in unserem fiktiven Genogramm wären das die beiden in der Mitte) mit ihrem Ringen um die eigene Integrität. Das Thema der Integration der Kinder aus vorherigen Beziehungen und die Verbindung zum jeweiligen Ex-Partner sind dabei sehr präsent. Eine gefühlte Verletzung von Loyalitäten ist oft bei allen Beteiligten zu beobachten. Enttäuschung und Unzufriedenheit kann dann zum Grundgefühl in diesen Familien werden. Auch Trauer über das Nichtvorhandensein einer konstanten Kernfamilie ist zu beobachten und vielleicht eine Enttäuschung über sich selbst, »es nicht geschafft zu haben«. Nicht selten werden in der Praxis nacheinander mehrere »Beziehungsbaustellen« aus dem erweiterten Familiensystem zum Thema der Beratung. Um zu beschreiben, wie es gelingen kann, in diesen Familien wieder mehr Zufriedenheit zu entwickeln, braucht es allerdings ein anderes Buch.

An dieser Stelle wollen wir lediglich darauf aufmerksam machen, vor welche enormen Herausforderungen die beteiligten Familienmitglieder gestellt sind. Beziehungs- und Konfliktlösungskompetenzen sind in besonderer Weise gefragt. Wir können und sollten mit Respekt und Wertschätzung wahrnehmen, welche Fülle an Beziehungen von den Beteiligten zu gestalten ist. Oft besteht die Herausforderung darin, einerseits für die gewünschte Integration zu sorgen und andererseits eine gesunde Abgrenzung zwischen den Subsystemen zu entwickeln. Die Frau und Mutter in der Mitte des dargestellten Systems versucht zum Beispiel folgende Beziehungen »unter einen Hut zu bringen«:

- zum jetziger Partner,
- zur gemeinsamen Tochter,
- zum eigenen Sohn aus der vergangenen Beziehung,
- zum ehemaligen Partner, dem Vater dieses Sohnes,
- und zu dessen Eltern als Oma und Opa dieses Sohnes,
- zum Sohn des jetzigen Partners aus seiner vorherigen Beziehung,
- zur Ex-Frau des Partners, der Mutter dieses Sohnes,
- zu den eigenen Eltern und den Eltern des jetzigen Partners
- und viele mehr – besonders wenn wir uns vorstellen, dass aus den Beziehungen mehr als ein Kind hervorgegangen sein könnte.

Desgleichen steht der Partner und Vater seinerseits – sozusagen spiegelbildlich – vor den gleichen Herausforderungen.

Und wie kommen die Kinder in diesem Beziehungsgeflecht zurecht? Was leistet beispielsweise die Tochter in dieser Familie in Bezug auf die neuen Partner der Eltern, die Halb- und Stiefgeschwister sowie zusätzliche Großeltern?

In Anbetracht dieser schon beim Lesen verwirrenden sozialen Aufgabe könnten wir uns als Berater wundern, dass nur ein Bruchteil der Betroffenen unsere Hilfe in Anspruch nimmt bzw. nehmen muss. Wir erwähnen das Ganze an dieser Stelle, um die Größe dieser Integrationsaufgabe zu würdigen. Allein das Bemühen darum stellt eine Leistung dar. Wenn es den Erwachsenen ansatzweise gelingt, dass es die betroffenen Kinder als bereichernde Vielfalt erleben können, in einer erweiterten und vergrößerten Familie aufzuwachsen, ist das ein wertvolles Kunststück!

Machen wir uns zusätzlich bewusst, wie sich das Verständnis von Familienbeziehungen und Rollenverteilungen in historisch kürzester Zeit enorm verändert hat. Der Umgang damit konnte noch nicht generationsübergreifend eingeübt werden. Beziehungen werden in der sogenannten postmodernen Epoche nur noch wenig durch normative Vorgaben geregelt. Sie werden vielmehr individuell immer wieder neu gestaltet und zwischen den Beteiligten ausgehandelt. Deren soziale Kompetenz ist in besonderer Weise gefordert. Außerdem werden Toleranz, Offenheit und Flexibilität im Umgang miteinander erwartet, was gelegentlich den Charakter eines neuen Normativs annimmt.

An dieser Stelle soll auch darauf aufmerksam gemacht werden, dass wohl zu keiner Zeit **die** Normalfamilie oder Idealfamilie oder heile Familie wirklich mehrheitlich existierte. Stattdessen finden wir bei genauerem Hinsehen in jeder Familiengeschichte Außergewöhnliches. So gesehen ist Normalität ein Mythos und die Einzigartigkeit normal.

Danksagung

Uns ist bewusst, dass die in diesem Buch dargestellten Vorgehensweisen das Ergebnis einer Entwicklung sind, an denen viele Kolleginnen und Kollegen direkt oder indirekt beteiligt waren. Unser Dank gilt im Besonderen:

Ute Hausmann, die damalige Vorstandsvorsitzende des FamThera Instituts für Familientherapie und systemische Beratung e. V., die das Beratungsstellenprojekt Ende 1995 zusammen mit Marcus Schönherr im Jugendhilfeausschuss der Stadt Leipzig vorstellte,

Margitta Krupp und Reinhard Glatzel, die bereits 1995 unser Projekt »Spezialisierte Beratungsstelle bei Familienkrisen, Trennung und Scheidung« vonseiten des Leipziger Jugendamtes unterstützten,

Peter Nemetschek, der uns 1996 als junges Team mit Supervision und Beratung begleitete,

den ehemaligen und derzeitigen Mitarbeiterinnen und Mitarbeitern der Beratungsstelle Ulla Preißer († 2007), Friederike Luft, Benita Hartung, Jörg Friedrich, Charlotte Matz, Ursula Schäller, Marko Huche, Angela Miethe und Sebastian Funke,

unseren Supervisoren Petra Welz und Klaus Lübke,

allen Studentinnen und Studenten, die ihr Praktikum in unserer Beratungsstelle absolviert und durch ihre Außenperspektive und konkrete Mitwirkung unsere Arbeit sehr bereichert haben.

Ein besonderer Dank gebührt Angela Miethe, Sabine Tzschaschel und Helmut Brinkmann, die unseren Text kritisch unter die Lupe genommen haben.

Nicht zuletzt danken wir unseren Familien, die im letzten Jahr unsere Abwesenheit zum Nachdenken und Schreiben wohlwollend toleriert und ausgeglichen haben.

Und schließlich danken wir Ihnen, die in diesem Buch lesen und hoffentlich einige Anregungen für Ihre Arbeit entnehmen können.

Wir wünschen immer wieder spürbare Momente von Entwicklung!

Ergänzende und empfohlene Literatur

Fachbücher:

Asen, E., Fonagy, P. (2014): Mentalisierungsbasierte therapeutische Interventionen für Familien. In: Familiendynamik, 3/14, S. 234–249.

Bleckwedel, J. (2008): Systemische Therapie in Aktion. Kreative Methoden in der Arbeit mit Familien und Paaren. Göttingen: Vandenhoeck & Ruprecht.

Bröning, S. (2009): Kinder im Blick: Theoretische und empirische Grundlagen eines Gruppenangebotes für Familien in konfliktbelasteten Trennungssituationen. Münster: Waxmann.

Bürgisser, M. (2014): Gemeinsam Eltern bleiben: Trotz Trennung oder Scheidung. Bern: hep.

Bundeskonferenz für Erziehungsberatung (bke) (2010): Das Kind im Mittelpunkt. Das FamFG in der Praxis. Fürth.

Dietrich, P. S., Dr. Fichtner, J., Halatcheva, M., Sandner, E. (2010): Arbeit mit hochkonflikhaften Trennungs- und Scheidungsfamilien: Eine Handreichung für die Praxis. München: Deutsches Jugendinstitut e.V./Bundeskonferenz für Erziehungsberatung e.V. Download: www.bmfsfj.de/BMFSFJ/Service/Publikationen/publikationsliste,did=142 580.htm

Fryszer, A., Schwing, R. (2013): Systemisches Handwerk. Werkzeug für die Praxis. Göttingen: Vandenhoeck & Ruprecht.

Fthenakis, W. u. a. (2008): Die Familie nach der Familie – Wissen und Hilfen bei Elterntrennungen und neuen Beziehungen. München: Beck.

Hötker-Ponath, G. (2009): Trennung und Scheidung – Prozessbegleitende Interventionen in Beratung und Therapie. Stuttgart: Klett-Cotta.

Hötker-Ponath, G. (2014): Gruppenarbeit mit Getrennten und Geschiedenen. Ein Handbuch. Stuttgart: Klett-Cotta.

Koschorke, M. (2013): Keine Angst vor Paaren. Wie Paarberatung und Paartherapie gelingen kann. Praxishandbuch. Stuttgart: Klett-Cotta.

Largo, R. H., Czernin, M. (2014): Glückliche Scheidungskinder. Was Kinder nach der Trennung brauchen. München: Piper.

Lohmeier, A. (2013): Wie man mit hoch Strittigen lacht. Humor in der Beratung bei eskalierten Elternkonflikten. In: Weber, M., Alberstötter, U., Schilling, H. (Hrsg.) (2013): Beratung von Hochkonflikt-Familien. Im Kontext des FamFG. Weinheim: Beltz Juventa.

Menne, K., Weber, M. (2011): Professionelle Kooperation zum Wohle des Kindes: Hinwirken auf elterliches Einvernehmen im familiengerichtlichen Verfahren. Weinheim: Juventa.

Nemetschek, P. (2011): Systemische Familientherapie mit Kindern, Jugendlichen und Eltern. Lebensfluss-Modelle und analoge Methoden. Abschnitt: Kinder stärken bei Trennung und Scheidung (S. 340 – 374). Stuttgart: Klett-Cotta.

Ochs, M., Orban, R. (2002): Was heißt schon Idealfamilie? Frankfurt am Main: Eichborn.

Ochs, M., Orban, R. (2008): Familie geht auch anders. Heidelberg: Carl-Auer-Systeme.

Roesler, Ch. (Hrsg.) (2012): Interprofessionelle Kooperation, Mediation und Beratung im Rahmen des FamFG. Frankfurt am Main: Wolfgang Metzner.

Schlippe, A. v., Schweizer, J. (1996): Lehrbuch der systemischen Therapie und Beratung I. Göttingen: Vandenhoeck & Ruprecht.

Shazer, St. de (1989 a): Der Dreh. Überraschende Wendungen und Lösungen in der Kurzzeittherapie. Heidelberg: Auer.

Spengler, P. (2013): Zum Befrieden destruktiver Elternkonflikte im Interesse der Kinder. Die Lebensflussmethode in der Trennungs- und Scheidungsarbeit. In: Weber, M., Alberstötter, U., Schilling, H. (Hrsg.) (2013): Beratung von Hochkonflikt-Familien. Im Kontext des FamFG. Weinheim: Beltz Juventa.

Sünderhauf, H. (2013): Wechselmodell: Psychologie – Recht – Praxis. Wiesbaden: Springer.

Sieder, R. (2008): Patchworks – das Familienleben getrennter Eltern und ihrer Kinder. Stuttgart: Klett-Cotta.

Weber, M., Schilling, H. (Hrsg.) (2012): Eskalierte Elternkonflikte. Beratungsarbeit im Interesse des Kindes bei hoch strittigen Trennungen (2. Auflage). Weinheim: Beltz Juventa.

Weber, M., Alberstötter, U., Schilling, H. (Hrsg.) (2013): Beratung von Hochkonflikt-Familien. Im Kontext des FamFG. Weinheim: Beltz Juventa.

Weber, R. (2013): Paare in Therapie. Erlebnisintensive Methoden und Übungen. Stuttgart: Klett-Cotta.

Winkelmann, A. (2013): Ressourcenorientierte Arbeit mit hoch strittigen Trennungseltern. Möglichkeiten und Grenzen. In: Weber, M., Alberstötter, U., Schilling, H. (Hrsg.) (2013): Beratung von Hochkonflikt-Familien. Im Kontext des FamFG. Weinheim: Beltz Juventa. Und in: Bundeskonferenz für Erziehungsberatung (bke) (2013): Informationen für Erziehungsberatungsstellen 3/13, S. 14 – 20. Fürth.

Walper, S., Fichtner, J., Normann, K. (2013): Hochkonflikthafte Trennungsfamilien. Forschungsergebnisse, Praxiserfahrungen und Hilfen für Scheidungseltern und ihre Kinder. Weinheim: Beltz Juventa. (Erstauflage 2011).

Welter-Enderlin, R., Hildenbrand, B. (1996): Systemische Therapie als Begegnung. Stuttgart: Klett-Cotta.

Elternratgeber:

Dimpker, H., von zur Gathen, M., Maywald, J. (2006): Wegweiser für den Umgang nach Trennung und Scheidung. Wie Eltern den Umgang am Wohl des Kindes orientieren können. Berlin: Deutsche Liga für das Kind in Familie und Gesellschaft e. V., Deutscher Kinderschutzbund e.V. – DKSB, Verband alleinerziehender Mütter und Väter e.V. – VAMV (Hrsg.). Download: www.familien-wegweiser.de/RedaktionBMFSFJ/redaktionFamilienwegweiser/PDF-Anlagen/broschuere-wegweiser-fuer-umgang-nach-trennung-scheidung.pdf

Lederle v. Eckardsstein, O., Niesel, R., Salzgeber, J., Schönfeld, U. (1998): Eltern bleiben Eltern. Hilfen für Kinder bei Trennung und Scheidung. München: Deutsche Arbeitsgemeinschaft für Jugend- und Eheberatung e.V. (DAJEB). Download: www.dajeb.de/ebe.pdf

Von zur Gathen, M., Kretzschmar, S., Maywald, J. (2011): Eltern vor dem Familiengericht. Schritt für Schritt durch das kindschaftsrechtliche Verfahren. Berlin: Deutsche Liga für das Kind in Familie und Gesellschaft e.V., Deutscher Paritätischer Wohlfahrtsverband e.V.

Kinderbücher:

Brett, Doris (1994): Anna zähmt die Monster. Therapeutische Geschichten für Kinder. Salzhausen: Iskopress.

Enders, U., Wolters, D. (1994): Auf Wieder-Wiedersehen. Weinheim: Beltz & Gelberg.

Grundmann, H., Schulze, M.-A. (2010): Wir sind immer für Dich da! Wenn Mama und Papa sich trennen. Münster: Coppenrath.

Hoffman, M., Asquith, R. (2013): Du gehörst dazu! Das große Buch der Familien. Frankfurt am Main: Fischer Sauerländer.

Krause, U. (2010): Wann gehen die wieder? Berlin: Bloomsbury.

Masurel, C., Mc Donald Denton, K., Fröse-Schreer, I. (2007): Ich hab euch beide lieb!: Wenn Eltern sich getrennt haben. Gießen: Brunnen.

Maxeiner, A., Kuhl, A. (2011): Alles Familie. Leipzig: Klett Kinderbuch.

McKee, D. (1986): Du hast angefangen! Nein Du! Aarau: Sauerländer.

Orinsky, E. (2008): Die Krokobären. Eine Geschichte für Kinder, deren Eltern sich trennen. Hamburg: Iskopress.

Randerath, J., Sönnichsen, I. (2008): Fips versteht die Welt nicht mehr. Stuttgart: Thienemann.

Sauermann, M., Heidschötter, U. (2012): Der Kleine und das Biest. Leipzig: Klett Kinderbuch.

Abbildungsverzeichnis